AF205972

Dieses Buch ist denen gewidmet, die mir viele Jahre als Freunde und Mitarbeiter zur Seite standen. Besonders gilt das meiner Frau, die seit über sechs Jahrzehnten meine Freundin, Kameradin, Partnerin und Mitarbeiterin ist. Sie hat wesentlichen Anteil an dem Zusammentragen des Inhalts.

Über allem, jedoch, gilt unser Dank Dem, der unser Leben in Seiner liebenden Hand hält.

„Mögen die Worte, die ich spreche,
und die Gedanken, die mein Herz ersinnt,
dir gefallen, Herr,
mein Fels und mein Erlöser!" (Ps 19,15).

Die Bibel und der Qur'ān

Eine thematische Gegenüberstellung
der zwei heiligen Bücher

Bibliografische Information der Deutschen Nationalbibliothek: Die Deutsche Nationalbibliothek verzeichnet diese Publikation in der Deutschen Nationalbibliografie; detail-
lierte bibliografische Daten sind im Internet über http://dnb.dnb.de abrufbar.

© 2018 Andrea Nehls

Englische Originalausgabe: Nehls, Gerhard: Your Book and My Book © 2015 by Gerhard Nehls

Übersetzung und Überarbeitung: Andrea Nehls

Buchdeckel Design: Nicola Witbooi

Bibeltexte aus dem NT und Psalmen: Neue Genfer Übersetzung, Copyright © 2011
Genfer Bibelgesellschaft; Bibeltext der Schlachter Copyright © 2000 Genfer Bibelgesellschaft. Wiedergegeben mit freundlicher Genehmigung. Alle Rechte vorbehalten.

Alttestamentliche Texte: Gute Nachricht Bibel, revidierte Fassung, durchgesehene Ausgabe, Copyright © 2000 Deutsche Bibelgesellschaft, Stuttgart. Wiedergegeben mit
freundlicher Genehmigung. Alle Rechte vorbehalten.

Qur'ān-Zitate: Der edle Qur'an, unverkäuflich vom König-Fahd-Komplex zum Druck
herausgegeben.

Herstellung und Verlag: BoD – Books on Demand, Norderstedt.

ISBN: 9783748137801

INHALTSVERZEICHNIS

WARUM DIESES BUCH?

In einer Zeit tiefen Misstrauens, bis hin zu Gewalttätigkeiten aufgrund religiöser Überzeugungen, erstrebt dieses Buches ein tieferes gegenseitiges Verständnis der Anhänger zweier religiöser Weltanschauungen. Allzu oft verurteilen Muslime und Christen sich gegenseitig. Oftmals ist das Verständnis ihrer eigenen Glaubensinhalte und die der „Anderen" sehr oberflächlich und beruht auf Hörensagen oder Medienberichten. Vermeintliches oder gar falsches Wissen sind Brutstätten religiöser Vorurteile und Angst. Das wiederum schürt gegenseitige Intoleranz und Ausgrenzung und fördert Hass und Gewaltbereitschaft.

Durch die Auseinandersetzung mit biblischen und quranischen Texten bietet dieses Buch Leserinnen und Lesern, ob Christ oder Muslim, ein grundlegendes Verständnis der Glaubensauffassung des andersgläubigen Nachbarn. Damit wird eine Basis für einen offenen, unvoreingenommenen Umgang miteinander und für sinnvolle Gespräche geschaffen. Es lädt aber auch zu einer Neuentdeckung der eigenen Glaubensinhalte und Glaubenswerte ein.

Die Bibel und der Qur'ān verstehen sich beide als Offenbarungen Gottes bzw. Allāhs. In diesem Buch wird eine thematisch geordnete Gegenüberstellung dieser Offenbarungen präsentiert. Im Kontrast zu der politisch korrekten Gleichschaltung und Gleichwertung unterschiedlicher Standpunkte und Positionen ermutigt das Buch Sie, liebe Leserinnen und Leser, die tatsächlichen Glaubensinhalte und Werte der sich als göttliche Offenbarung verstehenden Bücher selbst zu entdecken und den Wahrheitsgehalt zu überprüfen.

Lassen Sie sich überraschen!

TEIL 1

Vorstellung der zwei Schriften
und Handhabung der thematischen
Gegenüberstellung

1. EINFÜHRUNG IN DIE MATERIE

DER AUSGANGSPUNKT

Die Schöpfung ist ein klares Zeichen (arab. *āya*) einer schöpferischen Intelligenz, die wir auf Deutsch „Gott" und auf Arabisch „Allāh" nennen. Dennoch bleibt der Schöpfer selbst uns Menschen ein Mysterium. Unsere Endlichkeit beeinträchtigt unser Verständnis von dem Ewigen, der außerhalb von Zeit und Raum das Weltall beherrscht. Der Schöpfer des Universums kann letztlich nicht von Seinen Geschöpfen ergründet werden.

Menschliche Traditionen, Weltanschauungen, Überzeugungen, Erfahrungen und der religiöse Hintergrund formen jedoch unsere Vorstellung von einem höheren Wesen, sei es die Vorstellung eines Supermanns, die eines Strafrichters oder die eines gleichgültigen Gottes, dem unser Schicksal letztendlich egal ist. Wie weit unser Gottesbild von der göttlichen Wirklichkeit entfernt ist, kann nur an dem gemessen werden, was der ewige, allmächtige Schöpfergott uns Menschen über sich selbst offenbart.

Die Bibel und der Qur'ān einigen sich darüber, dass es nur einen Gott gibt. Beide Bücher verstehen sich als Offenbarungen Gottes bzw. Allāhs. Dieses Buch präsentiert eine Gegenüberstellung dieser Offenbarungen, die mancherlei Übereinstimmung zeigen, oftmals aber sehr konträr sind. Sie, liebe Leserinnen und Leser, ziehen Ihre eigenen Schlüsse über Inhalt, Form und Glaubwürdigkeit der beiden Schriften.

Lesen Sie die Texte nicht nur mit dem Verstand, sondern auch mit unvoreingenommenem Herzen, denn „man sieht nur mit dem Herzen gut. Das Wesentliche ist für die Augen unsichtbar" (Antoine de Saint-Exupéry aus *Der kleine Prinz*).

DAS KONZEPT DIESES BUCHES

Dieses Buch ist keine Gegenüberstellung von Auslegungen oder Kommentaren über die beiden Schriften, sondern lässt die Texte beider Bücher größten-

15

teils für sich sprechen. Um die sechzig Prozent des Buches besteht daher aus thematisch geordneten biblischen und quranischen Texten. Was sind die Grundaussagen beider Glaubensrichtungen? Sind sie gleichartig, gleichwertig? Wo finden wir Übereinstimmungen und worin liegen ihre fundamentalen Unterschiede?

Einander thematisch zugeordnete Kapitel aus Bibel und Qur'ān eignen sich durchaus auch für eine gemeinsame Betrachtung mit gegenseitigem Austausch zwischen interessierten Muslimen und Christen.

DER NENNWERT DER BEIDEN ZWEI BÜCHER

Die Bibel, auch das Buch der Bücher genannt, gilt weltweit als das meistgekaufte Buch und ewiger Bestseller. Der Qur'ān steht laut *Die Besten Bücher aller Zeiten* (2017) auf Platz drei. Beide Bücher werden von ihren Anhängern wertgeschätzt und geliebt, doch von Kritikern heftig umstritten. Unzählige Buchbände wurden über und zu den beiden Schriften verfasst. Milliarden von Menschen weltweit gründen ihren Glauben, ihre Weltanschauung und ihre Hoffnung auf sie.

DIE ZEITLICHE EINORDNUNG DER ZWEI SCHRIFTEN

* Abraham/Ibrāhīm lebte um 2000 v. Chr.

* Mose/Mūsā, dem Gott die Thora/Taurat offenbarte, lebte circa 1520 bis 1400 v. Chr.

* König David/Dāwūd, der Verfasser vieler Psalmen/Zabūr, regierte in Israel zwischen 1011 und 971 v. Chr.

* Die Bücher der alttestamentlichen Propheten wurden zwischen ca. 1000 - 445 v. Chr. offenbart und niedergeschrieben.

* Die abgeschlossene Form des AT existiert seit etwa 445 v. Chr.

* Zwischen 200 - 100 v. Chr. entstand die erste Übersetzung des AT in die griechische Sprache, die sog. Septuaginta LXX.

* Jesus/'Īsā lebte von ca. 6-4 v. Chr. bis 30 n. Chr.

* Die Niederschrift des NT entstand zwischen ca. 60 - 90 n. Chr.
* Muḥammad lebte von 570 bis 632 n. Chr.

Der Qurʾān wurde unter dem dritten Kalifen Uthman 650 n. Chr. redigiert.

HERAUSFORDERUNGEN DER GEGENÜBERSTELLUNG

Ungleichmäßige Schwerpunktlegung der Bücher

Es wird Ihnen schnell ins Auge fallen, dass beide Schriften gewisse Themen nicht gleichermaßen gewichten. Einige für das eine Buch sehr bedeutsame Themen werden in dem anderen weniger oder gar nicht angesprochen.

Zentrale Themen beider Bücher sind Gott bzw. Allāh, Glaube, Himmel und Erde, das Böse, Sünde, Werke bzw. Taten, das menschliche Herz und die Ewigkeit. Eine auf Wortfrequenzen basierte Studie der Gewichtung wesentlicher Themen verdeutlicht, dass die Gemeinsamkeiten der thematischen Schwerpunkte dann doch weit auseinander gehen.

Im NT steht Jesus Christus, der auch als **Sohn Gottes, Menschensohn, Messias, Herr, Meister** und **Lehrer** betitelt wird, eindeutig im Mittelpunkt. Knapp 2500 Mal wird er mit Namen oder Titeln genannt. Der Qurʾān, hingegen, erwähnt al-Masīh ʿĪsā namentlich nur 25 Mal. Muḥammad, der **Warner, Gesandte** und **Prophet**, nimmt im Qurʾān zwar eine prominente Stellung ein, aber bei weitem nicht in dem Umfang wie Jesus im NT.

Göttliche und zwischenmenschliche Liebe ist ein weiteres Schlüsselkonzept, das das gesamte NT durchflutet. Im Kontrast dazu liegt der Schwerpunkt im Qurʾān auf der Furcht vor Allāh. Die Liebe zu Allāh und den Mitmenschen wird im Qurʾān nicht thematisiert. Auch Hölle und Strafe werden in beiden Büchern ungleich gewichtet. Im NT gibt es insgesamt nur 20 Vorkommnisse im Vergleich zu den 246 Angaben im Qurʾān.

📖 *Die ausführliche Wortfrequenz-Studie mit Auswertung der Gewichtung finden Sie im Anhang I.*

Unterschiedlicher Umfang der Bücher

Eine weitere Herausforderung einer fairen Gegenüberstellung der Bücher ist der unterschiedliche Umfang beider Bücher. Die Bibel ist als Gesamtbuch etwa zehnmal so umfangreich wie der Qur'ān. Um eine auf Fakten beruhende und relativ ausgewogene Darstellung beider Schriften zu den vielfachen Themen beider Bücher zu gewährleisten, stammen in dieser Nebeneinanderstellung ca. 40% der zitierten Texte aus dem Qur'ān, im Vergleich zu ca. 60% aus dem Alten und Neuen Testament der Bibel.

Unterschiedliches Verständnis gleicher Begriffe

Der zweite Teil des Buches und die Anhänge bieten einige kontextuelle und historische Hintergrundinformationen und Einsichten, die die Denk- und Glaubensweise des Anderen darlegen. Diese weichen oft stark voneinander ab. Es ist wichtig, die Glaubensinhalte des Anderen aus der Sicht ihrer Religion und ihres Kontexts zu betrachten.

DIE DEUTSCHEN ÜBERSETZUNGEN DER ZWEI SCHRIFTEN

Da die Urtexte des AT der Bibel in der hebräischen, die des NT in der griechischen und die des Qur'ān in der arabischen Sprache verfasst wurden, sind wir auf deutsche Übersetzungen angewiesen. Zum Zweck dieses Buches wurde aus der Reihe verfügbarer deutscher Qur'ān- und Bibelübersetzungen der Schwerpunkt auf die Genauigkeit, Verständlichkeit und Lesbarkeit der Texte gelegt. Beim Qur'ān fiel die Wahl auf die von Saudi-Arabien getragene Übersetzung **Der edle Qur'an** von Frank Bubenheim (Abdullah as-Samit) und Nadeem Elya (Bubenheim & Elyas, 2003). Diese islamische Übersetzung erstrebt, deutschsprachigen Muslimen zu einem besseren Verständnis des Textes zu verhelfen. Es sollte aber beachtet werden, dass aus islamischer Sicht eine Übersetzung grundsätzlich nicht mehr als eine Deutung des Qur'ān darstellt und keineswegs den arabischen Qur'ān ersetzen kann.

Bibelzitate aus dem NT stammen, wenn nicht anders angegeben, aus der **Neue Genfer Übersetzung** (NGÜ). Diese legt Wert darauf „so urtextgetreu wie möglich zu sein, ohne dabei die Verständlichkeit zu vernachlässigen" (www.ngue.info). Da das Alte Testament der NGÜ noch nicht erschienen ist, wurden alttestamentliche Texte weitgehend aus der **Gute Nachricht Bibel** (GNB) zitiert. Die kommunikative Übersetzungsmethode der GNB ermöglicht eine klare und leichte Verständlichkeit der Texte.

DIE BEGRIFFE „GOTT", „HERR" UND „ALLĀH"

Allāh, das arabische Wort für Gott, wurde schon in der vorislamischen Zeit gebraucht und wird bis heute noch von arabischsprachigen Christen und Juden verwendet. Sprachlich gesehen, tragen die Worte „Allāh" und „Gott" dieselbe Bedeutung.

Die deutsche Bibel übersetzt sowohl das hebräische Wort *Elohim* (pl. von *Eloah*) als auch das griechische Wort *theús* mit „Gott". Das im hebräischen Urtext benutzte Wort *Jahweh* (alternativ auch als *Jahwe* oder *Jahve* geschrieben) hingegen wird in deutschen Bibelübersetzungen grundsätzlich mit „HERR" (in Großbuchstaben) wiedergegeben. *Jahweh* ist der Eigenname Gottes, mit dem Er sich dem Mose offenbarte (vgl. Ex 3,6.14). Da Gott den Missbrauch seines Namens eindeutig verboten hat (vgl. Ex 20,7; Dtn 5,11), wird dieser Eigenname Gottes von den meisten Juden nie ausgesprochen, sondern durch *Adon* oder *Adonai* ersetzt, was eine ähnliche Bedeutung trägt.

Bubenheim & Elyas deutsche Qur'ān-Übersetzung macht Gebrauch von dem arabischen Wort *Allāh*, statt das deutsche Wort für Gott anzuwenden.

Um Verwirrung zu vermeiden, bezieht sich daher in diesem Buch die deutsche Bezeichnung „Gott" ausschließlich auf den Gott der Bibel und das arabische Wort „Allāh" ausschließlich auf Gott im Qur'ān.

EIN ÜBERBLICK ÜBER DIE BIBEL

Das Wort „Bibel" hat seine Wurzel im altgriechischen Wort *biblia*, was so viel wie „Bücher" bedeutet. Die Bibel besteht aus einer Sammlung von 66 Einzelteilen, die ungefähr 40 Autoren eingegeben und von ihnen niedergeschrieben wurden. Sie besteht aus zwei Teilen: Das Alte Testament (AT), auch Alter

Bund genannt, umschließt alle Bücher der jüdischen *Tanach* in etwas anderer Anordnung. Die 39 Einzelteile bzw. Bücher richten sich zunächst an das Volk Israel. Das AT bildet die Grundlage für das Neue Testament (NT). Das NT mit seinen 27 Einzelteilen umfasst etwa ein Viertel des Volumens der Bibel.

Das Alte Testament (AT)

Das AT wird in die Gesetzesbücher oder Thora/Tora, die Geschichtsbücher, die sogenannte Weisheitsliteratur (einschließlich der Psalmen) sowie die prophetischen Bücher unterteilt. Die 39 Bücher des Alten Testaments wurden zwischen 1450 und 400 v. Chr. verfasst (was allerdings von liberalen Theologen angefochten wird).

Die Thora, auch die fünf Bücher Mose oder die *Pentateuch* genannt, beginnt mit dem Schöpfungsbericht, der Sintflut zur Zeit des Noach und der Zerstreuung der Völker nach dem sog. „Turmbau zu Babel" (vgl. Gen 11). Es folgt eine Schilderung der Geschichte des jüdischen Volkes mit den Patriarchen Abraham, Isaak, Jakob, Josef und Moses. Die Könige David und Salomo spielen vorwiegend in den Geschichtsbüchern eine prominente Rolle.

Das Kernstück der Thora ist der Bund, den Gott mit dem Volk Israel geschlossen hat (vgl. Dtn 7,6-9 und Ex 19,3-6). Die zehn Gebote offenbarte Gott als das Kernstück des Bundes. Sie verpflichten zu einem gottgemäßen, gerechten und reinen Leben nach Gottes Maßstab (vgl. Ex 20,1-17).

Die Geschichtsbücher berichten über den Einzug des Volk Israels in das verheißene Land Kanaan, die Aufteilung des Landes unter den zwölf Stämmen, die Zeit des Königtums in Israel bis hin zur Zerstörung des Landes durch die Assyrer, dem babylonischen Exil und dem Wiederaufbau der zerstörten Stadt, Jerusalem. Parallel dazu plädiert Gott über eine Zeitspanne von 1100 Jahren durch die Propheten mit den Israeliten, dass sie ihm treu bleiben und sich von fremden Göttern abwenden sollten. Er verspricht ihnen Schutz und Hilfe für ihren Gehorsam und warnt sie vor den schwerwiegenden Folgen ihres Ungehorsams.

Die Weisheitsliteratur enthält neben anderen poetischen Büchern 150 Psalmen. In Gedichten und Liedern äußern diese Sehnsucht nach Gott, Fleh- und Dankgebete, Anbetung, Klagen und ein tiefes Gottvertrauen.

Das Neue Testament (NT)

Vierhundert Jahre nach der letzten alttestamentlichen Offenbarung wurde mit der Geburt des im AT angekündigten Messias ein neuer Bund Gottes eingeleitet. In diesem Bund bietet Gott zunächst den Israeliten, dann allen Menschen aller Nationen, Versöhnung mit Gott und Vergebung aller Schuld an (vgl. Hebr 8,10-12; Eph 2,11-19). Jesus wird als der Mittler des Bundes identifiziert (vgl. Hebr 9,15; 12,24). Das NT offenbart diese frohe Botschaft und berichtet aus der Perspektive des jeweiligen Zeitzeugen bzw. Berichterstatters über das Leben und Wirken Jesu auf Erden. Die Apostelgeschichte schildert die Entstehung und Ausbreitung der Urgemeinden. An diese Urgemeinden adressierte Briefe vermitteln die Grundlagen des christlichen Glaubens und geben praktische Anweisungen für ein Gott wohlgefälliges Leben.

Das zentrale Thema aller neutestamentlichen Bücher ist das Leben und Sterben Jesu und seine Auferstehung von den Toten. Letztlich beschreibt das NT die bevorstehende Wiederkunft Jesu, das Endgericht der Nationen und gewährt auch einen Blick in Gottes himmlische Herrlichkeit.

Alle neutestamentlichen Manuskripte wurden zwischen 43 und 96 n. Chr. verfasst. Die Urschriften der Evangelien und Briefe wurden sehr bald unter den ersten Gemeinden ausgetauscht, wuchsen zusammen und konstituierten das NT. Mehr als 5.000 dieser antiken Bibelteile sind bis heute erhalten geblieben.

Bibelgläubige Christen halten daran fest, dass sowohl das AT als auch das NT göttlich inspirierte Offenbarungen sind. Diese göttlichen Offenbarungen wurden nicht unbedingt diktiert, sondern gedanklich durch den Geist Gottes eingegeben:

„[21] [...] Keine Prophetie hat je ihren Ursprung im Willen eines Menschen gehabt. Vielmehr haben Menschen, vom Heiligen Geist geleitet, im Auftrag Gottes geredet" (2Petr 1,121).

EIN ÜBERBLICK ÜBER DEN QUR'ĀN

Der Qur'ān ist die letzte der monotheistischen sog. „Heiligen Schriften". Das arabische Wort „Qur'ān" bedeutet so viel wie „rezitieren" oder „aufsagen". Nach muslimischem Glauben wurde der Qur'ān Muḥammad Stück für Stück zwischen 610 und 632 n. Chr. durch den Engel Ǧibrīl (Gabriel) in arabischer Sprache, zuerst in Mekka und später in Medina, diktiert. Der Qur'ān bezeugt über sich selbst, dass er eine genaue Kopie der „Mutter des Buches" (Sure 43,4) ist, welche unerschaffen im Himmel aufbewahrt ist. Muḥammad rezitierte die ihm eingegebenen Texte, die von einigen seiner Anhänger auswendig gelernt und dann anderen Muslimen vorgetragen wurden. Andere Texte wurden schriftlich auf Pergament, Leder, Palmblättern, Knochen und Steinen festgehalten.

Der Qur'ān besteht aus 114 mit Namen versehene *suwar* (sing. *sūra*) oder Suren, die in *āyāt* (sing. *āya*) Verse unterteilt sind. Abgesehen von der ersten Sure, *al-Fatiha*, sind weitere Suren ihrer Länge nach und nicht thematisch oder chronologisch geordnet. Viele der kürzeren Suren zählen zu denen, die Muḥammad zuerst eingegeben wurden. Für die *tafsīr* (Auslegung) des Qur'ān ist es wichtig, die richtige Reihenfolge der Offenbarungen zu wissen, welche Verse aus Muḥammads Zeit in Mekka stammen und welche aus seiner späteren Zeit in Medina. Bei widersprüchlichen Texten gilt die Regel, dass die zeitlich letzte Offenbarung die gültige ist.

Muḥammad lebte von seiner Geburt (570 n. Chr.) bis zum Jahre 622 in Mekka. Im Alter von 40 Jahren alt zog er sich wiederholt zurück, um in einer Höhle im Berg Hira zu meditieren. Dort empfing er Sure *al-Alaq* 96,1-6 als seine erste Offenbarung.

Der Qur'ān forderte zunächst alle Mekkaner auf, sich vom Götzendienst abzuwenden, der zur Zeit Muḥammads weit verbreitet war. Sie sollten sich dem alleinigen Gott, Allāh, unterwerfen. Das löste eine sich ständig verschärfende Ablehnung bei den Mekkanern aus. Schlussendlich führte das zu der *Hidschra* (arab. *hiǧra*), der Flucht Muḥammads nach Medina, wo er bis zu seinem Tode (632 n. Chr.) lebte und wirkte.

Der Qur'ān versteht sich auch als die arabische Version der zuvor offenbarten Bücher, nämlich der *Taurat/Thora* (arab. *l-tawrāt*), der *Zabūr* (Psalmen), der Schriften der alttestamentlichen Propheten und der *Indschīl/Injīl* (arab. *inğīl*). Das erklärt den umfangreichen Bezug auf eine Reihe von biblischen Ereignissen, Orten und Menschen. Von den fünfundzwanzig namentlich im Qur'ān erwähnten Propheten finden sich einundzwanzig in der Bibel. Allerdings weicht die quranische Darstellung oft stark von den biblischen Berichterstattungen ab. Muslime heute sind oft der Ansicht, dass die Diskrepanzen damit zu erklären seien, dass biblische Schriften im Laufe der Jahrhunderte verfälscht wurden.

HINWEISE ZUR AUSLEGUNG DER BEIDEN BÜCHER

Wie wird ein schwer verständlicher Text aus der Bibel oder dem Qur'ān ausgelegt? Im Allgemeinen gilt das Prinzip, dass die Bibel sich selbst erläutert. Das bedeutet, dass einzelne Worte und Texte im Licht des Kontextes der gesamten Schrift gesehen und auch verstanden werden müssen. Biblische Kernthemen ziehen sich wie ein roter Faden durch die gesamte Bibel, und einzelne Textaussagen fügen sich in das Gesamtbild der göttlichen Offenbarung ein. Einzelne Texte außerhalb des Gesamtkontext zu interpretieren, kann zu einer einseitigen und unausgeglichenen Auslegung oder gar zu einer Falschinterpretation führen.

Nach islamischer Theologie ist eine *tafsīr* des Qur'ān nicht ohne das Befragen bestehender Traditionen oder Hadithe und der *as-Sīra an-nabawīya* oder Biografie Muḥammads möglich. Die in der **Sīra** zitierten Aussagen Muḥammads und der *Ṣaḥāba*, der ersten engen Gefährten des Propheten, werden als Hilfen gesehen, quranische Texte besser zu verstehen und auszulegen. Die Hadithe wurden im Wesentlichen etwa 200 - 250 Jahre nach dem Tod Muḥammads von sechs Hadith-Sammlern aus den bis dahin meist oral übermittelten Überlieferungen zusammengestellt. Sie bezeugen, was Muḥammad gesagt, getan und zugelassen hatte. Somit sind sie Sammlungen von Zitaten und Anekdoten Muḥammads und einiger seiner Gefährten. Muslime glauben, dass dem Propheten nicht nur der Qur'ān offenbart wurde, sondern auch seine Bedeutung und Auslegung.

Zwei Kernfragen können bei der Auslegung und Anwendung der zwei historischen Schriften in unserem heutigen Kontext behilflich sein, nämlich:

* Was genau sagt der Text?
* Was für eine Bedeutung oder Aussage hat dieser Text für mich heute?

Da eigene Überzeugungen und Vorurteile die Interpretation beeinträchtigen, ist es wichtig, die Aussagen beider Schriften jeweils für sich selbst sprechen zu lassen.

ANMERKUNGEN ZUM TEXT

* Im Rahmen dieses Werkes ist es unmöglich alle entsprechenden Stellen aus Bibel und Qur'ān zu den aufgeführten Thema aufzuführen. Zusätzliche Textstellen zu den Themen, die Leserinnen und Lesern behilflich sein können, werden zum selbst nachschlagen aufgelistet.
* Eckige Klammern in zitierten Texten enthalten Einschübe, die nicht zum eigentlichen Zitat zählen.
* Die Transliteration arabischer Wörter ins Deutsche erfolgt nach Richtlinien der international anerkannte Umschrift der Deutschen Morgenländischen Gesellschaft (DMG). Ausnahme sind die Namen der Suren aus dem Arabischen. Diese wurden von Bubenheim & Elyas Qur'ān-Übersetzung übernommen, die sich diesbezüglich nicht nach der DMG Umschrift orientiert.
* Der arabische Begriff für Gott, *Allāh*, bezieht sich in diesem Buch zur besseren Differenzierung ausschließlich auf Gott im Qur'ān.

TEIL 2

Eine Gegenüberstellung
thematisch geordneter
Textauszüge aus der Bibel und
dem Qurʾān

2. GOTT UND ALLĀH: WER SIND SIE?

Welche Identität und welche Attribute messen die Bibel und der Qur'ān Gott bzw. Allāh zu? Beschreiben beide Offenbarungen den ewigen Schöpfer gleichermaßen oder gibt es wesentliche Unterschiede?

GOTT UND ALLĀH - WAS IST IHRE IDENTITÄT?

† Gott ist der einzig wahre und lebendige Gott

„¹⁰ Aber der HERR ist der wahrhaftige Gott, der lebendige Gott, der ewige König. [...] ¹¹ [...] ¹² Er aber hat die Erde durch seine Kraft gemacht und den Erdkreis bereitet durch seine Weisheit und den Himmel ausgebreitet durch seinen Verstand" (Jer 10,10.12).

Weitere auf dieses Thema bezogene Bibelstellen: Ex 15,11; Dtn 6,4-5; 7,9; 4,23-24.35.39; 10,17; 32,39; 2Sam 7,22-23; Ps 42,2-3; 84,3; 86,10; 119,160; Jes 43,10-11; 44,6; 45, 18.22; 46,9-10; 54,5; Jer 10,10; Mt 16,16; Joh 17,3; Apg 14,15; 1Kor 8,4-6; 2Kor 6,16; 1Thess 1,9; 1Tim 1,17; 1Tim 4,10; Hebr 3,12; Hebr 9,14; Hebr 10,31; Hebr 12,22.

☾ Allāh ist der einzig wahre und lebendige Gott

„²²⁵ Allah – es gibt keinen Gott außer Ihm, dem Lebendigen und Beständigen. Ihn überkommt weder Schlummer noch Schlaf. Ihm gehört (alles), was in den Himmeln und was auf der Erde ist. Wer ist es denn, der bei Ihm Fürsprache einlegen könnte – außer mit Seiner Erlaubnis? Er weiß, was vor ihnen und was hinter ihnen liegt, sie aber umfassen nichts von Seinem Wissen – außer, was Er will. Sein Thronschemel umfasst die Himmel und die Erde, und ihre Behütung beschwert Ihn nicht. Er ist der Erhabene und Allgewaltige" (al-Baqara 2, 225).

Weitere themenbezogene Verse bzw. āyāt: Suren 2,162-263; 3,2-3.18,62; 4,87; 5,73; 6,102.106; 7,158; 9,31.129; 13,30; 16,2; 17,22.39; 20,8.14.98; 21,25.87; 23,116; 27,26; 28,70.88; 35,3; 38,65; 40,65; 44,8; 47,19; 59,22-23; 64,13; 73,9.

† Gott ist der alleinige Herrscher und König über alle Könige

„[16] Herrscher der Welt, du Gott Israels, der über den Kerubim thront! Du allein bist der Herr über alle Reiche der Welt. Du hast Himmel und Erde geschaffen" (Jes 37,16).

📖 *Weitere biblische Stellen bezüglich der Herrschaft Gottes: 2Chr 20,6; Ps 8,2; Ps 22,28-29; Ps 47,2-3.8; Ps 74,12; Ps 83,19; Ps 95,1-8; Ps 97,1-2; Ps 115,3; Ps 135,5-6; Ps 147,11; Neh 9,6; Jes 33,22; Jes 37,16; Jes 40,18-20; Lk 1,49-55; Eph 3,20-21; 1Tim 6,15-16; Offb 1,8; 4,11.*

☾ Allāh ist der Herr der Herrschaft

„[26] Sag: O Allah, Herr der Herrschaft, Du gibst die Herrschaft, wem Du willst, und Du entziehst die Herrschaft, wem Du willst. Du machst mächtig, wen Du willst, und Du erniedrigst, wen Du willst. In Deiner Hand ist (all) das Gute. Gewiß, Du hast zu allem die Macht" (Al-i-IImran 3,26).

📖 *Weitere auf dieses Thema bezogene āyāt: 3,26; 35,13; 37,182; 39,6; 56,77-80; 41,9.*

☾ Allāh ist der Allbezwinger

„Bezwingen" bedeutet, sich jemanden freiwillig oder widerwillig untertänig zu machen. Weil Allāh die Religion gehört (vgl. Sure 3,83), muss jeder sich ihm ergeben.

„[65] Sag: Ich [Muḥammad] bin nur ein Überbringer von Warnungen, und keinen Gott gibt es außer Allah, dem Einen, dem Allbezwinger" (Sad 38,65).

📖 *Weitere āyāt mit Bezug auf Allāh als den Allbezwinger: Suren 6,18.61; 12,39; 13,16; 14,48; 36,83; 39,4; 40,16.*

Die Bibel bezeichnet Gott nicht als Allbezwinger, verweist aber auf den Tag, an dem jedes Knie sich vor Gott beugen und jeder Mund Gott die Ehre geben wird (vgl. Röm 14,11, Eph 2,11 und Jes 45,23).

† Gott ist der Schöpfer des Himmels und der Erde

„⁶ Du, HERR, allein bist Gott! Du hast den Himmel geschaffen, die Himmelswelt mit dem Heer der Engel. Du hast die Erde und das Meer geschaffen und alle Geschöpfe, die dort leben. Ihnen allen hast du das Leben geschenkt und die Himmelsmächte beten dich an!" (Neh 9,6).

📖 *Weitere Stellen bezeugen Gott als Schöpfer: Gen 1 u. 2 (Schöpfungsgeschichte); Ps 33,8-9; 139,14-15; 148,1-2.5; 149,2; Pred 12,1; Jes 40,25-28; 43,1.15; 45,8.12.18; 64,8; Mal 2,10; Röm 1,25; Eph 2,10; Hebr 1,10; 11,10.*

☾ Allāh ist der Schöpfer des Himmels und der Erde

„¹ (Alles) Lob gehört Allah, dem Erschaffer der Himmel und der Erde, Der die Engel zu Gesandten gemacht hat mit Flügeln, (je) zwei, drei und vier! Er fügt der Schöpfung hinzu, was Er will. Gewiß, Allah hat zu allem die Macht" (Fatir 35,1).

📖 *Weitere āyāt mit Bezug auf Allāh als den Schöpfergott: Suren 2,21; 3,191; 6,1-2; 6,73.79.94.100-101.143; 7,11.143 u. 179.-185; 10,5-6; 14,19.32; 15,26.27 u. 28.85; 16,3; 17,99; 20,55; 21,16.33; 24,45; 25,54; 27,60; 29,44; 30,20-21.40; 31,10; 32,4; 35,11; 36,36.81; 38,27.71; 39,5; 40,67; 51,56; 65,12; 96,1-2.*

† Gott ist der Versorger

„¹⁴ Er stützt alle, die zusammenbrechen, er richtet die Niedergebeugten auf. ¹⁵ Alle blicken voll Hoffnung auf dich und jedem gibst du Nahrung zur rechten Zeit. ¹⁶ Du öffnest deine wohltätige Hand, und alles, was lebt, wird satt.." (Ps 145,14-16 GNB).

📖 *Weitere themabezogene Bibelstellen: Ps 23; Jes 40,10-11, Mt 6,26; 1Petr 5,7.*

☾ Allāh ist der Versorger

„⁶⁴ Allah ist es, Der euch die Erde zu einem festen Grund und den Himmel zu einem Gebäude gemacht, euch gestaltet und dabei eure Gestalten schön geformt hat und euch von den guten Dingen versorgt. Dies ist doch Allah, euer Herr. Segensreich ist Allah, der Herr der Weltenbewohner!" (Gafir 40,64).

† Gott ist ein gerechter Richter über die Völker

„Der HERR, der Herrscher der Welt, erweist seine Hoheit, denn er verschafft dem Recht wieder Geltung. Der heilige Gott erweist sich als heilig, denn er hält gerechtes Gericht" (Jes 5,16).

📖 *Weitere Bibelstellen zum Nachschlagen: Ps 7,9.12; 9,8-9; Offb 21,3-8; Jer 17,10; 2Tim 4,8.*

☪ Allāh ist der Richter

„⁵⁶ Die Herrschaft wird an jenem Tag Allah (allein) gehören. Er wird zwischen ihnen richten. Dann werden diejenigen, die glauben und rechtschaffene Werke tun, in den Gärten der Wonne sein" (al-Hagg 22,56)

📖 *Weitere āyāt zum Nachschlagen: 2,62.113; 3,55; 6,57; 22,17.69; 4,141; 32,25; 39,3; 40,20; 45,17; 60,3.10.*

GOTT UND ALLĀH - WAS SIND IHRE ATTRIBUTE?

† Gott ist heilig

„Heilig" (hebr. *qados*, arab. *quddūs*) bedeutet „absolut rein".

„¹⁵ Er, der hohe und erhabene Gott, der Heilige, dessen Thron ewig steht, sagt: ‚Ich wohne in der Höhe, in unnahbarer Heiligkeit. Aber ich wohne auch bei den Gedemütigten und Verzagten, ich gebe ihnen Hoffnung und neuen Mut!'" (Jes 57,15).

📖 *Weitere themabezogene Bibelstellen: Ex 15,11; Jes 6,3; 30,15; 40,25; 48,17; Hab 1,13; Offb 4,8; Ps 22,4; 77,14; 99,3.5; Hebr 12,14; 1Jn 3,3; Offb 3,7, 15,4.*

☪ Allāh ist heilig

„¹ Es preist Allah (alles), was in den Himmeln und was auf der Erde ist, (Ihn), den König, den Heiligen, den Allmächtigen und Allweisen" (al-Gumua 62,1).

📖 *Siehe auch Sure 59,23.*

† Gott ist allmächtig

„[8] ,Ich bin das A und das O, der Ursprung und das Ziel aller Dinge', sagt Gott, der Herr, der ist, der war und der kommt, der allmächtige Herrscher [griech. *pantokrátor* bedeutet der Allmächtige und der Herrscher des Universums]" (Offb 1,8).

Weitere Stellen zur Allmacht Gottes: Gen 17,1; 28,3; 35,11; 43,14; 48,3; 49,25; Ex 6,3; Num 24,4.16; 1Chr 16,26-27; Ijob 25,7; Ps 18,30-31; 28,7; 73,26; Jes 32,27; 40,25-26; Jer 10,2; 32,17.27; Lk 1,37; 2Kor 6,18; Offb 1,8; Offb 4,8; Offb 11,17; Offb 15,3; Offb 16,14; Offb 19,6.

☾ Allāh ist allmächtig

„[26] [...] Gewiß, Du hast zu allem die Macht. [27] Du läßt die Nacht in den Tag eindringen und läßt den Tag eindringen in die Nacht. Und Du läßt das Lebendige aus dem Toten hervorgehen und läßt hervorgehen das Tote aus dem Lebendigen. Und Du versorgst, wen Du willst, ohne zu berechnen. [28] [...]. [29] [...] Allah hat zu allem die Macht" (al-i-IImran 3,26.27.29).

Weitere āyāt über die Herrschaft Allāhs: 2,284; 3,26-31.129;4,32.131; 5,17.40-41; 7,178-180; 10,31-32; 10,62-64.99-100; 13,42; 14,4; 16,10-16; 19,60-61; 20,4-7; 22,14; 24,20-21.42; 29,20-21; 30,5-6.26-27; 31,20; 34,1-2; 37,4-5; 39,4-5.36-38; 40,3; 42,8-10; 43,82.85; 45,27; 50,43; 53,3167,15-16; 81,27-29; 114,1-3.

† Gott ist allwissend

„[1] HERR, du erforschst mich und kennst mich! [2] Ich sitze oder stehe auf, so weißt du es; du verstehst meine Gedanken von ferne. [3] Du beobachtest mich, ob ich gehe oder liege, und bist vertraut mit allen meinen Wegen; [4] ja, es ist kein Wort auf meiner Zunge, das du, HERR, nicht völlig wüsstest" (Ps 139,1-4 SCHL).

Weitere Bibelstellen zum Nachschlagen: 1Chr 28,9; 1Sam 2,3; 16,7; Ijob 9,4; Jes 29,15; Jes 40,28; Ps 94,8-11; Ps 139,1-6; Eph 3,10-12; 1Kor 2,9-10; Ps 147,5; Ps 104,24, Spr 5,21, 15,11.

☾ Allāh ist allwissend

„[268] Allah ist Allumfassend und Allwissend. [269] Er gibt Weisheit, wem Er will; und wem Weisheit gegeben wurde, dem wurde da viel Gutes gegeben. Aber nur diejenigen bedenken, die Verstand besitzen" (al-Baqara 2,268-269).

📖 *Weitere āyāt zum Nachschlagen: Suren 2,231; 3,164; 4,92.11-113; 5,59.110; 6,3-5; 8,71; 22,76; 24,18; 28,69-70; 31,27.29-34; 32,5-6; 33,34; 34,1; 42,12; 43,63; 57,4; 62,2.*

† Gott ist unsichtbar

„[17] Dem König, der in alle Ewigkeit regiert, dem unvergänglichen, unsichtbaren, alleinigen Gott, gebühren Ehre und Ruhm für immer und ewig. Amen" (1 Tim 1,17).

☾ Allāh ist unsichtbar

„[103] Die Blicke erfassen Ihn nicht, Er aber erfaßt die Blicke. Und Er ist der Feinfühlige und Allkundige" (al-Anam 6,103).

† Gott ist ewig

„[28] Der HERR ist Gott von Ewigkeit zu Ewigkeit, seine Macht reicht über die ganze Erde; er hat sie geschaffen! Er wird nicht müde, seine Kraft lässt nicht nach; seine Weisheit ist tief und unerschöpflich" (Jes 40,28).

📖 *Weitere themenbezogene Bibelstellen: Ps 145,13; Jes 57,15; Röm 1,20; 1 Tim 1,17.*

Keine *āyāt* im Qur'ān besagen direkt, dass Allāh ewig sei. Alle Vorkommnisse der Wortes „ewig" und „Ewigkeit" stehen im Qur'ān stets im Zusammenhang mit der ewigen Strafe des Höllenfeuers oder der ewigen Belohnung des Paradiesgartens, nie mit Allāh.

† Gott ist allgegenwärtig

Der Name für Gott im hebräischen Urtext „JHWH" (mit eingefügten Vokalen „Jahweh/Jahwe) und bedeutet „der Seiende", der „Ich bin" und somit „der Allgegenwärtige".

„²⁴ ‚Es gibt keinen Ort im Himmel und auf der Erde, an dem ich [der HERR] nicht wäre!‘" (Jer 23,24).

📖 *Weitere themenbezogene Verse: Ps 139,7-10; Jer 23,23-24; Mt 18,20; Mt 28,20; Apg 7,48; Jes 66,1.*

Das Wort „allgegenwärtig" erscheint im Qur'ān nicht.

† Gott ist beständig

„⁶ Ich, der HERR, wandle mich nicht; und ihr habt nicht aufgehört, Jakobs Söhne zu sein" (Mal 3,6).

📖 *Siehe auch Jak 1,17.*

☾ Allāh ist beständig

„² Allah – es gibt keinen Gott außer Ihm, dem Lebendigen und Beständigen" (Al-i-IImran 3,2).

† Gott ist gerecht

„⁷ Deine Gerechtigkeit ist so beständig wie die Berge, die du geschaffen hast, deine Urteile gründen tief wie das Meer" (Ps 36,7).

📖 *Weitere Bibelstellen zur Gerechtigkeit Gottes: Ps 7,18; 11,7; 25,8; 50,6; 86,15; 89,15; 97,2; 116,5; 119,142.160; 129,4;145,179; Röm 1,17; 2Petr 1,1.*

☾ Allāh ist der Wahrer der Gerechtigkeit

„¹⁸ Allah bezeugt, daß es keinen Gott gibt außer Ihm; und (ebenso bezeugen) die Engel und diejenigen, die Wissen besitzen; der Wahrer der Gerechtigkeit. Es gibt keinen Gott außer Ihm, dem Allmächtigen und Allweisen" (Al-i-IImran 3,18).

† Gott ist vergebend und gütig

„⁸ Der HERR ist voll Liebe und Erbarmen, voll Geduld und unendlicher Güte. ⁹ Er klagt nicht immerfort an und bleibt nicht für alle Zeit zornig. ¹⁰ Er straft uns nicht, wie wir es verdienten, unsere Untaten zahlt er uns nicht heim. [11] So unermesslich groß wie der Himmel ist seine Güte zu denen, die ihn ehren. [12] So fern der Osten vom Westen liegt, so weit entfernt er die Schuld von uns. [13] Wie ein Vater mit seinen Kindern Erbarmen hat, so hat der HERR Erbarmen mit denen, die ihn ehren." (Ps 103,10-14 GNB).

📖 *Weitere Bibelstellen zum Thema: 2Chr 7,14; Ps 32,1-5; Ps 78,39; 130,4; Micha 7,18; Apg 10,43; 1Joh 1,9; 2,1-2.*

☾ Allāh ist vergebend

„[2] (Dies ist) die Offenbarung des Buches von Allah, dem Allmächtigen und Allwissenden, [3] dem Vergebenden der Sünde und dem Annehmenden der Reue, dem Strengen in der Bestrafung und Dem, Der voller Wohltätigkeit ist. Es gibt keinen Gott außer Ihm. Zu Ihm ist der Ausgang" (Gafir 40,2-3).

† Gott ist barmherzig und gnädig

„[8] Barmherzig und gnädig ist der HERR, geduldig und von großer Güte" (Ps 103,8).

📖 *Weitere Bibelstellen zum Nachschlagen: Ex 34,6; Ps 86,15; 36,6.8; 25,8-10; 57,1; 71,19; 78,38; 89,3.6; 100,5; 63,4; 103,2-18; 111,4; 112,4; 145,8-10; Jes 49,15; 54,8; 55,7; 66,13; Jak 5,11.*

☾ Allāh ist barmherzig

Jede Sure im Qur'ān - mit einer Ausnahme - beginnt mit der sogenannten *basmala*, in welcher Allah der Allerbarmer und Barmherzige genannt wird.

„[54] Und wenn diejenigen, die an Unsere Zeichen [arab. *āyāt* bedeutet „Zeichen" oder „Verse"] glauben, zu dir kommen, dann sag: Friede sei auf euch! Euer Herr hat Sich Selbst Barmherzigkeit vorgeschrieben: Wer von euch in Unwissenheit Böses tut, aber danach dann bereut und (es) wieder gutmacht, so ist Er Allvergebend und Barmherzig" (al-Anam 6,54).

📖 *Weitere für das Thema empfohlene āyāt: suwar 3,129;5.17; 16,18-19.119; 22,64-66; 24,42; 42,5.19; 25,48; 33,43; 50,43; 57,9; 59,22-24.*

34

† Gott hält alles, was er verspricht

„¹⁹ Du darfst nicht meinen, Gott sei wie ein Mensch! Er lügt nicht und er ändert niemals seinen Sinn. Denn alles, was er sagt, das tut er auch. Verspricht er etwas, hält er es gewiss" (Num 23,19).

„¹⁴[...] Der HERR, euer Gott, hat alle seine Zusagen erfüllt; nichts ist ausgeblieben von all dem Guten, das er euch versprochen hatte: alles ist eingetroffen" (Jos 23,14).

Weitere zum Nachschlagen empfohlene Bibelstellen: Num 23,19; Dan 4,34; Eph 1,13, Heb 6,18; 1Petr 1,22; Joh 8,31-32; 1Joh 2,4-5; Röm 1,18.

☾ Allāh Versprechen sind wahr

„⁵⁵ Sicherlich, Allahs Versprechen ist wahr. Aber die meisten von ihnen wissen nicht" (Yunus 10,55).

„So sei standhaft. Gewiß, Allahs Versprechen ist wahr. Und bitte um Vergebung für deine Sünde und lobpreise deinen Herrn am Abend und am frühen Morgen" (Gafir 40,55).

Weitere zum Nachschlagen empfohlene āyāt: suwar 18,21; 31,33; 35,5; 40,77.

ALLEGORISCHE DARSTELLUNGEN VON GOTT

† Gott ist ein schützender Fels und feste Burg

[Ein Lied von König David]: „² ‚Du, HERR, bist mein Fels, meine Burg, mein Retter, ³ du, Gott, bist meine sichere Zuflucht, mein Beschützer, mein starker Helfer, meine Festung auf steiler Höhe!" (2Sam 22,2-3).

„⁴ Setzt für immer das Vertrauen auf den HERRN, der unser Gott ist, unser Fels für alle Zeiten!" (Jes 26,4).

Siehe auch Ps 31,2.4; Ps 18,3.32; Ps 19,15; Ps 28,1; Ps 31,4; Ps 62,3.7-8; Ps 78,35; Ps 92,16; Ps 94,22; Ps 95,1; 1Sam 2,2.

35

✝ Gott ist wie ein Vater

„¹³ Wie ein Vater mit seinen Kindern Erbarmen hat, so hat der HERR Erbarmen mit denen, die ihn ehren" (Ps 103,13).

„⁶ Es gibt nur einen Gott – den Vater, von dem alles kommt und für den wir ´geschaffen` sind" (1Kor 8,6).

Auch in folgenden Stellen wird Gott „Vater" genannt: Mt 5,48; Lk 6,36; Joh 12,26; 14,23; 15,8; Jk 1,17.

✝ Gott ist wie der Hirte seiner Herde

Die Bibel vergleicht Gott oft mit einem Hirten, der seine Herde führt, versorgt und sogar zum Schutz seiner Schafe sein Leben aufs Spiel setzt.

„¹¹ Der HERR, der mächtige Gott, hat gesagt: ‚Ich selbst will jetzt nach meinen Schafen sehen und mich um sie kümmern. ¹² Wie ein Hirt seine Herde wieder zusammensucht, wenn sie auseinander getrieben worden ist, so suche ich jetzt meine Schafe zusammen. [...]" (Hes 34,11-12).

„¹¹ Er [Der HERR, der mächtige Gott] führt sein Volk wie ein guter Hirt, der die Lämmer auf seinen Arm nimmt und an seiner Brust trägt und der die Mutterschafe behutsam leitet" (Jes 40,11).

Weitere Stellen mit Bezug zu Gott als Hirten, der sich um seine Schafe sorgt: Ps 23,1-4.6; Jer 31,10; Hes 34,23.31; Ps 28,9; 77,21; 78,52-54; 80,2; Joh 10,2-18; Mt 2,6; Mt 9,36; Mt 25,31-34; Mk 6,34; Hebr 13,20, Offb 7,17.

✝ Gott ist Licht

„⁵ Gott ist Licht; bei ihm gibt es nicht die geringste Spur von Finsternis" (1Joh 1,5).

Weitere Stellen bezüglich Gott als das Licht: Ps 27,1; 36,10; 104,2; 2Sam 23,4; Hjiob 33,30; Jes 2,5; 60,20; Dan 2,22; Micha 7,8; 1Tim 6,16; Jak 1,17; Offb 22,5.

✝ Gott ist ein Schild

„¹² Denn Gott, der Herr, ist unsere Sonne, er beschützt uns wie ein Schild. Gnade schenkt der Herr, und er lässt uns zu Ehren kommen. Denen, die aufrichtig ihren Weg gehen, enthält er nichts Gutes vor" (Ps 84,12).

Dazu auch Ps 3,4; Ps 5,13;Ps 7,11; Ps 18,3; Ps 28,7; Ps 33,20; Ps 115,9;Ps 119,114; Ps 144,2.

ALLEGORISCHE DARSTELLUNGEN VON ALLĀH

☾ Allāh ist das Licht der Himmel und der Erde

„³⁵ Allah ist das Licht der Himmel und der Erde. Das Gleichnis seines Lichtes ist das einer Nische, in der eine Lampe ist. Die Lampe ist in einem Glas. Das Glas ist, als wäre es ein funkelnder Stern. Ihr Brennstoff kommt von einem gesegneten Baum, einem Ölbaum, weder östlich noch westlich, dessen Öl beinahe schon Helligkeit verbreitete, auch wenn das Feuer es nicht berührte. Licht über Licht. Allah führt zu Seinem Licht, wen Er will. Allah prägt den Menschen die Gleichnisse, und Allah weiß über alles Bescheid" (an-Nur 24,35).

☾ Allāh ist der Herr des Tagesanbruchs

„¹ Sag: Ich nehme Zuflucht beim Herrn des Tagesanbruchs ² vor dem Übel dessen, was Er erschaffen hat, ³ und vor dem Übel der Dunkelheit, wenn sie zunimmt" (al-Falaq 113,1-3).

☾ Allāh ist der Herr der Weltenbewohner

„¹⁸² Und (alles) Lob gehört Allah, dem Herrn der Weltenbewohner!" (as-Saffat 37,182).

3. DIE LIEBE GOTTES UND DIE LIEBE ALLĀHS

GOTT IST DIE LIEBE UND LIEBT BEDINGUNGSLOS

† Gott ist der Ursprung aller Liebe

„[7] Meine Freunde, wir wollen einander lieben, denn die Liebe hat ihren Ursprung in Gott, und wer liebt, ist aus Gott geboren und kennt Gott. [8] Wer nicht liebt, hat Gott nicht erkannt; denn Gott ist Liebe" (1Joh 4,7.8).

† Gottes Liebe übersteigt unser Vorstellungsvermögen

„[17] Es ist mein Gebet, [...] dass euer Leben in der Liebe verwurzelt und auf das Fundament der Liebe gegründet ist. [18] Das wird euch dazu befähigen [...] die Liebe Christi in allen ihren Dimensionen zu erfassen – in ihrer Breite, in ihrer Länge, in ihrer Höhe und in ihrer Tiefe. [19] Ja, ich bete darum, dass ihr seine Liebe versteht, die doch weit über alles Verstehen hinausreicht, und dass ihr auf diese Weise mehr und mehr mit der ganzen Fülle des Lebens erfüllt werdet, das bei Gott zu finden ist" (Eph 3,17-19).

„[7] Ich will bekennen, wie der HERR uns seine Gnade erwiesen hat; [...] – wie er mit Liebe und Güte das Volk Israel umsorgte und es mit Wohltaten überschüttete. [8] Er dachte: »Sie sind mein Volk, meine Kinder, sicher werden sie mich nicht enttäuschen!« Und so half er ihnen aus ihrer Not. 9 Denn wenn sie in Bedrängnis waren, litt auch er. Immer wieder ist er durch seinen Engel zu ihnen gekommen und hat sie gerettet. Er befreite sie damals vor langer Zeit, weil er sie liebte und Mitleid mit ihnen hatte. Er nahm sie auf die Arme und trug sie Tag für Tag" (Jes 63,7-9).

† Gott liebt alle Menschen bedingungslos

„⁴ Doch dann ist die Güte Gottes, unseres Retters, und seine Liebe zu uns Menschen sichtbar geworden, ⁵ und er hat uns gerettet – nicht etwa, weil wir so gehandelt hätten, wie es vor ihm recht ist, sondern einzig und allein, weil er Erbarmen mit uns hatte" (Tit 3,4-5).

„⁶ Christus starb ja für uns zu einer Zeit, als wir noch ohnmächtig der Sünde ausgeliefert waren; er starb für Menschen, die Gott den Rücken gekehrt hatten. ⁷ Nun ist es ja schon unwahrscheinlich genug, dass jemand sein Leben für einen unschuldigen Menschen opfert; eher noch würde man es vielleicht für einen besonders edlen Menschen tun. ⁸ Gott hingegen beweist uns seine Liebe dadurch, dass Christus für uns starb, als wir noch Sünder waren." (Röm 5,6-8).

† Gottes Liebe ist unbezwingbar

„³⁵ Was kann uns von Christus und seiner Liebe trennen? Not? Angst? Verfolgung? Hunger? Entbehrungen? Lebensgefahr? Das Schwert des Henkers? ³⁶⁻³⁷ [...] ³⁸ Ja, ich bin überzeugt, dass weder Tod noch Leben, weder Engel noch unsichtbare Mächte, weder Gegenwärtiges noch Zukünftiges, noch gottfeindliche Kräfte, ³⁹ weder Hohes noch Tiefes, noch sonst irgendetwas in der ganzen Schöpfung uns je von der Liebe Gottes trennen kann, die uns geschenkt ist in Jesus Christus, unserem Herrn" (Röm 8,35.38-39).

† Jesus ist das Gesicht der Liebe Gottes

„⁹ Und Gottes Liebe zu uns ist daran sichtbar geworden, dass Gott seinen einzigen Sohn in die Welt gesandt hat, um uns durch ihn das Leben zu geben. ¹⁰ Das ist das Fundament der Liebe: nicht, dass wir Gott geliebt haben, sondern dass er uns geliebt und seinen Sohn als Sühneopfer für unsere Sünden zu uns gesandt hat. ¹¹⁻¹⁵ [...] ¹⁶ Wir haben erkannt, dass Gott uns liebt, und haben dieser Liebe unser ganzes Vertrauen geschenkt. Gott ist Liebe, und wer sich von der Liebe bestimmen lässt, lebt in Gott, und Gott lebt in ihm" (1Joh 4,9-10.16).

[Jesus sagte:] „⁹ Wie mich der Vater geliebt hat, so habe ich euch geliebt. Bleibt in meiner Liebe! ¹⁰ Wenn ihr meine Gebote haltet, werdet ihr in meiner Liebe bleiben, so wie ich immer die Gebote meines Vaters gehalten habe und in seiner Liebe bleibe. ¹¹ Ich sage euch das, damit meine Freude euch erfüllt und eure Freude vollkommen ist. ¹² Liebt einander, wie ich euch geliebt habe; das ist mein Gebot. ¹³ Niemand liebt seine Freunde mehr als der, der sein Leben für sie hergibt" (Joh 15,9-13).

Vgl. dazu auch Joh 3,16-17; Gal 2,20; 1Joh 3,1; 4,19; Mt 5,43-44; 1Joh 4,9-10.

ALLĀH IST DER LIEBEVOLLE UND LIEBT BEDINGT

☾ Allāh ist der Liebevolle

Kein Vers bzw. *āya* besagt, dass Allāh der Ursprung oder die Quelle der Liebe ist. Der Qur'ān bezeichnet aber in zwei Versen Allāh als den Liebevollen:

„⁹⁰ Und bittet euren Herrn um Vergebung und hierauf bereut vor Ihm! Gewiß, mein Herr ist Barmherzig und Liebevoll" (Hud 11,90).

„¹⁴ Und Er ist der Allvergebende und Liebevolle" (al-Burug 85,14).

☾ Wen Allāh liebt

Die Gutes Tuenden

„¹⁹⁵ Und gebt auf Allahs Weg aus und stürzt euch nicht mit eigener Hand ins Verderben. Und tut Gutes. Allah liebt die Gutes Tuenden" (al-Baqara 2,195).

„¹³⁴ Allah liebt die Gutes Tuenden ¹³⁵ und diejenigen, die, wenn sie eine Abscheulichkeit begangen oder sich selbst Unrecht zugefügt haben, Allahs gedenken und dann für ihre Sünden um Vergebung bitten" (al-i-IImran 3,134-135).

Die, die Muḥammad folgen

„[31] Sag: Wenn ihr Allah liebt, dann folgt mir [Muḥammad]. So liebt euch Allah und vergibt euch eure Sünden. Allah ist Allvergebend und Barmherzig" (al-i-IImran 3,31).

Die Reumütigen

„[222] Allah liebt die Reumütigen, und Er liebt die, die sich rein halten" (al-Baqara 2,222).

Die sich Reinigenden

„[108] In ihr [einer Gebetsstätte] sind Männer, die es lieben, sich zu reinigen. Und Allah liebt die sich Reinigenden" (at-Tauba 9,108).

Die auf Allāhs Weg Kämpfenden

„[4] Gewiß, Allah liebt diejenigen, die auf Seinem Weg kämpfen in Reihe, als wären sie ein zusammengefügter Bau" (as-Saff 61,4).

☾ Wen Allāh nicht liebt

Die Ungläubigen

„[32] Sag: Gehorcht Allah und dem Gesandten [Muḥammad]. Doch wenn sie sich abkehren, so liebt Allah die Ungläubigen nicht" (al-i-IImran 3,32).

Die Ungerechten

„[57] [...] Allah liebt nicht die Ungerechten" (al-i-IImran 3,57).

„[40] Die Vergeltung für eine böse Tat ist etwas gleich Böses. Wer aber verzeiht und Besserung bringt, dessen Lohn obliegt Allah. Er liebt ja nicht die Ungerechten" (as-Sura 42,40).

Die Eingebildeten und Hochmütigen

„[18] [...] Allah liebt nicht, wer eingebildet und prahlerisch ist" (Luqman 31,18; An-Nisa 4,36).

„²³ [...] Gewiß, Er liebt nicht die Hochmütigen" (an-Nahl 16,23).

Die Maßlosen

„³¹ [...] Er (Allah) liebt nicht die Maßlosen" (al-Araf 7,31).

Die Verräter

„¹⁰⁷ [...] Allah liebt nicht, wer ein Verräter und Sünder ist" (An-Nisa 4,107).

Die Übertreter

„⁵⁵ [...] Er liebt nicht die Übertreter" (al-Araf 7,55).

📖 *Weitere themenbezogene āyāt: Suren 5,93; 5,13; 3,6; 5,42; 9,4; 9,7; 19,96; 42,23; 49,9; 60,8; 2,275-276; 2,190; 2,205; 3,140; 5,67; 6,141; 28,76.*

4. SATAN: DER WIDERSACHER GOTTES

DER URSPRUNG UND FALL SATANS

Satan war ursprünglich ein von Gott erschaffener Engel, der sich dann aber Gott gleichstellen wollte:

„¹² Du Morgenstern [hebr. *helel* bedeutet „der Leuchtende"] wie konnte es geschehen, dass du vom hohen Himmel niederstürztest? [...] ¹³ In deinem Herzen hattest du beschlossen: ‚Ich steige immer höher, bis zum Himmel. Dort oben will ich meinen Thron errichten, ich will noch höher sein als Gottes Sterne [...] ¹⁴ Ich steige höher, als die Wolken reichen, dann endlich gleiche ich dem Allerhöchsten!' ¹⁵ Doch in den Abgrund wurdest du geworfen, bis auf den tiefsten Grund der Totenwelt!" (Jes 14,12-14).

„¹² So spricht der HERR, der mächtige Gott [über den König von Tyrus als eine bildliche Darstellung Satans]: ‚Du warst die Vollkommenheit selbst, voll Weisheit und erlesener Schönheit. ¹³ In Eden, dem Gottesgarten, lebtest du. Dein Gewand war mit Edelsteinen aller Art besetzt [...] Mit Gold warst du geschmückt an dem Tag, an dem ich dich erschuf. ¹⁴ Ich gab dich dem Wächter des Gartens, dem Kerub mit den ausgebreiteten Flügeln, zum Gefährten; [...] ¹⁵ Vollkommen hatte ich dich geschaffen und du bliebst es, bis du in Sünde fielst'" (Hes 28,12.15).

DIE IDENTITÄT SATANS

„Satan" bedeutet „verleumderisch" und „beleidigend". Ihm werden in der Bibel viele Bezeichnungen zugeordnet, z.B. Teufel (griech. *diabolos*), Beelzebub (ein Name für Satan, den Obersten der Dämonen, mit der Bedeutung „Herr der Fliegen"), der Gott und Prinz dieser Welt, die Schlange, der Versucher, der Verführer, der Ankläger der Brüder und der Lügner.

† Satan ist der Feind der Menschen

„[8] Seid besonnen, seid wachsam! Euer Feind, der Teufel, streift umher wie ein brüllender Löwe, immer auf der Suche nach einem Opfer, das er verschlingen kann" (1 Petr 5,8).

† Satan ist an ein Mörder, Lügner, Betrüger und Irreführer

„[40] [...] Er [der Teufel] war von Anfang an ein Mörder und stand nie auf dem Boden der Wahrheit, weil es in ihm keine Wahrheit gibt. Wenn er lügt, redet er so, wie es seinem ureigensten Wesen entspricht; denn er ist ein Lügner, ja er ist der Vater der Lüge" (Joh 8,44).

„[14] [...] Satan selbst tarnt sich als Engel des Lichts" (2 Kor 11,14).

[Jesus sagte:] „[19] Wenn jemand die Botschaft vom Himmelreich hört und nicht versteht, ist es wie mit der Saat, die auf den Weg fällt. Der Böse kommt und raubt, was ins Herz dieses Menschen gesät worden ist" (Mt 13,19).

DIE MACHENSCHAFTEN SATANS

† Er verführt Menschen mit List zum Bösen

„[8] Wer sündigt, stammt von dem, der von allem Anfang an gesündigt hat – dem Teufel" (1 Joh 3,8).

„[3] [...] Eva wurde auf hinterlistige Weise von der Schlange verführt, und genauso könnten auch eure Gedanken unter einen verhängnisvollen Einfluss geraten, sodass die Aufrichtigkeit und Reinheit eurer Beziehung zu Christus verloren gehen" (2 Kor 11,3).

† Satan verblendet Menschen, damit sie Gott nicht erkennen

„³ Wenn das Evangelium [...] wie mit einer Decke verhüllt ist, dann ist das bei denen der Fall, die verloren gehen, ⁴ weil sie der Wahrheit keinen Glauben schenken. Der Gott dieser Welt [Satan] hat sie mit Blindheit geschlagen, sodass ihr Verständnis verfinstert ist und sie den strahlenden Glanz des Evangeliums nicht sehen, den Glanz der Botschaft von der Herrlichkeit dessen, der Gottes Ebenbild ist – Christus" (2Kor 4,3-4).

† Er hält gottlose Menschen in seiner Gewalt

„¹⁸ Öffne ihnen die Augen, damit sie umkehren und sich von der Finsternis zum Licht wenden und von der Macht des Satans zu Gott" (Apg 26,18).

Siehe dazu auch Gen 3,1-6; Mt 4,1-11; Lk 4,1-13; Luk 8,12; Joh 8,43-44; Joh 13,2; Apg 5,3; 1Kor 7,5; 2Kor 2,11; Eph 6,16; 2Thess 2,3-4.9-12.

WIE WIR UNS VOR SATAN SCHÜTZEN KÖNNEN

† Wir nehmen Zuflucht bei Gott

„⁸ Seid besonnen, seid wachsam! Euer Feind, der Teufel, streift umher wie ein brüllender Löwe, immer auf der Suche nach einem Opfer, das er verschlingen kann. ⁹ Widersteht ihm, indem ihr unbeirrt am Glauben festhaltet" (1Petr 5,8-9).

„⁷ Ordnet euch daher Gott unter! Und dem Teufel widersteht, dann wird er von euch ablassen und fliehen. ⁸ Sucht die Nähe Gottes, dann wird er euch nahe sein!" (Jak 4,7-8).

„¹⁸ Wir wissen, dass jemand, der aus Gott geboren ist, nicht sündigt [genaue Übersetzung: „in der Sünde verharrt"]; denn der Sohn Gottes hält seine schützende Hand über ihn, sodass der Böse – der Teufel – ihm nicht schaden kann. ¹⁹ Wir wissen, dass wir von Gott stammen, wissen aber auch, dass sich die ganze Welt in der Gewalt des Bösen befindet" (1Joh 5,18-19).

† Wir verwenden die geistlichen Rüstung von Gott

„[11] Legt die Waffen an, die Gott euch gibt, dann können euch die Schliche des Teufels nichts anhaben" (Eph 6,11 GNB)

Wahrheit, Gerechtigkeit, Glaube, das Wort Gottes, Rettung und die Bereitschaft das Evangelium weiterzusagen zählen zu dieser geistlichen Waffenrüstung Gottes (vgl. Eph 6,14-17).

DAS ENDGÜLTIGE LOS SATANS

† Völlige Vernichtung und ewige Höllenqualen

„[9] Der große Drache, jene Schlange der Urzeit, die auch Teufel oder Satan genannt wird und die ganze Menschheit verführt, wurde auf die Erde geworfen, und zusammen mit dem Drachen wurden auch seine Engel hinuntergeworfen" (Offb 12,9).

„[10] Und der Teufel, der sie [die Völker der Erde] verführt hatte, wurde in den Feuer- und Schwefelsee geworfen, in dem sich schon das Tier und der falsche Prophet befanden. Dort werden sie Tag und Nacht Qualen erleiden – für immer und ewig" (Offb 20,10).

Das Buch der Offenbarung prophezeit in symbolischen Bildern die Endzeit, die mit der Wiederkunft Jesu als „König über alle Könige und Herr über alle HERREN" (Offb 19,16) und der endgültigen Vernichtung Satans und des Bösen endet.

5. SATAN: DER WIDERSACHER ALLĀHS

DER URSPRUNG UND FALL VON IBLĪS

☾ Iblīs ist ein rebellischer Ǧinn

„⁶¹ Und als Wir zu den Engeln sagten: ‚Werft euch vor Ādam nieder.' Da warfen sie sich nieder, außer Iblīs. Er sagte: ‚Soll ich mich vor jemandem niederwerfen, den Du aus Lehm erschaffen hast?'" (al-Isra 17,61).

„⁵⁰ Und als wir zu den Engeln sagten: ‚Werft euch vor Ādam nieder.' Da warfen sie sich nieder, außer Iblīs; er gehörte zu den Ǧinn. So frevelte er gegen den Befehl seines Herrn. Wollt ihr euch denn ihn und seine Nachkommenschaft zu Schutzherren anstatt Meiner nehmen, wo sie euch doch feind sind? – Ein schlimmer Tausch für die Ungerechten!" (al-Kahf 18,50).

"²⁸ Und als dein Herr zu den Engeln sagte: ‚Ich bin dabei, ein menschliches ²⁹ Wesen aus trockenem Ton, aus fauligem schwarzen Schlamm zu erschaffen. Wenn ich es zurechtgeformt und ihm von meinem Geiste eingehaucht habe, dann fallt und werft euch vor ihm nieder.' ³⁰ Da warfen sich die Engel alle zusammen nieder, ³¹ außer Iblīs; er weigerte sich, mit denen zu sein, die sich niederwerfen" (al-Higr 15,28-31).

„⁷⁵ Er sagte: „O Iblīs, was hat dich davon abgehalten, dich vor dem niederzuwerfen, was Ich mit Meinen Händen erschaffen habe? Verhältst du dich hochmütig, oder gehörst du etwa zu den Überheblichen?" (Sad 38;75)

📖 *Weitere zum Thema empfohlene Stellen: Suren 2,34; 7.11-18; 15,31; 20,116; 38,75.*

DIE IDENTITÄT SATANS

☾ Satan ist ein Betrüger und Verführer zu schändlichen Taten

„²⁶⁸ Der Satan verspricht euch Armut und befiehlt euch Schändliches" (al-Baqara 2,268).

„¹¹⁷ Sie [die Polytheisten] rufen außer Ihm nur weibliche (Gottheiten) an, und sie rufen nur einen rebellischen Satan an. ¹¹⁸ Allah verfluchte ihn. Und er sagte: „Ich werde von Deinen Dienern ganz gewiß einen festgesetzten Anteil nehmen, ¹¹⁹ und ich werde sie ganz gewiß in die Irre führen und ganz gewiß in ihnen Wünsche erwecken und ihnen ganz gewiß befehlen, und da werden sie ganz gewiß die Ohren des Viehs abschneiden; wahrlich, ich werde ihnen befehlen, und da werden sie ganz gewiß Allahs Schöpfung ändern. Wer sich den Satan außer Allah zum Schutzherrn nimmt, der hat fürwahr einen offenkundigen Verlust erlitten. ¹²⁰ Er macht ihnen Versprechungen und erweckt in ihnen Wünsche; aber der Satan macht ihnen nur Versprechungen in Trug. ¹²¹ Jene – ihr Zufluchtsort wird die Hölle sein, und sie werden aus ihr kein Entrinnen finden" (An-Nisa 4,117-121).

☾ Satan ist der Feind der Menschen

„⁵ [...] Gewiß, der Satan ist dem Menschen ein deutlicher Feind" (Yusuf 12,5).

„⁵³ [...] Gewiß, der Satan stachelt zwischen ihnen (zu Zwietracht) auf. Der Satan ist ja dem Menschen ein deutlicher Feind" (al-Isra 17,53).

📖 *Siehe auch Suren 35,6; 36,60; 43,62.*

DIE MACHENSCHAFTEN SATANS

☾ Satan verführt zum Ungehorsam gegen Allāh

[Allah sagte:] „[19] – ‚Und (du,) o Ādam, bewohne du und deine Gattin den (Paradies)garten, und dann eßt, wo immer ihr wollt. Aber nähert euch nicht diesem Baum, sonst gehört ihr zu den Ungerechten!' [20] Da flüsterte ihnen der Satan ein, um ihnen offen zu zeigen, was ihnen von ihrer Blöße verborgen war. Und er sagte: ‚Euer Herr hat euch diesen Baum nur verboten, damit ihr nicht Engel werdet oder zu den Ewiglebenden gehört.' [21] Und er schwor ihnen: ‚Ich gehöre wahrlich zu denjenigen, die euch guten Rat geben.' [22] So verführte er sie trügerisch" (al-Araf 7,19-22).

„Aber da flüsterte ihm der Satan ein und sagte: „O Ādam, soll ich dich auf den Baum der Ewigkeit hinweisen und auf eine Herrschaft, die nicht vergeht?" (Ta-Ha 20, 120).

☾ Satan widerstrebt Allāh

„[44] O mein lieber Vater, diene nicht dem Satan. Gewiß, der Satan ist gegen den Allerbarmer widerspenstig" (Maryam 19,44).

📖 *Siehe auch Sure 7,27.200.*

☾ Satan flößt Menschen Furcht ein

„Dies ist nur der Satan, der (euch) mit seinen Gefolgsleuten Furcht einzuflößen sucht. Fürchtet sie aber nicht, sondern fürchtet Mich, wenn ihr gläubig seid!" (Al-i-IImran 3, 175)

WIE WIR UNS VOR SATAN SCHÜTZEN KÖNNEN

☾ Wir nehmen Zuflucht bei Allāh

„[98] Wenn du nun den Qur'ān vorträgst, so suche Schutz bei Allah vor dem gesteinigten Satan. [99] Er hat gewiß keine Macht über diejenigen, die glauben und sich auf ihren Herrn verlassen" (an-Nahl 16,98-99).

„³⁶ Und wenn dich vom Satan eine Eingebung aufstachelt, dann suche Zuflucht bei Allah, denn Er ist ja der Allhörende und Allwissende" (Fussilat 41,36).

📖 *Siehe dazu auch Suren 7,200, 23,27.*

DAS ENDGÜLTIGE LOS SATANS

☾ Die Strafe der Feuerglut

„⁵ Wir haben ja den untersten Himmel mit Lampen geschmückt und haben sie zu Wurfgeschossen gegen die Satane gemacht. Und bereitet haben Wir für sie die Strafe der Feuerglut" (al-Mulk 67,5).

6. DER BEZUG GOTTES ZU UNS MENSCHEN

† Wir Menschen sind ein gesegnetes Geschöpf Gottes

„[1][...] Als Gott die Menschen erschuf, machte er sie nach seinem Bild; [2] und er erschuf sie als Mann und als Frau. Er segnete sie und gab ihnen den Namen »Mensch«" (Gen 5,2 LUT17).

[27] Und Gott schuf den Menschen zu seinem Bilde, zum Bilde Gottes schuf er ihn; und schuf sie als Mann und Frau. [28] Und Gott segnete sie" (Gen 1,26-28 LUT17).

Dass Menschen nach Gottes „Bild" geschaffen sind, bezieht sich keineswegs auf die äußere Gestalt des Menschen, da Gott Geist ist (vgl. Joh 4, 24).

† Wir sind Gottes Eigentum

„[7] Alle sollen zurückkehren, die ich [der HERR] zu meiner Ehre geschaffen und ins Leben gerufen, die ich zu meinem Eigentum erklärt habe!" (Jes 43,7).

„[3] Erkennt, daß der Herr Gott ist! Er hat uns gemacht, und nicht wir selbst, zu seinem Volk und zu Schafen seiner Weide" (Ps 100,3 SCHL).

WIE GOTT UNS MENSCHEN WAHRNIMMT

† Der Mensch ist wertvoll

„[26] Seht euch die Vögel an! Sie säen nicht, sie ernten nicht, sie sammeln keine Vorräte, und euer Vater im Himmel ernährt sie doch. Seid ihr nicht viel mehr wert als sie?" (Mt 6,26).

† Der Mensch steht unter Gottes Fürsorge

„³ Er stärkt und erfrischt meine Seele. Er führt mich auf rechten Wegen und verbürgt sich dafür mit seinem Namen. ⁴ Selbst wenn ich durch ein finsteres Tal gehen muss, wo Todesschatten mich umgeben, fürchte ich mich vor keinem Unglück, denn du, ´Herr`, bist bei mir! Dein Stock und dein Hirtenstab geben mir Trost" (Ps 23,3-4).

Siehe auch Lukas 15,1-7; Ps 8,5.9.

WOZU GOTT UNS MENSCHEN ERSCHUF

† Zur Ehre Gottes

„⁷ Alle sollen zurückkehren, die ich [der HERR] zu meiner Ehre geschaffen [...] habe!" (Jes 43,7).

† Um in Verbindung mit Gott zu leben

„²⁷ Mit allem, was er [Gott] tat, wollte er die Menschen dazu bringen, nach ihm zu fragen; er wollte, dass sie – wenn irgend möglich – in Kontakt mit ihm kommen und ihn finden. Er ist ja für keinen von uns in unerreichbarer Ferne" (Apg 17,27).

„⁸ Der HERR hat dich wissen lassen, Mensch, was gut ist und was er von dir erwartet: Halte dich an das Recht, sei menschlich zu deinen Mitmenschen und lebe in steter Verbindung mit deinem Gott!" (Mi 6,8).

† Um Gott zu ehren und zu lieben

„¹² [...] Der HERR, euer Gott, verlangt von euch nur das eine, dass ihr ihn ernst nehmt, seinen Weisungen folgt und ihn mit ganzem Herzen und mit allen Kräften liebt und ehrt. ¹³ Lebt nach seinen Geboten und Anordnungen, die ich euch heute verkünde! Wenn ihr das tut, wird es euch gut gehen. ¹⁴ Haltet euch vor Augen: Dem HERRN, eurem Gott, gehören der Himmel und alle Himmelswelten und die ganze Erde mit allem, was darauf lebt" (Dtn 10,12-14).

„⁵ [...] ich, der HERR, dein Gott, bin ein leidenschaftlich liebender Gott und erwarte auch von dir ungeteilte Liebe" (Ex 20,5).

📖 *Weitere empfohlene Stellen zum Nachschlagen: Ex 20,6: Dtn 6,4-5; Jes 66,2; Jer 2,13; Joh 6,35; Offb 22,17.*

✝ Um Gottes Wesen entsprechend leben

„¹⁰ Denn was wir sind, ist Gottes Werk; er hat uns durch Jesus Christus dazu geschaffen, das zu tun, was gut und richtig ist. Gott hat alles, was wir tun sollen, vorbereitet; an uns ist es nun, das Vorbereitete auszuführen" (Eph 2,10).

„⁴⁸ Ihr aber sollt vollkommen sein, wie euer Vater im Himmel vollkommen ist" (Mt 5,48).

📖 *Weitere empfohlene Stellen zum Nachschlagen: Dtn 10,12; 13,5; Eph 1,11-12; Joh 17,22-24; Röm 12,1-2; Eph 4,17.20-24; 1Thess 5,21-22.*

✝ Um verantwortungsbewusst über die Erde zu regieren

„⁷ Die Werke deiner Hände hast du [HERR, unser Herrscher] ihm [dem Menschen] anvertraut. Alles hast du ihm zu Füßen gelegt: ⁸ Schafe, Ziegen und Rinder – alle zusammen, und dazu die wilden Tiere auf dem Feld. ⁹ Die Vögel am Himmel und die Fische im Wasser und was sich sonst in den Meeren bewegt" (Ps 8,7-9 BasisBibel)

„²⁶ Und Gott sprach: Lasset uns Menschen machen, ein Bild, das uns gleich sei, die da herrschen über die Fische im Meer und über die Vögel unter dem Himmel und über das Vieh und über die ganze Erde und über alles Gewürm, das auf Erden kriecht" (Gen 1,26).

„¹⁵ Gott, der Herr, brachte also den Menschen in den Garten Eden. Er übertrug ihm die Aufgabe, den Garten zu pflegen und zu schützen" (Gen 2,15).

GOTTES ZIEL UND WILLE FÜR UNS MENSCHEN

† Gottes Wille ist, dass wir nach ihm fragen und ihn finden

„[24] [...] dem Gott, der die ganze Welt mit allem, was darin ist, geschaffen hat. Er, der Herr über Himmel und Erde, [...] [25] Er ist auch nicht darauf angewiesen, dass wir Menschen ihm dienen. Nicht er ist von uns abhängig, ´sondern wir von ihm`. Er ist es, der uns allen das Leben und die Luft zum Atmen gibt und uns mit allem versorgt, ´was wir zum Leben brauchen`. [26] [...] [27] ´Mit allem, was er tat,` wollte er die Menschen dazu bringen, nach ihm zu fragen; er wollte, dass sie – wenn irgend möglich – in Kontakt mit ihm kommen und ihn finden. Er ist ja für keinen von uns in ´unerreichbarer` Ferne" (Apg 17,24-27).

† Gottes Ziel für jeden Menschen ist Leben in Fülle

[Gott, der Herrscher der Welt, sagt:] „[11] ‚Mein Plan mit euch steht fest: Ich will euer Glück und nicht euer Unglück. Ich habe im Sinn, euch eine Zukunft zu schenken, wie ihr sie erhofft. Das sage ich, der HERR'" (Jer 29,11).

„[10] [...] Ich [Jesus] bin gekommen, damit sie das Leben haben und volle Genüge" (Joh 10,10 LUT17).

„[10] Du [HERR] selbst bist die Quelle, die uns Leben schenkt. Deine Liebe ist die Sonne, von der wir leben" (Ps 36,10).

„[3] Hört doch, kommt zu mir! Hört auf mich, dann werdet ihr leben! Ich will mit euch einen unauflöslichen Bund schließen [...]" (Jes 55,3).

„[6] Dann sagte er [Gott] zu mir: ‚[...] Ich bin das A und das O, der Ursprung und das Ziel aller Dinge. Wer Durst hat, dem werde ich umsonst von dem Wasser zu trinken geben, das aus der Quelle des Lebens fließt'" (Offb 21,6).

† Gottes Wille ist die Rettung aller Menschen zum ewiges Leben

„[4] denn er [Gott, unser Retter] will, dass alle Menschen gerettet werden und dass sie die Wahrheit erkennen" (1 Tim 2,4).

„[40] Ja, es ist der Wille meines Vaters, dass jeder, der den Sohn sieht und an ihn glaubt, das ewige Leben hat; und an jenem letzten Tag werde ich ihn auferwecken" (Joh 6,40).

„[23] ‚Meint ihr, ich hätte Freude daran, wenn ein Mensch wegen seiner Vergehen sterben muss?', sagt Gott, der HERR. ‚Nein, ich freue mich, wenn er von seinem falschen Weg umkehrt und am Leben bleibt!'" (Hes 18,23).

7. DER BEZUG ALLĀHS ZU UNS MENSCHEN

☾ Allāh ist der Schöpfer des Menschen

„14 Hierauf schufen Wir den Samentropfen zu einem Anhängsel, dann schufen Wir das Anhängsel zu einem kleinen Klumpen, dann schufen Wir den kleinen Klumpen zu Knochen, dann bekleideten Wir die Knochen mit Fleisch. Hierauf ließen Wir ihn als eine weitere Schöpfung entstehen. Segensreich ist Allah, der beste Schöpfer" (al-Muminun 23,14).

„17 Tod dem Menschen, wie undankbar er ist! 18 Woraus hat Er ihn erschaffen? 19 Aus einem Samentropfen hat Er ihn erschaffen und ihm dabei sein Maß festgesetzt. 20 Den Weg hierauf macht Er ihm leicht. 21 Hierauf läßt Er ihn sterben und bringt ihn dann ins Grab. 22 Hierauf, wenn Er will, läßt Er ihn auferstehen" (Abasa 80,17-22).

WIE ALLĀH UNS MENSCHEN WAHRNIMMT

☾ Der Mensch ist schwach und voller Mängel

„28 [...] der Mensch ist (ja) schwach erschaffen" (An-Nisa 4,28).

„19 Gewiß, der Mensch ist als kleinmütig erschaffen" (al-Maarig 70,19).

„11 [...] der Mensch ist ja stets voreilig" (al-Isra 17,11).

„67 [...] der Mensch ist eben sehr undankbar" (al-Isra 17,67).

„100 [...] der Mensch ist knauserig" (al-Isra 17,100).

„⁷² [...] er ist sehr oft ungerecht und sehr oft töricht" (al-Ahzab 33,72).

„⁵⁴ [...] der Mensch ist von allen Wesen am streitsüchtigsten" (al-Kahf 18,54).

„¹⁴ Ausgeschmückt ist den Menschen die Liebe zu den Begierden, nach Frauen, Söhnen, aufgehäuften Mengen von Gold und Silber, Rassepferden, Vieh und Saatfeldern. Das ist der Genuß im diesseitigen Leben. Doch bei Allah ist die schöne Heimstatt" (Al-i-IImran 3,14).

Weitere Suren mit Bezug zum Thema: 42,49-51; 55,3-4; 51,56-57; 2,285; 4,136; 4,111; 4,27-32; 1713-15; 18, 7-8; 23,1-7; 30,28-29; 75,34-36.

WOZU ALLĀH UNS MENSCHEN ERSCHUF

☾ Um Allāh zu dienen

„⁵⁶ Und Ich habe die Ğinn und die Menschen nur (dazu) erschaffen, damit sie Mir dienen" (ad-Dariyat 51,56).

☾ Um gottesfürchtig zu werden

„²¹ O ihr Menschen! Dient eurem Herrn, Der euch und diejenigen vor euch erschaffen hat, auf daß ihr gottesfürchtig werden möget!" (al-Baqara 2,21).

☾ Zu einem Leben in Mühsal

„⁴ Wir haben den Menschen ja (zu einem Leben) in Mühsal erschaffen" (al-Balad 90,4).

ALLĀHS ZIEL UND WILLE FÜR UNS MENSCHEN

☾ Der Wille Allāhs für die Menschen ist nicht vorhersehbar

„⁹⁹ Wenn dein Herr wollte, würden fürwahr alle auf der Erde zusammen gläubig werden. Willst du etwa die Menschen dazu zwingen, gläubig zu werden? ¹⁰⁰ Keiner Seele ist es möglich zu glauben, außer mit Allahs Erlaubnis. Und Er legt den Greuel auf diejenigen, die nicht begreifen" (Yunus 10,99-100).

„[118] Wenn dein Herr wollte, hätte Er die Menschen wahrlich zu einer einzigen Gemeinschaft gemacht. Aber sie bleiben doch uneinig, [119] außer denen, derer Sich dein Herr erbarmt hat. Dazu hat Er sie erschaffen. Und so erfüllt sich das Wort deines Herrn: ‚Ich werde die Hölle ganz gewiß mit den Ǧinn und den Menschen allesamt füllen'" (Hud 11,118-119).

„[4] [...] Allah läßt dann in die Irre gehen, wen Er will, und leitet recht, wen Er will. Und Er ist der Allmächtige und Allweise" (Ibrahim 14,4).

📖 *Weitere themenbezogene āyāt: Suren 2,6-7; 2,272; 3,11; 3,73-74; 3,128-129; 4,88; 4,142-144; 5,18; 6,39; 6,111-112, 125-128,137,149; 7,158-159; 9,51; 10,117; 11,34; 13,26-27.39; 16,8-9; 16,36-37.93; 17,13.54; 21,47; 24,21; 24,38; 28,56; 29,21; 30,4-6; 30,29, 30 37.54-59; 32,13-14; 34,35-36; 35,7-8; 35, 16-17; 36, 8-10; 37,96; 39,23.36-37; 40,33-34; 42,7-8.13; 42,43-46 und 49-50; 47,16; 48,14; 57,21-22.29; 62,4; 74,31; 76,28-31.*

📖 *Anhang II geht näher auf das islamische Konzept der Vorherbestimmung ein.*

8. DIE REBELLION DES MENSCHEN GEGEN SEINEN SCHÖPFER

Der Mensch kann Gott anhand seiner Schöpfung erkennen. Gottes Macht zeigt sich nicht nur in der Urschöpfung des Himmels und der Erde. Jedes neue Leben in der Natur zeugt von seiner Macht, ebenso wie der Zusammenhalt des Universums. Auch das menschliche Gewissen mit der Fähigkeit zwischen Gut und Böse zu unterscheiden, weist auf die Existenz eines göttlichen Wesens. Aufgrund dieser Erkenntnisse trägt jeder Mensch die Eigenverantwortung für seine Haltung gegenüber Gott und für seinen Lebenswandel. Alles Denken und Handeln, das im Widerspruch zu Gottes Wesen steht, bezeichnet die Bibel als Sünde. Sünde ist daher nicht nur ein Akt, sondern ein Zustand, der sich wie eine trennende Mauer zwischen Gott und Mensch stellt.

† Der Mensch wendet sich von seinem Schöpfer ab

„[20] Seit der Erschaffung der Welt sind seine Werke ein sichtbarer Hinweis auf ihn, den unsichtbaren Gott, auf seine ewige Macht und sein göttliches Wesen. Die Menschen haben also keine Entschuldigung, [21] denn trotz allem, was sie über Gott wussten, erwiesen sie ihm nicht die Ehre, die ihm zukommt, und blieben ihm den Dank schuldig. Sie verloren sich in sinnlosen Gedankengängen, und in ihren Herzen, denen jede Einsicht fehlte, wurde es finster" (Röm 1,20-21).

[28] Und da die Menschen es nach ihrem eigenen Urteil nicht nötig hatten, Gott anzuerkennen [das griech. Wort „*dokimazo*" bedeutet nach einer Prüfung als echt anzuerkennen und zu würdigen], hat Gott sie ihrem Verstand

preisgegeben, der zu keinem vernünftigen Urteil mehr fähig ist, sodass sie Dinge tun, die sie nie tun dürften" (Röm 1,28).

📖 *Weitere themenbezogene Stellen: Dtn 32,15-16; Ps 36,2-5; Jes 53,6; Jer 2,5-6.8-9.13; Jer 7,24-26.*

AUFLEHNUNG GEGEN GOTT BEDEUTET SÜNDE

† Wer sündigt, missachtet das Gottes Gesetz

„⁴ Wer sündigt, missachtet das Gesetz Gottes, denn Sünde bedeutet immer Auflehnung gegen Gottes Gesetz" (1Joh 3,4 NLB).

† Sünde beginnt im Herzen des Menschen

[Jesus sagte:] „²¹ ‚Denn von innen, aus dem Herzen des Menschen, kommen Gedanken, die böse sind – Unzucht, Diebstahl, Mord, ²² Ehebruch, Habgier, Bosheit, Hinterlist, Zügellosigkeit, Missgunst, Verleumdung, Überheblichkeit und Unvernunft. ²³ All dieses Böse kommt von innen heraus und macht den Menschen in Gottes Augen unrein'" (Mk 7,21-23).

[Der HERR sagt:] „⁹ ‚Nichts ist so abgründig wie das menschliche Herz. Voll Unheil ist es; wer kann es durchschauen? ¹⁰ Ich, der HERR, sehe bis auf seinen Grund, ich kenne die geheimsten Wünsche der Menschen. Ich gebe jedem, was er aufgrund seiner Taten verdient hat'" (Jer 17,9-10).

„¹⁴ Wenn jemand in Versuchung gerät, ist es seine eigene Begierde, die ihn reizt und in die Falle lockt. ¹⁵ Nachdem die Begierde dann schwanger geworden ist, bringt sie die Sünde zur Welt; die Sünde aber, wenn sie ausgewachsen ist, gebiert den Tod" (Jak 1,14-15).

† Kein Mensch ist ohne Sünde

„¹⁷ Denn die menschliche Natur richtet sich mit ihrem Begehren gegen den Geist Gottes, und der Geist Gottes richtet sich mit seinem Begehren gegen die menschliche Natur. Die beiden liegen im Streit miteinander, und jede

Seite will verhindern, dass ihr das tut, wozu die andere Seite euch drängt" (Gal 5,17).

„²³ Denn alle haben gesündigt, und in ihrem Leben kommt Gottes Herrlichkeit nicht mehr zum Ausdruck" (Röm 3,23).

† Keine Sünde ist vor Gott verborgen

„¹³ Kein Geschöpf ist vor Gott verborgen; alles liegt offen und ungeschützt vor den Augen dessen da, dem wir Rechenschaft geben müssen" (Hebr 4,13).

„³⁰ [...] Du kennst ja die verborgensten Gedanken der Menschen und siehst ihnen ins Herz" (2Chr 6,30).

Siehe auch Lk 12,2-3.

† Gott leidet unter der Verdorbenheit der Menschen

„⁵ Der HERR sah, dass die Menschen auf der Erde völlig verdorben waren. Alles, was aus ihrem Herzen kam, ihr ganzes Denken und Planen, war durch und durch böse. ⁶ Das tat ihm weh" (Gen 6,5-6).

DIE AUSWIRKUNGEN DER REBELLION GEGEN GOTT

† Angst, Leiden, Mühsal und Tod fällt auf die gesamte Schöpfung

„¹⁶ Zur Frau [Eva] aber sagte Gott [aufgrund ihres Ungehorsams]: ‚Ich verhänge über dich, dass du Mühsal und Beschwerden hast, jedes Mal wenn du schwanger bist; und unter Schmerzen bringst du Kinder zur Welt. Es wird dich zu deinem Mann hinziehen, aber er wird über dich herrschen.' ¹⁷ Und zum Mann [Adam] sagte Gott: ‚Weil du auf deine Frau gehört und mein Verbot übertreten hast, gilt von nun an: Deinetwegen ist der Acker verflucht. Mit Mühsal wirst du dich davon ernähren, dein Leben lang. ¹⁸ Dornen und Disteln werden dort wachsen, und du wirst die Pflanzen des Feldes essen. ¹⁹ Viel Schweiß musst du vergießen, um dein tägliches Brot zu

65

bekommen, bis du zurückkehrst zur Erde, von der du genommen bist. Ja, Staub bist du, und zu Staub musst du wieder werden!'" (Gen 3,8-19).

„23 [...] Der Lohn, den die Sünde zahlt, ist der Tod" (Röm 6,23).

„20 Denn die Schöpfung ist der Vergänglichkeit unterworfen, allerdings ohne etwas dafür zu können. Sie musste sich dem Willen dessen beugen, der ihr dieses Schicksal auferlegt hat. Aber damit verbunden ist eine Hoffnung: 21 Auch sie, die Schöpfung, wird von der Last der Vergänglichkeit befreit werden und an der Freiheit teilhaben, die den Kindern Gottes mit der künftigen Herrlichkeit geschenkt wird. 22 Wir wissen allerdings, dass die gesamte Schöpfung jetzt noch unter ihrem Zustand seufzt, als würde sie in Geburtswehen liegen" (Röm 8,20-22).

† Schuld baut eine Trennungswand zwischen Mensch und Gott

„2 Wie eine Mauer steht eure Schuld zwischen euch und eurem Gott; wegen eurer Vergehen hat er sich von euch abgewandt und hört euch nicht! 3 An euren Händen klebt Blut, Unrecht befleckt eure Finger, und wenn ihr den Mund aufmacht, kommt Lüge und Betrug heraus" (Jes 59,2).

„22 Und wenn du dich auch mit Lauge wüschest und nähmest viel Seife dazu, so bleibt doch der Schmutz deiner Schuld vor mir, spricht Gott der Herr" (Jer 2,22).

† Gott überlässt die Menschen sich selbst

„18 Den starken Felsen, ihn, der euch gezeugt hat, den Gott, aus dem ihr allesamt geboren seid, habt ihr verraten, habt ihr ganz vergessen! 19 Das sah der HERR; er wurde zornig, weil seine Söhne, seine Töchter ihn verschmähten. 20 Und er beschloss: ,Ich ziehe mich zurück und überlasse sie sich selbst'" (Dtn 32,18-20).

„24 Deshalb hat Gott sie den Begierden ihres Herzens überlassen und der Unsittlichkeit preisgegeben, sodass sie ihre eigenen Körper entwürdigten. 25 Denn sie vertauschten die Wahrheit, die Gott sie hatte erkennen lassen, mit der Lüge; sie verehrten das Geschaffene und dienten ihm statt dem Schöpfer, der doch für immer und ewig zu preisen ist. Amen!" (Röm 1,24-25).

„28 Und da die Menschen es nach ihrem eigenen Urteil nicht nötig hatten, Gott anzuerkennen, hat Gott sie ihrem Verstand preisgegeben, der zu keinem vernünftigen Urteil mehr fähig ist, sodass sie Dinge tun, die sie nie tun dürften" (Röm 1,28).

✝ Gottes Zorn trifft alle, die sich weigern zu Ihm umzukehren

„8 Diejenigen [...], die sich in selbstsüchtiger Gesinnung weigern, der Wahrheit zu gehorchen, und sich stattdessen zu gehorsamen Werkzeugen des Unrechts machen lassen, wird Gottes Zorn in seiner ganzen Härte treffen. 9 Ja, Not und qualvolle Angst wird das Los jedes Menschen sein, der tut, was böse ist" (Röm 2,8.9).

„5 Du bist verhärtet; dein Herz ist nicht zur Umkehr bereit. So sorgst du selbst dafür, dass sich Gottes Zorn gegen dich immer weiter anhäuft, bis er schließlich am Tag seines Zorns' über dich hereinbricht – an dem Tag, an dem Gott Gericht hält und für alle sichtbar werden lässt, dass sein Urteil gerecht ist" (Röm 2,5).

📖 *Vergleiche auch Hes 7,7-9; Zef 1,14-15.*

9. WIE DER QUR'ĀN SÜNDE DEFINIERT

Der Qur'ān definiert Sünde als den vorsätzlichen Verstoß der Gläubigen gegen Allahs Grenzen und Verbote, d.h. allem, was als *ḥarām* bezeichnet wird. Auch das Nichteinhalten der Pflichthandlungen, wie z.B. das Nichteinhalten der vorgeschriebenen Gebete oder des Fastens im Ramadan, ist Sünde.

📖 *Kap. 11 befasst sich ausführlich mit den religiösen Verpflichtungen und den Grenzen und Verboten Allāhs.*

☾ Alle Sünde ist vor Allāh offenbar

„²⁹ Sag: Ob ihr verbergt, was in euren Brüsten ist oder es offenlegt, Allah weiß es; Er weiß, was in den Himmeln und was auf der Erde ist. Und Allah hat zu allem die Macht" (al-i-IImran 3,29).

„¹⁹ Und Allah weiß, was ihr geheimhaltet und was ihr offenlegt" (an-Nahl 16,19).

📖 *Suren 6,3; 4,63.*

☾ Sünde führt Allāh keinerlei Schaden zu

„¹⁷⁷ Diejenigen, die den Unglauben für den Glauben erkauft haben, werden Allah keinerlei Schaden zufügen, und für sie wird es schmerzhafte Strafe geben" (al-i-IImran 3,177).

☾ Sünde fügt allein dem Sünder Unrecht zu

„¹¹¹ Wer eine Sünde [arab. *ith'man*] begeht, begeht sie nur gegen sich selbst. Allah ist Allwissend und Allweise" (An-Nisa 4,111).

„[1] [...] Wer aber Allahs Grenzen übertritt, der fügt sich ja selbst Unrecht zu. Du weißt nicht, vielleicht führt Allah danach eine neue Lage herbei" (at-Talaq 65,1).

☾ Es gibt vergebbare und unvergebbare Sünden

📖 *Siehe Kapitel 13. „Kriterien der Vergebung Allāhs".*

☾ Sünden haben eine Größenordnung

„[31] Wenn ihr die schwerwiegenden (Dinge) meidet, die euch verboten sind, tilgen Wir euch eure bösen Taten und gewähren euch auf eine ehrenvolle Weise Eingang (in den Paradiesgarten)" (an-Nisa 4,31).

„[32] Diejenigen, die schwerwiegende Sünden und Abscheulichkeiten meiden, außer leichten Verfehlungen. Gewiß, dein Herr ist Allumfassend in (Seiner) Vergebung. Er weiß sehr wohl über euch Bescheid, als Er euch aus der Erde hervorgebracht hat und als ihr Keimlinge in den Leibern eurer Mütter gewesen seid. So erklärt nicht euch selbst für lauter. Er weiß sehr wohl, wer gottesfürchtig ist" (an-Nagm 53,32)

„[217] Sie fragen dich nach dem Schutzmonat, danach, in ihm zu kämpfen. Sag: In ihm zu kämpfen ist schwerwiegend. Aber von Allahs Weg abzuhalten – und Ihn zu verleugnen –, und von der geschützten Gebetsstätte (abzuhalten) und deren Anwohner von ihr vertreiben, ist (noch) schwerwiegender bei Allah. Und Verfolgung ist schwerwiegender als Töten. Und sie werden nicht eher aufhören, gegen euch zu kämpfen, bis sie euch von eurer Religion abgekehrt haben – wenn sie (es) können. Wer aber unter euch sich von seiner Religion abkehrt und dann als Ungläubiger stirbt –, das sind diejenigen, deren Werke im Diesseits und im Jenseits hinfällig werden. Das sind Insassen des (Höllen)feuers. Ewig werden sie darin bleiben" (al-Baqara 2, 217).

Laut der Überlieferung von al-Buchārī benannte Muḥammad die vier größten Sünden als „die Beigesellung Allahs (Schirk), das Ungütigsein gegen die Eltern, die Tötung eines Menschen und das falsche Zeugnis'" (Sahīh al-Buchārī,

Kapitel 46/Hadithnr. 2653). Ein weiteres Mal benannte Muḥammad die sieben vernichtenden Sünden als

„Die Beigesellung Allahs, die Zauberei, die Tötung eines Menschen, dessen Leben Allah unantastbar gemacht hat, es sei denn, dies geschehe nach dem Recht. Ferner das Verzehren der Zinsen, das Verzehren des Besitzes einer Waise, die Flucht am Tage der Schlacht und die Verleumdung der unbescholtenen, gläubigen und arglosen Frauen" (Saḥīḥ al-Buchārī, Kapitel 49/Hadithnr. 2766).

10. DAS GESETZ GOTTES IN DER BIBEL

Die Bibel unterscheidet zwischen der **Thora** (den fünf Büchern Mose) und den **Satzungen** (hebr. *chôq, chûqqâh*), **Geboten** (hebr. *mitsvâh*) und **Gesetzen** (hebr. *tôrâh tôrâh*) Gottes, die Gottes Richtlinien oder Anordnungen für das Leben beinhalten.

Die Thora dient als das Grundgesetz, das Gott seinem Volk Israel durch Mose gab. Durch das Gesetzt tut Gott den Maßstab Seiner Gerechtigkeit kund. Sie umfasst drei Bereiche:

1. Das politische und gesellschaftliche Grundgesetz der Israeliten.
2. Besondere Anweisungen speziell für das Volk Israel, um sich unter den heidnischen Völkern als Volk Gottes abzusondern. Eingeschlossen sind Anweisungen zum Gottesdienst, zum Priestertum, zum Umgang mit Sünde, die Versöhnung mit Gott, und zum geheiligten Lebenswandel mit Gott.
3. Die zehn Gebote oder nach direkter Übersetzung „Tafeln des Zeugnisses", welche den Maßstab des heiligen Gottes für menschliches Verhalten zeigen. Ihre außergewöhnliche Bedeutsamkeit zeigt sich darin, dass der allmächtige Gott selbst sie auf zwei Steintafeln schrieb und Mose auf dem Berg Sinai übergab: „Und als der HERR mit Mose zu Ende geredet hatte auf dem Berge Sinai, gab er ihm die beiden Tafeln des Gesetzes [hebr. *'êdûth* bedeutet Zeugnis]; die waren aus Stein und beschrieben von dem Finger Gottes" (Ex 31,18 LUT17).

DER BUND GOTTES UND DAS MOSAISCHE GESETZ

† Gott schließt einen Bund mit dem Volk Israel

„² Da sprach Gott zu Mose und sagte: ‚Ich bin der HERR. ³ Als Gott, der Gewaltige, bin ich Abraham, Isaak und Jakob erschienen; aber unter meinem Namen ‚der HERR habe ich mich ihnen noch nicht zu erkennen gegeben. ⁴ Doch ich habe meinen Bund mit ihnen geschlossen und ihnen das Land Kanaan zugesagt, in dem sie als Fremde lebten. ⁵⁻⁶ [...] ⁷ Ich will euch als mein Volk annehmen und will euer Gott sein. Dann werdet ihr erkennen, dass ich der HERR bin, euer Gott, der euch aus dem Frondienst für die Ägypter befreit‘" (Ex 6,2-4.7: Hervorh. d. Verf.).

📖 *Über den Bund Gottes mit Abraham können Sie in Gen 17 nachlesen.*

„¹ Im dritten Monat nach dem Auszug der Israeliten aus Ägyptenland, an diesem Tag kamen sie [die Israeliten] in die Wüste Sinai. ² [...] ³ Und Mose stieg hinauf zu Gott. Und der HERR rief ihm vom Berge zu und sprach: So sollst du sagen zu dem Hause Jakob und den Israeliten verkündigen: ⁴ Ihr habt gesehen, was ich an den Ägyptern getan habe und wie ich euch getragen habe auf Adlerflügeln und euch zu mir gebracht. ⁵ Werdet ihr nun meiner Stimme gehorchen und meinen Bund halten, so sollt ihr mein Eigentum sein vor allen Völkern; denn die ganze Erde ist mein. ⁶ Und ihr sollt mir ein Königreich von Priestern und ein heiliges Volk sein. Das sind die Worte, die du den Israeliten sagen sollst" (Ex 19,1.3-6 LUT17: Hervorh. d. Verf.).

[Mose sagte zu den Israeliten:] „¹¹⁻¹² Mit euch allen will der HERR heute seinen Bund schließen. Er erklärt hiermit feierlich, dass ihr sein Volk seid und er euer Gott ist, wie er euch das versprochen und wie er es euren Vorfahren Abraham, Isaak und Jakob mit einem Eid zugesichert hat. Er fordert euch auf, in diesen Bund einzuwilligen und die Verpflichtungen zu übernehmen, die darin eingeschlossen sind" (Dtn 29,11-12: Hervorh. d. Verf.).

📖 *Vgl. auch Ex 24,7; 34,10; 31,16.*

† Der Bund Gottes dient zu Gottes Ruhm und Ehre

„¹¹ Denn gleichwie der Gürtel um die Lenden des Mannes gebunden wird, so habe ich das ganze Haus Israel und das ganze Haus Juda um mich gegürtet, spricht der HERR, dass sie mein Volk sein sollten, mir zum Ruhm, zu Lob und Ehren; aber sie haben nicht gehört" (Jer 13,11).

„²³ Und wo ist ein Volk auf Erden wie dein Volk Israel, um dessentwillen Gott hingegangen ist, es zu erlösen, dass es sein Volk sei, und ihm einen Namen zu machen und für euch so große und furchtbare Dinge zu tun, Völker und ihre Götter zu vertreiben vor deinem Volk, das du dir aus Ägypten erlöst hast?" (2Sam 7,23).

📖 *Siehe auch 1Chr 17,21.*

† Die Auflagen des Bundes

Absonderung für Gott und seine Ziele

„⁴⁵ Ich bin der HERR, der euch aus Ägypten geführt hat, um euer Gott zu sein. Ihr sollt heilig sein, weil ich heilig bin" (Lev 11,45).

„² Der HERR, euer Gott, hat euch als ein heiliges Volk für sich ausgesondert; er hat euch unter allen Völkern der Erde als sein Eigentum ausgewählt" (Dtn 14,2).

📖 *Siehe auch Lev 19,2; 20,7.8; 21,6; 22,33; Num 15,40; Dtn 7,6; 26,19.*

„¹⁰ den Tag, da du vor dem HERRN, deinem Gott, standest an dem Berge Horeb, [...] ¹¹ [...] ¹² Und der HERR redete mit euch mitten aus dem Feuer. Den Klang der Worte hörtet ihr, aber ihr saht keine Gestalt, nur eine Stimme war da. ¹³ Und er verkündigte euch seinen Bund, den er euch gebot zu halten, nämlich die Zehn Worte, und [der HERR] schrieb sie auf zwei steinerne Tafeln. ¹⁴ Und der HERR gebot mir zur selben Zeit, euch Gebote [hebr. *chôq*] und Rechte [hebr. *mishpât*] zu lehren, dass ihr danach tun sollt in dem Lande, in das ihr zieht, es einzunehmen" (Dtn 4,10.12-14 LUT17).

📖 *Siehe auch Ex 32,15-16, Dtn 5,1-2; 6,5-9.*

Einhalten der zehn Gebote

„¹ Dann gab Gott dem Volk seine Gebote [hebr. *dâbâr*: Worte]. Er sagte:

² ‚Ich bin der HERR, dein Gott! [...] ³ Du sollst außer mir keine anderen Götter verehren!

⁴ Fertige dir keine Götzenstatue an, auch kein Abbild von irgendetwas am Himmel, auf der Erde oder im Meer. ⁵ Wirf dich nicht vor solchen Götterfiguren nieder, bring ihnen keine Opfer dar! Denn ich bin der Herr, dein Gott. Ich dulde keinen neben mir! Wer mich verachtet, den werde ich bestrafen. Sogar seine Kinder, Enkel und Urenkel werden die Folgen spüren! ⁶ Doch denen, die mich lieben und sich an meine Gebote halten, bin ich gnädig. Sie und ihre Nachkommen werden meine Liebe über Tausende von Generationen erfahren.

⁷ Du sollst meinen Namen nicht missbrauchen, denn ich bin der Herr, dein Gott! Ich lasse keinen ungestraft, der das tut!

⁸ Denke an den Sabbat als einen Tag, der mir allein geweiht ist! ⁹ Sechs Tage sollst du deine Arbeit verrichten, ¹⁰ aber der siebte Tag ist ein Ruhetag, der mir, dem Herrn, deinem Gott, gehört. An diesem Tag sollst du nicht arbeiten, weder du noch deine Kinder, weder dein Knecht noch deine Magd, auch nicht deine Tiere oder der Fremde, der bei dir lebt. ¹¹ Denn in sechs Tagen habe ich, der Herr, den Himmel, die Erde und das Meer geschaffen und alles, was lebt. Aber am siebten Tag ruhte ich. Darum habe ich den Sabbat gesegnet und für heilig erklärt.

¹² Ehre deinen Vater und deine Mutter, dann wirst du lange in dem Land leben, das ich, der Herr, dein Gott, dir gebe.

¹³ Du sollst nicht töten.

¹⁴ Du sollst nicht die Ehe brechen.

¹⁵ Du sollst nicht stehlen.

[16] Sag nichts Unwahres [wortwörtlich „kein falsches Zeugnis ablegen"] über deinen Mitmenschen!

[17] Du sollst nicht begehren, was deinem Mitmenschen gehört: weder sein Haus noch seine Frau, seinen Knecht oder seine Magd, Rinder oder Esel oder irgendetwas anderes, was ihm gehört"' (Ex 20,1-17 Hfa 2015).

Befolgen der Satzungen zur Einnahme des verheißenen Landes

„[1] Und nun höre, Israel, die Gebote [hebr. *chôq*] und Rechte [hebr. *mishpât*] , die ich euch lehre, dass ihr sie tun sollt, auf dass ihr lebt und hineinkommt und das Land einnehmt, das euch der HERR, der Gott eurer Väter, gibt" (Dtn 4,1 LUT17).

Absonderung von der Lebensweise heidnischer Völker

„[1] Und der HERR redete mit Mose und sprach: [2] Rede mit den Israeliten und sprich zu ihnen: Ich bin der HERR, euer Gott. [3] Ihr sollt nicht tun nach der Weise des Landes Ägypten, darin ihr gewohnt habt, auch nicht nach der Weise des Landes Kanaan, wohin ich euch führen will. Ihr sollt auch nicht nach ihren Satzungen [hebr. *chûqqâh*] wandeln, [4] sondern nach meinen Rechten [hebr. *mishpât*] sollt ihr tun und meine Satzungen sollt ihr halten, dass ihr darin wandelt; ich bin der HERR, euer Gott. [5] Darum sollt ihr meine Satzungen halten und meine Rechte. Denn der Mensch, der sie tut, wird durch sie leben; ich bin der HERR" (Lev 18,1-5 LUT17).

📖 *Einzelheiten der Gebote können Sie in Ex 34 und Dtn 20-26 lesen.*

Befolgen des Zivil- und Strafrechts

📖 *Diese finden Sie im Buch Exodus ab Kapitel 20.*

Befolgen der Vorschriften für Opfergaben, Alltagsregelungen und den Gottesdienst

📖 *Diese werden ausführlich im Buch Lev (3. Buch Mose) dargelegt.*

DIE FUNKTION DES GESETZES

† Das Gesetz soll zur Gottesfurcht führen

„⁹ Hüte dich nur und bewahre deine Seele gut, dass du nicht vergisst, was deine Augen gesehen haben, und dass es nicht aus deinem Herzen kommt dein ganzes Leben lang. Und du sollst deinen Kindern und Kindeskindern kundtun ¹⁰ den Tag, da du vor dem HERRN, deinem Gott, standest an dem Berge Horeb, als der HERR zu mir sagte: Versammle mir das Volk, dass ich sie meine Worte hören lasse und sie mich fürchten lernen alle Tage ihres Lebens auf Erden und ihre Kinder lehren" (Dtn 4,9-10).

[Mose gebot den Priestern und allen Ältesten Israels:] „¹² Versammle das Volk, die Männer, Frauen und Kinder und den Fremdling, der in deinen Städten lebt, damit sie es [das Gesetz Gottes] hören und lernen und den HERRN, euren Gott, fürchten und alle Worte dieses Gesetzes halten und tun ¹³ und dass ihre Kinder, die es nicht kennen, es auch hören und lernen, den HERRN, euren Gott, zu fürchten alle Tage" (Dtn 31,12-13).

📖 *Siehe auch Dtn 17,19; 28,58.*

DIE FOLGEN VON GEHORSAM UND UNGEHORSAM

„²⁶ Ich stelle euch heute vor die Wahl: Wollt ihr Segen oder Fluch? ²⁷ Der Segen wird euch zuteil, wenn ihr die Weisungen des HERRN, eures Gottes, die ich euch heute verkünde, befolgt. ²⁸ Der Fluch trifft euch, wenn ihr sie missachtet, wenn ihr den Weg, den ich euch weise, verlasst und euch anderen Göttern zuwendet, von denen ihr bisher nichts gewusst habt" (Dtn 11,26-28).

† Gehorsam versichert den Segen Gottes

„¹⁷ Doch die Gnade des Herrn ist immer und ewig über denen, die ihm in Ehrfurcht dienen. Und noch an ihren Kindern und Enkeln erweist er seine Treue. ¹⁸ So handelt er an denen, die sich an seinen Bund halten, die an seine Weisungen denken und danach leben" (Ps 103,17-18).

„¹³ Lebt nach seinen Geboten und Anordnungen, die ich euch heute verkünde! Wenn ihr das tut, wird es euch gut gehen" (Dtn 10,13).

„³² Befolgt also sorgfältig alles, was der HERR, euer Gott, euch befohlen hat. Weicht nicht davon ab! ³³ Bleibt genau auf dem Weg, den er euch mit seinen Geboten gewiesen hat. Dann werdet ihr am Leben bleiben und es wird euch gut gehen und ihr werdet immer in dem Land wohnen können, das ihr jetzt in Besitz nehmt" (Dtn 5,32-33).

📖 *Siehe auch Dtn 4,1,39,40; 6,1-4; 28,1; Lev 26,1-13.*

Friede ist ein Zeichen des Segens Gottes

„¹ Asa tat, was vor dem HERRN, seinem Gott, gut und recht ist. ² Er ließ die Altäre und Opferstätten der fremden Götter zerstören [...]. ³ Er forderte das Volk von Juda auf, dem HERRN, dem Gott ihrer Vorfahren, zu gehorchen und sein Gesetz [*tôrâh tôrâh*] mit allen seinen Geboten [*mitsvâh*] zu befolgen. ⁴⁻⁵ [...] ⁶ Er [Asa] sagte zu den Leuten von Juda: ,[...] Wir haben uns bemüht, nach dem Willen des HERRN, unseres Gottes, zu leben; darum hat er uns Frieden an allen unseren Grenzen gegeben'" (2Chr 14,1-3.6).

† Gesetzesbruch führt zum Fluch Gottes

„¹⁵ Wenn ihr aber nicht auf den HERRN, euren Gott, hört und seine Gebote und Weisungen, die ich euch heute verkünde, nicht befolgt, wird nicht sein Segen, sondern sein Fluch über euch kommen" (Dtn 28,15).

„⁵⁸ Achtet also stets darauf, dass ihr den HERRN, euren Gott, ehrt, der so große Wunder tut und seinen Feinden Furcht und Schrecken einjagt. Befolgt sorgfältig alle seine Gebote [wortwörtlich übersetzt: „alle Worte dieser Thora"], die in diesem Buch aufgeschrieben sind. ⁵⁹ Sonst wird der HERR euch und eure Nachkommen mit schrecklichen Krankheiten bestrafen, gegen die es kein Heilmittel gibt. ⁶⁰ Die Seuchen, die ihr in Ägypten kennen und fürchten gelernt habt, wird er bei euch ausbrechen lassen, ⁶¹ und auch alle die Krankheiten und Plagen, die in diesem Buch nicht erwähnt sind, wird er euch schicken, bis ihr ganz vernichtet seid. ⁶² Statt dass ihr so zahlreich werdet wie die Sterne am Himmel, wird von euch nur noch ein winziges Häuflein übrig bleiben, wenn ihr dem HERRN, eurem Gott, nicht gehorcht" (Dtn 28,58-61).

Bedrängnisse und Kriege sind Folgen von Ungehorsam

„²⁵ [...] Es ging ihnen gut, sie aßen und wurden satt und genossen die Fülle deiner Gaben. ²⁶ Dann aber wurden sie widerspenstig und rebellierten gegen dich; sie kehrten deinem Gesetz [*tôrâh tôrâh*] den Rücken. Sie brachten deine Propheten um, die ihnen ihre Schuld vorhielten und sie mahnten, zu dir zurückzukehren. So kränkten sie dich immer von Neuem. ²⁷ Darum gabst du sie in die Hand ihrer Feinde und sie wurden von ihnen hart bedrängt. [...] ²⁸ [...] ²⁹ Du ermahntest sie, zurückzukehren und wieder auf dein Gesetz [*tôrâh tôrâh*] zu hören. Sie aber blieben übermütig und hielten sich nicht an deine Gebote [*mitsvâh*]. Sie missachteten deine Ordnungen [*mishpâṭ*], von denen du gesagt hattest: ,Wer sie einhält, bewahrt sein Leben.' Sie zeigten dir die kalte Schulter, trotzig boten sie dir die Stirn und weigerten sich, dir zu gehorchen. ³⁰ Geduldig ertrugst du sie viele Jahre, du warntest sie durch deinen Geist, der deinen Propheten die Worte eingab; doch sie blieben für dich taub. Darum liefertest du sie schließlich aus an die Völker fremder Länder" (Neh 9,25-27.29-30).

📖 *Weitere Beispiele finden Sie in Kapitel 32. „Indizien für die Bibel als göttliche Offenbarung".*

DIE DYNAMIK VON GOTTES GESETZ IM NT

† Das Gesetz Gottes reflektiert Gottes Wesen

Gottes Heiligkeit ist der Maßstab des Gesetzes

„¹⁵ Der, der euch berufen hat, ist heilig; darum sollt auch ihr ein durch und durch geheiligtes Leben führen. ¹⁶ Es heißt ja in der Schrift: ,Ihr sollt heilig sein, denn ich bin heilig'" (1 Petr 1,15.16).

Liebe erfüllt alle Forderungen des Gesetzes

„[16] [...] Wir haben erkannt, dass Gott uns liebt, und haben dieser Liebe unser ganzes Vertrauen geschenkt. Gott ist Liebe, und wer sich von der Liebe bestimmen lässt, lebt in Gott, und Gott lebt in ihm" (1Joh 4,16).

[Ein Gesetzeslehrer fragte Jesus:] „[36] ‚Meister, welches ist das wichtigste Gebot im Gesetz?‘ [37] Jesus antwortete: ‚Du sollst den Herrn, deinen Gott, lieben von ganzem Herzen, mit ganzer Hingabe und mit deinem ganzen Verstand!‘ [38] Dies ist das größte und wichtigste Gebot. [39] Ein zweites ist ebenso wichtig: ›Liebe deine Mitmenschen wie dich selbst!‹ [40] Mit diesen beiden Geboten ist alles gesagt, was das Gesetz und die Propheten fordern" (Mt 22, 36-40).

„[8] Bleibt niemand etwas schuldig! Was ihr einander jedoch immer schuldet, ist Liebe. Denn wer den anderen liebt, hat damit das Gesetz erfüllt. [9] Wenn nämlich das Gesetz sagt: ‚Du sollst nicht die Ehe brechen, du sollst keinen Mord begehen, du sollst nicht stehlen, du sollst der Begierde keinen Raum geben!‘, dann sind diese und alle anderen Gebote in dem einen Wort zusammengefasst: ‚Liebe deine Mitmenschen wie dich selbst!‘ [10] Die Liebe tut dem Mitmenschen nichts Böses an. Darum ist die Liebe die Erfüllung des Gesetzes" (Röm 13,8-10).

„[14] Denn das ganze Gesetz ist in einem einzigen Wort zusammengefasst, in dem Gebot: ‚Du sollst deine Mitmenschen lieben wie dich selbst‘" (Gal 5,14).

Siehe auch Mt 7,12; Mk 12,38-31; 1Kor 16,14; Joh 13,34-35; 14,15; 15,10-17; 1Joh 5,3, 2Joh 6,1.

† Ein einziger Gesetzesverstoß macht schuldig

„[10] Und ihr wisst: Wer das ganze Gesetz befolgt, aber gegen ein einziges Gebot verstößt, macht sich damit am ganzen Gesetz mit allen seinen Geboten schuldig. [11] Denn derselbe, der gesagt hat: ‚Du sollst nicht die Ehe brechen!‘, hat auch gesagt: ‚Du sollst keinen Mord begehen!‘ Bei jedem einzelnen Verstoß gegen ein Gebot verstößt du also gegen das Gesetz als

Ganzes; du kannst einen Mord nicht damit aufwiegen, dass du keinen Ehebruch begehst" (Jak 2,10-11).

„[10] Diejenigen [...], die ihre Hoffnung auf das Einhalten von Gesetzesvorschriften setzen, stehen [aufgrund der menschlichen Unfähigkeit dies zu tun] unter einem Fluch. Denn es heißt in der Schrift: ‚Verflucht ist jeder, der sich nicht ständig an alles hält, was im Buch des Gesetzes steht, und der nicht alle seine Vorschriften befolgt'" (Gal 3,10).

† Das Gesetz enthüllt das Ausmaß der menschlichen Schlechtigkeit

Das Gesetz kann weder Sünden rechtfertigen noch vergeben. Es zeigt nur auf, was in Gottes Augen recht und was unrecht, gute und böse ist. Im Licht des Gesetzes sehen wir uns, wie Gott uns sieht:

„[13] [...] die Forderungen des Gesetzes mussten dazu dienen, die grenzenlose Schlechtigkeit der Sünde ans Licht zu bringen" (Röm 7,13).

„[20] Und das Gesetz? [...] Seine Aufgabe war es, die ganze Tragweite der Verfehlung deutlich werden zu lassen" (Röm 5,20).

„[24] Das Gesetz war also unser Aufseher, unter dessen Hand Gott uns gestellt hatte, bis Christus kam; denn es war Gottes Plan, uns auf der Grundlage des Glaubens für gerecht zu erklären. [25] Und jetzt, wo die Zeit des Glaubens da ist, stehen wir nicht mehr unter der Kontrolle jenes Aufsehers" (Gal 3,24-25).

„[20] Auch durch das Befolgen von Gesetzesvorschriften steht kein Mensch vor Gott gerecht da. Das Gesetz führt vielmehr dazu, dass man seine Sünde erkennt" (Röm 3,20).

† Gottes Forderungen sind im Gewissen verankert

„[13] Vor Gott sind nicht die gerecht, die hören, was das Gesetz sagt; für gerecht erklären wird Gott vielmehr die, die tun, was das Gesetz sagt. [14] Wenn nun Menschen, die nicht zum jüdischen Volk gehören und mit dem Gesetz Gottes daher nicht in Berührung gekommen sind, von sich aus so handeln, wie es das Gesetz fordert, dann ist dieses Gesetz, auch wenn sie es nicht kennen, offensichtlich ein Teil von ihnen selbst. [15] Ihr Verhalten beweist, dass das, was das Gesetz fordert, ihnen ins Herz geschrieben ist. Das zeigt sich auch im Urteil ihres Gewissens und am Widerstreit von Anklagen und Rechtfertigungen in ihren Gedanken. [16] Der Tag des Gerichts wird das alles bestätigen, der Tag, an dem Gott durch Jesus Christus auch über die verborgensten Dinge im Leben der Menschen sein Urteil sprechen wird" (Röm 2,13-16).

† Der menschliche Eigenwille trotzt dem Gesetz Gottes

„[7] Der menschliche Eigenwille steht dem Willen Gottes feindlich gegenüber; er unterstellt sich dem Gesetz Gottes nicht und ist dazu auch gar nicht fähig" (Röm 8,7).

„[18]Ich weiß ja, dass in mir, das heißt in meiner eigenen Natur, nichts Gutes wohnt. Obwohl es mir nicht am Wollen fehlt, bringe ich es nicht zustande, das Richtige zu tun. [19] Ich tue nicht das Gute, das ich tun will, sondern das Böse, das ich nicht tun will. [[20]...] [21]Ich stelle also folgende Gesetzmäßigkeit bei mir fest: So sehr ich das Richtige tun will – was bei mir zustande kommt, ist das Böse. [22] Zwar stimme ich meiner innersten Überzeugung nach dem Gesetz Gottes mit Freude zu, [23] doch in meinem Handeln sehe ich ein anderes Gesetz am Werk. Es steht im Kampf mit dem Gesetz, dem ich innerlich zustimme, und macht mich zu seinem Gefangenen. Darum stehe ich nun unter dem Gesetz der Sünde, und mein Handeln wird von diesem Gesetz bestimmt" (Röm 7,18-19.21-23).

11. ALLĀHS GESETZ, GRENZEN UND GEBOTE

☾ Allāh hat für Juden, Christen und Muslime jeweils ein Gesetz

„[48] [...] Für jeden von euch [Juden, Christen und Muslimen] haben Wir ein Gesetz [arab. *shir' 'atan*] und einen deutlichen Weg festgelegt" (al-Maida 5,48).

☾ Die Thora enthält Allāhs Gesetz und Rechtleitung

„[43] Wie aber können sie dich richten lassen, während sie doch die Thora haben, in der das Urteil [arab. *ḥuk'm* bedeutet auch Befehl, Gebot] Allahs (enthalten) ist, [...] [44] Gewiß, Wir haben die Thora hinabgesandt, in der Rechtleitung und Licht sind, womit die Propheten, die sich (Allah) ergeben hatten, für diejenigen, die dem Judentum angehören, walten, und so auch die Leute des Herrn und die Gelehrten, nach dem, was ihnen von der Schrift Allahs anvertraut worden war und worüber sie Zeugen waren. [...] Wer nicht nach dem waltet, was Allah (als Offenbarung) herabgesandt hat, das sind die Ungläubigen" (al-Maida 5,43.44).

RELIGIÖSE HANDLUNGSVORGABEN IM ISLAM

Das islamische Gesetz besteht aus Handlungsvorgaben. Diese können **ein Befehl** Allahs sein, der zwangsmäßig und ausnahmslos befolgt werden muss (religiöse Verpflichtungen und Verbote), **eine Empfehlung** oder **eine zulässige Handlung**, die aber nicht empfohlene wird.

☾ Religiöse Verpflichtungen (*fard* oder *wāǧib*)

Religiöse Pflichthandlungen sind verbindliche Verordnungen Allāhs. Wer sie einhält, erhält einen Lohn. Unterlassene Pflichthandlungen werden bestraft.

Persönliche Verpflichtung im Monat Ramaḍān zu fasten

„[183] O die ihr glaubt, vorgeschrieben [arab. *kataba*] ist euch das Fasten [arab. *ṣawm*], so wie es denjenigen vor euch vorgeschrieben war, auf daß ihr gottesfürchtig werden möget. [184] [...] Wer von euch jedoch krank ist oder sich auf einer Reise befindet, der soll eine (gleiche) Anzahl von anderen Tagen (fasten)" (al-Baqara 2,183.184).

Persönliche Verpflichtung die Gebetszeiten einzuhalten

„[103] Wenn ihr das Gebet vollzogen habt, dann gedenkt Allahs stehend, sitzend und auf der Seite (liegend). Wenn ihr in Ruhe seid, dann verrichtet das Gebet (wie üblich). Das Gebet ist den Gläubigen zu bestimmten Zeiten vorgeschrieben" (an-Nisa 4,103).

Persönliche Verpflichtung zur Pilgerfahrt, wenn möglich

„[97] [...] Und Allah steht es den Menschen gegenüber zu, daß sie die Pilgerfahrt zum Hause unternehmen – (diejenigen,) die dazu die Möglichkeit haben. Wer aber ungläubig ist, so ist Allah der Weltenbewohner Unbedürftig" (Al-i-IImran 3, 97).

„[196] Vollzieht die Pilgerfahrt und die Besuchsfahrt für Allah. Wenn ihr jedoch (daran) gehindert werdet, dann (bringt) an Opfertieren (dar), was euch leichtfällt" (al-Baqara 2,196).

Verpflichtung zur Wiedergutmachung für zu unrecht Getötete

„[178] O die ihr glaubt, vorgeschrieben ist euch Wiedervergeltung für die Getöteten: der Freie für den Freien, der Sklave für den Sklaven und das Weib für das Weib. [...] Wer aber nach diesem eine Übertretung begeht, für den gibt es schmerzhafte Strafe" (al-Baqara 2,178).

Verpflichtung eines Vermächtnisses zugunsten der Eltern

„[180] Vorgeschrieben ist euch, wenn sich einem von euch der Tod naht, sofern er Gut hinterläßt, ein Vermächtnis zugunsten der Eltern und nächsten

Verwandten in rechtlicher Weise zu treffen, als eine Pflicht für die Gottesfürchtigen" (al-Baqara 2,180).

Verpflichtung für den Glauben zu kämpfen

„²¹⁶ Vorgeschrieben ist euch zu kämpfen, obwohl es euch zuwider ist. Aber vielleicht ist euch etwas zuwider, während es gut für euch ist, und vielleicht ist euch etwas lieb, während es schlecht für euch ist. Allah weiß, ihr aber wißt nicht" (al-Baqara 2,216).

☾ Verbotene Handlungen (ḥarām)

Verbotenes wird im Islam als *ḥarām* bezeichnet und steht im Gegensatz zu *ḥalāl*, Handlungen, die „losgebunden" und somit erlaubt sind. Wer sich verbotenen Handlungen widersetzt, wird bestraft, wer sie unterlässt, wird belohnt (kalifat.com, 2012).

Verbot sich Allāh und seinem Gesandten zu widersetzen

„¹³ Dies sind Allahs Grenzen [arab. *ḥudūd*]. Wer nun Allah und Seinem Gesandten gehorcht, den wird Er in Gärten eingehen lassen, durcheilt von Bächen, ewig darin zu bleiben; und das ist ein großartiger Erfolg." ¹⁴ Wer sich aber Allah und Seinem Gesandten widersetzt und Seine Grenzen überschreitet, den läßt Er in ein Feuer eingehen, ewig darin zu bleiben; und für ihn gibt es schmachvolle Strafe" (an-Nisa 4,13-14).

Verbot von Götzendienst und Unzucht

„⁶³ Die Diener des Allerbarmers sind [...] ⁶⁴⁻⁶⁷ [...] ⁶⁸ diejenigen, die neben Allah keinen anderen Gott anrufen und nicht die Seele töten, die Allah (zu töten) verboten [arab. *ḥarrama*] hat, außer aus einem rechtmäßigen Grund, und die keine Unzucht begehen. – Wer das tut, hat die Folge der Sünde zu erleiden; ⁶⁹ die Strafe wird ihm am Tag der Auferstehung vervielfacht, und ewig wird er darin in Schmach bleiben, ⁷⁰ außer demjenigen, der bereut, glaubt und rechtschaffene Werke tut; jenen wird Allah ihre bösen Taten gegen gute eintauschen; und Allah ist stets Allvergebend und Barmherzig" (al-Furqan 25,63.68-70).

„³² Und nähert euch nicht der Unzucht. Gewiß, sie ist etwas Abscheuliches
– und wie böse ist der Weg" (al-Isra 17,32).

Verbot den Gesandten Allāhs zu verleumden

„⁸ Siehst du nicht jene, denen verboten wurde, vertrauliche Gespräche zu
führen, die aber hierauf zurückkehren zu dem, was ihnen verboten wurde
und miteinander über Sünde, feindseliges Vorgehen und Ungehorsam gegen den Gesandten vertraulich sprechen? [...] Ihre Genüge ist die Hölle, der
sie ausgesetzt sein werden – ein schlimmer Ausgang! ⁹ O die ihr glaubt,
wenn ihr vertraulich miteinander sprecht, dann sprecht nicht vertraulich
miteinander über Sünde, feindseliges Vorgehen und Ungehorsam gegen
den Gesandten, sondern sprecht vertraulich miteinander über Frömmigkeit
und Gottesfurcht. Und fürchtet Allah, zu Dem ihr versammelt werdet. ¹⁰
Vertrauliche Gespräche sind nur vom Satan, damit diejenigen traurig seien,
die gläubig sind. Aber er kann ihnen keinen Schaden zufügen, außer mit Allahs Erlaubnis. Und auf Allah sollen sich die Gläubigen verlassen" (al-
Mugadila 58,8-10).

📖 *Weitere Stellen zum Nachschlagen: 33,53; 58,4; 65,1; 6,151; 9,29; 24,3.*

Verbot gegen Allāhs Gesandten Krieg zu führen

„³³ Der Lohn derjenigen, die Krieg führen gegen Allah und Seinen Gesandten und sich bemühen, auf der Erde Unheil zu stiften, ist indessen (der),
daß sie allesamt getötet oder gekreuzigt werden, oder daß ihnen Hände und
Füße wechselseitig abgehackt werden, oder daß sie aus dem Land verbannt
werden. Das ist für sie eine Schande im Diesseits, und im Jenseits gibt es
für sie gewaltige Strafe, ³⁴ – außer denjenigen, die bereuen, bevor ihr Macht
über sie habt. So wisset, daß Allah Allvergebend und Barmherzig ist" (al-
Maida 5,33-34).

Verbot vom Genuss bestimmter Speisen

„³ Verboten ist euch (der Genuß von) Verendetem, Blut, Schweinefleisch
und dem, worüber ein anderer (Name) als Allah(s) angerufen worden ist,
und (der Genuß von) Ersticktem, Erschlagenem, zu Tode Gestürztem oder

Gestoßenem, und was von einem wilden Tier gerissen worden ist – außer dem, was ihr schlachtet – und (verboten ist euch), was auf einem Opferstein geschlachtet worden ist, und mit Pfeilen zu losen [Wahrsagerei]. Das ist Frevel" (al-Maida 5,3).

📖 *Siehe auch Suren 2,173 und 6,145.*

Verbot Zinsen zu fordern

„275 Diejenigen, die Zins verschlingen, werden nicht anders aufstehen als jemand, den der Satan durch Wahnsinn hin und her schlägt. Dies (wird sein), weil sie sagten: „Verkaufen ist das gleiche wie Zinsnehmen." Doch hat Allah Verkaufen erlaubt und Zinsnehmen verboten. Zu wem nun eine Ermahnung von seinem Herrn kommt, und der dann aufhört, dem soll gehören, was vergangen ist, und seine Angelegenheit steht bei Allah. Wer aber rückfällig wird, jene sind Insassen des (Höllen)feuers. Ewig werden sie darin bleiben" (al-Baqara 2,275).

Verbot eigene Kinder und andere Muslime zu töten

„31 Und tötet nicht eure Kinder aus Furcht vor Verarmung; Wir versorgen sie und auch euch. Gewiß, sie zu töten ist ein großes Vergehen" (al-Isra 17,31).

„140 Verloren sind diejenigen, die ihre Kinder in Torheit und ohne Wissen töten und verbieten, womit Allah sie versorgt hat, indem sie Lügen gegen Allah ersinnen. Sie sind fürwahr irregegangen und nicht rechtgeleitet gewesen" (al-Anam 6,140).

„93 Und wer einen Gläubigen vorsätzlich tötet, dessen Lohn ist die Hölle, ewig darin zu bleiben. Und Allah zürnt ihm und verflucht ihn und bereitet ihm gewaltige Strafe" (an-Nisa 4,93).

📖 *Siehe auch Sure 6,151; 16,115.*

Verbot in Bezug auf die Wahl der Ehefrauen

„[23] Verboten (zu heiraten) sind euch eure Mütter, eure Töchter, eure Schwestern, eure Tanten väterlicherseits, eure Tanten mütterlicherseits, die Nichten, eure Nährmütter, die euch gestillt haben, eure Milchschwestern, die Mütter eurer Frauen, eure Stieftöchter, die sich im Schoß eurer Familie befinden von euren Frauen, zu denen ihr eingegangen seid, – wenn ihr jedoch nicht zu ihnen eingegangen seid, so ist es keine Sünde für euch (deren Töchter zu heiraten) – und (verboten zu heiraten sind euch) die Ehefrauen eurer Söhne, die aus euren Lenden (hervorgegangen) sind, und (verboten ist es euch,) daß ihr zwei Schwestern zusammen (zur Frau) nehmt, außer dem, was bereits geschehen ist. Gewiß, Allah ist Allvergebend und Barmherzig" (an-Nisa 4,23).

Verbot der Homosexualität

„[165] Laßt ihr euch etwa mit Männern unter den Weltenbewohnern ein [166] und laßt, was euer Herr für euch an Gattinnen erschaffen hat, stehen? Aber nein! Ihr seid Leute, die Übertretungen begehen" (as-Suara 26,165-166).

☾ Erwünschte Handlungen (*mandub*)

Eine erwünschte Handlung wird empfohlen, aber der Vollzug dieser Tat wird nicht belohnt. Der Nichtvollzug wird auch nicht bestraft.

„[35] Und gebt volles Maß, wenn ihr meßt, und wägt mit der richtigen Waage; das ist besser und eher ein guter Ausgang" (al-Isra 17,35).

„[33] [...] Und denjenigen von denen, die eure rechte Hand besitzt [Sklaven], die einen Freibrief begehren, sollt ihr einen Freibrief ausstellen, wenn ihr an ihnen etwas Gutes wißt. Und gebt ihnen (etwas) vom Besitz Allahs, den Er euch gegeben hat" (an-Nur 24,33).

☾ Zulässige Handlungen (*mubah*)

Die Ausführung oder Unterlassung dieser Taten werden gesetzlich weder belohnt, noch bestraft.

Geschlechtsverkehr im Ramadan ist eingeschränkt zulässig

„[187] Erlaubt ist euch, in der Nacht des Fastens mit euren Frauen Beischlaf auszuüben [...] Von jetzt an verkehrt mit ihnen und trachtet nach dem, was Allah für euch bestimmt hat, und eßt und trinkt, bis sich für euch der weiße vom schwarzen Faden der Morgendämmerung klar unterscheidet! Hierauf vollzieht das Fasten bis zur Nacht! Und verkehrt nicht mit ihnen, während ihr euch (zur Andacht) in die Gebetsstätten zurückgezogen habt! Dies sind Allahs Grenzen, so kommt ihnen nicht zu nahe! So macht Allah den Menschen Seine Zeichen klar, auf daß sie gottesfürchtig werden mögen" (al-Baqara 2,187).

Es ist zulässig, bei Armut eine gläubige Sklavin zu heiraten

„[25] Und wer von euch nicht so bemittelt ist, daß er ehrbare, gläubige Frauen zu heiraten vermag, der (soll) von den gläubigen Mädchen (heiraten), die eure rechte Hand besitzt [Sklavinnen]. Und Allah weiß sehr wohl über euren Glauben Bescheid; die einen von euch sind von den anderen. So heiratet sie mit der Erlaubnis ihrer Angehörigen und gebt ihnen ihren Lohn in rechtlicher Weise, wenn sie ehrbar sind, nicht solche, die Hurerei treiben und sich Liebhaber halten!" (an-Nisa 4,25).

Es ist zulässig, sich zwei Mal scheiden zu lassen

„[229] Die (widerrufliche) Scheidung ist zweimal (erlaubt). Dann (sollen die Frauen) in rechtlicher Weise behalten oder in ordentlicher Weise freigegeben (werden). Und es ist euch nicht erlaubt, etwas von dem, was ihr ihnen gegeben habt, (wieder) zu nehmen, außer wenn die beiden fürchten, daß sie Allahs Grenzen nicht einhalten werden. Wenn ihr aber befürchtet, daß die beiden Allahs Grenzen nicht einhalten werden, dann ist für die beiden keine Sünde in dem, womit (an Geld) sie sich löst. Dies sind Allahs Grenzen, so übertretet sie nicht! Wer aber Allahs Grenzen übertritt, diejenigen sind die Ungerechten" (al-Baqara 2,229).

📖 *Siehe auch in Kapitel 38. „Gute Taten werden Waagschalen gemessen", „Wer ins Paradies kommt" und „Wer zum Höllenfeuer verdammt wird".*

☾ Verwerfliche Handlungen (makruh)

Das Tun einer verwerflichen Handlung ist zwar zulässig, aber nicht empfehlenswert. Der Nichtvollzug dieser Tat wird belohnt, aber das Ausüben der Tag nicht bestraft.

„[9] O die ihr glaubt, wenn zum Gebet gerufen wird am Freitag, dann eilt zu Allahs Gedenken und laßt das Kaufgeschäft. Das ist besser für euch, wenn ihr wißt" (al-Gumua 62,9).

Die goldene Regel für zulässige und verwerfliche Handlungen

„[110] [...] gebietet das Rechte und verbietet das Verwerfliche und glaubt an Allah" (Al-i-IImran 3,110).

„[90] Allah gebietet Gerechtigkeit, gütig zu sein und den Verwandten zu geben; Er verbietet das Schändliche, das Verwerfliche und die Gewalttätigkeit. Er ermahnt euch, auf daß ihr bedenken möget" (an-Nahl 16,90).

📖 *Siehe auch 3,104.114; 7, 29; 7,157; 9,67.71.112; 22,41; 24,21; 31,17.*

12. DIE GERECHTIGKEIT UND GNADE GOTTES

Gerechtigkeit ist eins der Attribute Gottes. Der biblische Begriff „Gerechtigkeit" bezieht sich auf das, „was in Übereinstimmung mit seinem eigenen Charakter ist, und notwendigerweise das richtet, was diesem entgegengesetzt ist - die Sünde" (Bibelkommentare.de, 2004-2017).

DIE GERECHTIGKEIT GOTTES

† Kein Mensch vermag Gottes Norm von Gerechtigkeit zu erfüllen

„[5] Wir alle sind von Unrecht befleckt; selbst unsere allerbesten Taten sind unrein wie ein schmutziges Kleid. Wir sind wie verdorrtes Laub, das der Sturmwind packt und fortwirbelt – das ist die Strafe für unsere Schuld" (Jes 64,5).

„[10] So heißt es auch in den Heiligen Schriften: »Kein Mensch kann vor Gott als gerecht bestehen; [11] kein Mensch hat Einsicht und fragt nach Gottes Willen. [12] Alle haben den rechten Weg verlassen; verdorben sind sie alle, ausnahmslos. Niemand ist da, der Gutes tut, nicht einer" (Röm 3,10-12 GNB)

† Gott will alle Menschen von der Verurteilung retten

„[4] Er [Gott, unser Retter] will, dass alle Menschen gerettet werden und dass sie die Wahrheit erkennen" (1Tim 2,4).

GOTTES GERECHTIGKEIT UND GNADE WERDEN VEREINT

† Gott offenbart eine vom Gesetz unabhängige Gerechtigkeit

„[21] Doch jetzt hat Gott – unabhängig vom Gesetz, aber in Übereinstimmung mit den Aussagen des Gesetzes und der Propheten – seine Gerechtigkeit sichtbar werden lassen" (Röm 3,21).

† Ein Gerechter trägt die Strafe des Schuldigen

„[18] Christus selbst hat ja ebenfalls gelitten, als er, der Gerechte, für die Schuldigen starb. Er hat mit seinem Tod ein für allemal die Sünden der Menschen gesühnt und hat damit auch euch den Zugang zu Gott eröffnet. Ja, er wurde getötet, aber das betraf nur sein irdisches Leben, denn er wurde wieder lebendig gemacht zu einem Leben im Geist" (1Petr 3,18).

„[10] Sein [Jesu] Sterben war ein Sterben für die Sünde, ein Opfer, das einmal geschehen ist und für immer gilt" (Röm 6,10).

„[18] Ihr wisst doch, dass ihr freigekauft worden seid von dem sinn- und ziellosen Leben, das schon eure Vorfahren geführt hatten, und ihr wisst, was der Preis für diesen Loskauf war: nicht etwas Vergängliches wie Silber oder Gold, [19] sondern das kostbare Blut eines Opferlammes, an dem nicht der geringste Fehler oder Makel war – das Blut von Christus. [20] Schon vor der Erschaffung der Welt war Christus als Opferlamm ausersehen, und jetzt, am Ende der Zeit, ist er euretwegen auf dieser Erde erschienen" (1Petr 1,18-20).

📖 *Lies dazu auch Jes 53, 1-8; Mk 10,45; Joh 1,29; Apg 8,30-35; Hebr 7,26-28.*

† Der Schuldner wird losgekauft und somit begnadigt

„[9] Gott hat uns dazu bestimmt, durch Jesus Christus, unseren Herrn, gerettet zu werden, und nicht dazu, im Gericht verurteilt zu werden" (1Thess 5,9).

„¹ [...] für die, die mit Jesus Christus verbunden sind, gibt es keine Verurteilung mehr. ² Denn wenn du mit Jesus Christus verbunden bist, bist du nicht mehr unter dem Gesetz der Sünde und des Todes; das Gesetz des Geistes, der lebendig macht, hat dich davon befreit" (Röm 8,1-2).

„¹⁵ Christus ist also der Vermittler eines neuen Bundes. Mit seinem Tod hat er für die unter dem ersten Bund begangenen Übertretungen bezahlt, sodass jetzt alle, die Gott berufen hat, losgekauft sind und das ihnen zugesagte unvergängliche Erbe in Besitz nehmen können" (Hebr 9,15).

† Jesus vereint Gottes Gerechtigkeit und Gnade

„¹⁷ Durch Mose wurde das Gesetz gegeben, aber durch Jesus Christus sind Gnade und Wahrheit zu uns gekommen" (Joh 1,17).

DIE GRUNDLAGE DER GNADE GOTTES

† Gottes Gnade beruht auf Seiner unendlichen Liebe

„⁶ Christus starb ja für uns zu einer Zeit, als wir noch ohnmächtig der Sünde ausgeliefert waren; er starb für Menschen, die Gott den Rücken gekehrt hatten. ⁷ Nun ist es ja schon unwahrscheinlich genug, dass jemand sein Leben für einen unschuldigen Menschen opfert; eher noch würde man es vielleicht für einen besonders edlen Menschen tun. ⁸ Gott hingegen beweist uns seine Liebe dadurch, dass Christus für uns starb, als wir noch Sünder waren" (Röm 5,6-8).

„⁴ Doch dann ist die Güte Gottes, unseres Retters, und seine Liebe zu uns Menschen sichtbar geworden, ⁵ und er hat uns gerettet – nicht etwa, weil wir so gehandelt hätten, wie es vor ihm recht ist, sondern einzig und allein, weil er Erbarmen mit uns hatte" (Tit 3,4-5).

† Begnadigung setzt Vertrauen auf Jesus voraus

„¹⁶ Aber wir wissen jetzt, dass der Mensch nicht durch das Befolgen von Gesetzesvorschriften für gerecht erklärt wird, sondern nur durch den

Glauben an Jesus Christus. Darum haben auch wir unser Vertrauen auf Jesus Christus gesetzt, denn wir möchten vor Gott bestehen können, und das ist – wie gesagt – nur auf der Grundlage des Glaubens an Christus möglich, nicht auf der Grundlage der Gesetzeserfüllung. Niemand steht durch das Befolgen von Gesetzesvorschriften vor Gott gerecht da" (Gal 2,16).

„⁸ Noch einmal: Durch Gottes Gnade seid ihr gerettet, und zwar aufgrund des Glaubens. Ihr verdankt eure Rettung also nicht euch selbst; nein, sie ist Gottes Geschenk. ⁹ Sie gründet sich nicht auf menschliche Leistungen, sodass niemand vor Gott mit irgendetwas großtun kann. ¹⁰ Denn was wir sind, ist Gottes Werk; er hat uns durch Jesus Christus dazu geschaffen, das zu tun, was gut und richtig ist. Gott hat alles, was wir tun sollen, vorbereitet; an uns ist es nun, das Vorbereitete auszuführen" (Eph 2,8-10).

📖 *Siehe auch Apg 13,38-39; 1Joh 5,10-12; Röm 3,22-24; Eph 1,7-8; Eph 2,4-5; Joh 3,16-17; Esra 9,15.*

† Gottes Gnade gilt allen Menschen aller Völker

„²² Es [Gottes Gerechtigkeit] ist eine Gerechtigkeit, deren Grundlage der Glaube an Jesus Christus ist und die allen zugute kommt, die glauben. Dabei macht es keinen Unterschied, ob jemand Jude oder Nichtjude ist" (Röm 3,22).

„¹¹ Denn in Christus ist Gottes Gnade sichtbar geworden – die Gnade, die allen Menschen Rettung bringt" (Tit 2,11).

📖 *Weitere themenbezogene Stellen: Apg 3,38-39; Röm 1,17; 10,3-4.9-10; 4,1-25; 7,4-6; 2Tim 4,7-8; Apg 16,30-32; Gen 15,6; 1Thess 5,9; Gal 3,23-29; Joh 3,36*

13. KRITERIEN DER VERGEBUNG ALLĀHS

VERGEBUNG IST AN ALLĀHS WILLEN GEBUNDEN

„284 Allah gehört (alles), was in den Himmeln und was auf der Erde ist. Und ob ihr offenlegt, was in euch selbst ist, oder es verbergt, Allah wird euch dafür zur Rechenschaft ziehen. Dann vergibt Er, wem Er will, und straft, wen Er will. Und Allah hat zu allem die Macht" (al-Baqara 2,284).

„14 Und Allah gehört die Herrschaft der Himmel und der Erde. Er vergibt, wem Er will, und Er straft, wen Er will. Und Allah ist Allvergebend und Barmherzig" (al-Fath 48,14).

„Was Allah den Menschen an Barmherzigkeit auftut, das kann keiner zurückhalten. Und was Er zurückhält, das kann keiner nach Ihm freigeben. Und Er ist der Allmächtige und Allweise" (Fatir 35,2).

📖 *Weitere Stellen zum Nachschlagen: 3,129; 5,18.40; 7,155-156; 35,45; 48,14; 57,21; 76,30-32.*

📖 *Siehe auch Anhang II. „Das islamische Konzept der Vorherbestimmung alles Geschehens".*

WER KANN VERGEBUNG ERHOFFEN?

☾ Wer nur leichte Verfehlungen begangen hat

„32 Diejenigen, die schwerwiegende Sünden und Abscheulichkeiten meiden, außer leichten Verfehlungen. Gewiß, dein Herr ist Allumfassend in (Seiner) Vergebung. Er weiß sehr wohl über euch Bescheid, als Er euch aus der Erde hervorgebracht hat und als ihr Keimlinge in den Leibern eurer Mütter gewesen seid. So erklärt nicht euch selbst für lauter. Er weiß sehr wohl, wer gottesfürchtig ist" (an-Nagm 53,32).

☾ Wer unwissentlich sündigt und Reue zeigt

„[17] Die Annahme der Reue obliegt Allah nur für diejenigen, die in Unwissenheit Böses tun und hierauf beizeiten bereuen. Deren Reue nimmt Allah an. Und Allah ist Allwissend und Allweise. [18] Nicht aber ist die Annahme der Reue für diejenigen, die böse Taten begehen, bis daß, wenn sich bei einem von ihnen der Tod einstellt, er sagt: ‚Jetzt bereue ich', und auch nicht für diejenigen, die als Ungläubige sterben. Für jene haben Wir schmerzhafte Strafe bereitet" (an-Nisa 4,17-18).

„[53] Sag: O Meine Diener, die ihr gegen euch selbst maßlos gewesen seid, verliert nicht die Hoffnung auf Allahs Barmherzigkeit. Gewiß, Allah vergibt die Sünden alle. Er ist ja der Allvergebende und Barmherzige. [54] Und wendet euch eurem Herrn reuig zu und seid Ihm ergeben, bevor die Strafe über euch kommt, worauf euch keine Hilfe zuteil werden wird" (az-Zumar 39,53-54).

„[135] Und diejenigen, die, wenn sie eine Abscheulichkeit begangen oder sich selbst Unrecht zugefügt haben, Allahs gedenken und dann für ihre Sünden um Vergebung bitten – und wer sollte die Sünden vergeben außer Allah? – und (die) nicht auf dem beharren, was sie getan haben, wo sie doch wissen. [136] Der Lohn jener ist Vergebung von ihrem Herrn und Gärten, durcheilt von Bächen, ewig darin zu bleiben. Und wie trefflich ist der Lohn derjenigen, die (gut) handeln!" (Al-i-IImran 3,135-136).

📖 *Siehe auch Sure 11,3.*

📖 *Das biblische und islamische Verständnis von Gerechtigkeit, Gesetz, Schuld und Sühne werden einander in Kap. 43 und 44 gegenübergestellt.*

☾ Wer glaubt und rechtschaffene Werke tut

„[9] Allah hat denen, die glauben und rechtschaffene Werke tun, versprochen, daß es für sie Vergebung und großartigen Lohn geben wird" (al-Maida 5,9).

„[19] Was nun diejenigen angeht, die glauben und rechtschaffene Werke tun, so wird es für sie die Gärten der Zuflucht zur gastlichen Aufnahme geben für das, was sie zu tun pflegten" (as-Sagda 32,19).

„[22] [...] Diejenigen aber, die glauben und rechtschaffene Werke tun, werden sich auf den Auen des (Paradies)gartens befinden. Sie haben, was sie wollen, bei ihrem Herrn; das ist die große Huld" (as-Sura 42,22).

📖 *Siehe auch Sure 8,29; 22,50; 31,8-9; 34,4.*

☾ Demütige und standhafte Muslime, die Almosen geben und fasten

„[35] Gewiß, muslimische Männer und muslimische Frauen, gläubige Männer und gläubige Frauen, ergebene Männer und ergebene Frauen, wahrhaftige Männer und wahrhaftige Frauen, standhafte Männer und standhafte Frauen, demütige Männer und demütige Frauen, Almosen gebende Männer und Almosen gebende Frauen, fastende Männer und fastende Frauen, Männer, die ihre Scham hüten und Frauen, die (ihre Scham) hüten, und Allahs viel gedenkende Männer und gedenkende Frauen – für (all) sie hat Allah Vergebung und großartigen Lohn bereitet" (al-Ahzab 33,35).

☾ Wer Allāh liebt und fürchtet und Muḥammad folgt

„[31] Sag: Wenn ihr Allah liebt, dann folgt mir [*Muḥammad*]. So liebt euch Allah und vergibt euch eure Sünden [arab. *sū* bedeutet „das Böse"]. Allah ist Allvergebend und Barmherzig" (Al-i-IImran 3,31).

„[28] O die ihr glaubt, fürchtet Allah und glaubt an Seinen Gesandten, dann gibt Er euch einen zweifachen Anteil an Seiner Barmherzigkeit und macht euch ein Licht, in dem ihr gehen könnt, und vergibt euch. Allah ist Allvergebend und Barmherzig. [29] (Dies ist) damit die Leute der Schrift wissen, daß sie über nichts von Allahs Huld Macht haben, sondern daß die Huld in Allahs Hand liegt. Er gewährt sie, wem Er will. Und Allah besitzt große Huld" (al-Hadid 57,28-29).

☾ Märtyrer und wer sich auf dem Wege Allāhs abmüht

„⁷⁴ Und diejenigen, die glauben und ausgewandert sind und sich auf Allahs Weg abgemüht haben, und diejenigen, die (jenen) Zuflucht gewährt und geholfen haben, das sind die wahren Gläubigen. Für sie gibt es Vergebung und ehrenvolle Versorgung" (al-Anfal 8,74).

„¹⁵⁷ Und wenn ihr auf Allahs Weg getötet werdet oder sterbt, so sind Vergebung von Allah und Erbarmen fürwahr besser als (all) das, was sie zusammentragen" (Al-i-IImran 3,157).

WER EMPFÄNGT KEINE VERGEBUNG?

☾ Wer als Ungläubiger stirbt

„¹⁶¹ Diejenigen aber, die ungläubig sind und als Ungläubige sterben, auf ihnen liegt der Fluch Allahs und der Engel und der Menschen allesamt, ¹⁶² ewig darin zu bleiben. Die Strafe soll ihnen nicht erleichtert noch soll ihnen Aufschub gewährt werden" (al-Baqara 2,161-162).

„¹⁰ Diejenigen aber, die ungläubig sind und Unsere Zeichen für Lüge erklären, das sind Insassen des Höllenbrandes" (al-Maida 5,10).

📖 *Siehe auch Sure 2,6-7.*

☾ Wer absichtlich einen Gläubigen tötet

„⁹³ Und wer einen Gläubigen vorsätzlich tötet, dessen Lohn ist die Hölle, ewig darin zu bleiben" (an-Nisa 4,93).

☾ Wer sich Allāh oder seinem Gesandten widersetzt

„¹⁴ Wer sich aber Allah und Seinem Gesandten widersetzt und Seine Grenzen überschreitet, den läßt Er in ein Feuer eingehen, ewig darin zu bleiben; und für ihn gibt es schmachvolle Strafe" (an-Nisa 4,14).

☾ Wer Allāh etwas beigesellt

„[48] Allah vergibt gewiß nicht, daß man Ihm (etwas) beigesellt. Doch was außer diesem ist, vergibt Er, wem Er will. Wer Allah (etwas) beigesellt, der hat fürwahr eine gewaltige Sünde [arab. *ith'man*] ersonnen" (an-Nisa 4,48).

📖 *Siehe auch Sure 4,116.*

☾ Wer Gläubige verführt

„[10] Gewiß, diejenigen, die die gläubigen Männer und die gläubigen Frauen in Versuchung bringen und hierauf nicht in Reue umkehren, für sie wird es die Strafe der Hölle geben, und für sie wird es die Strafe des Brennens geben" (al-Buruj 85,10).

📖 *Siehe auch Suren 4,116 und 35,7.*

ALLĀH VERGILT GUTE UND SCHLECHTE TATEN

„[31] Allah gehört (alles), was in den Himmeln und was auf der Erde ist, auf daß Er denjenigen, die Böses tun, das vergelte, was sie tun, und daß Er denjenigen, die Gutes tun, mit dem (Aller)besten vergelte" (an-Najm 53,31).

„[112] [...] Wer sich Allah völlig hingibt und dabei Gutes tut, dessen Lohn steht für ihn bei seinem Herrn. Und sie soll keine Furcht überkommen, noch sollen sie traurig sein" (al-Baqara 2,112).

📖 *Siehe auch Suren 47,12 u. 22,56.*

14. WAS DIE BIBEL ÜBER JESUS OFFENBART

WER IST JESUS?

Im NT gibt es viele Bezeichnungen für Jesus. Er ist *der Christus*, der Gesalbte und *der Messias*, auf dessen Kommen die Propheten hingewiesen hatten (vgl. Lk 24,44; Apg 3,21), *der Sohn Davids, der Sohn Gottes, der Menschensohn*, der *Sohn des lebendigen Gottes* und der *Sohn des Höchsten*. Der Titel „Gottes Sohn" darf allerdings keinesfalls physisch oder biologisch verstanden werden! Er stellt bildlich das Vater-Sohn Verhältnis zwischen Gott und Jesus dar.

Die Jünger Jesu und die Menschen seines Umfelds nannten ihn Lehrer bzw. Meister, Herr (griech. kyrios) und Rabbi. Gott selber nannte ihn Seinen „geliebten Sohn", an dem Er Freude oder Wohlgefallen hat (vgl. Mt 3,17).

† Jesus ist der Mitschöpfer der Welt

„[1] Am Anfang war das Wort; das Wort war bei Gott, und das Wort war Gott. [2] Der, der das Wort ist, war am Anfang bei Gott. [3] Durch ihn ist alles entstanden; es gibt nichts, was ohne ihn entstanden ist. [4] In ihm war das Leben, und dieses Leben war das Licht der Menschen" (Joh 1,1.4).

„[14] Er, der das Wort ist, wurde ein Mensch von Fleisch und Blut und lebte unter uns. Wir sahen seine Herrlichkeit, eine Herrlichkeit voller Gnade und Wahrheit, wie nur er als der einzige Sohn sie besitzt, er, der vom Vater kommt" ((Joh 1,14).

„[1] Viele Male und auf verschiedenste Weise sprach Gott in der Vergangenheit durch die Propheten zu unseren Vorfahren. [2] Jetzt aber, am Ende der

Zeit, hat er durch seinen eigenen Sohn zu uns gesprochen. Der Sohn ist der von Gott bestimmte Erbe aller Dinge. Durch ihn hat Gott die ganze Welt erschaffen" (Hebr 1,1-2).

„[15] Der Sohn ist das Ebenbild des unsichtbaren Gottes, der Erstgeborene, der über der gesamten Schöpfung steht. [16] Denn durch ihn wurde alles erschaffen, was im Himmel und auf der Erde ist, das Sichtbare und das Unsichtbare, Könige und Herrscher, Mächte und Gewalten. Das ganze Universum wurde durch ihn geschaffen und hat in ihm sein Ziel" (Kol 1,15-16).

„[10] Er [Jesus] war in der Welt, aber die Welt, die durch ihn geschaffen war, erkannte ihn nicht" (Joh 1,10).

† Er trägt das Wesen Gottes und reflektiert Gottes Herrlichkeit

„[9] Dabei ist es doch Christus, in dem die ganze Fülle von Gottes Wesen in leiblicher Gestalt wohnt" (Kol 2,9).

„[19] Ja, Gott hat beschlossen, mit der ganzen Fülle seines Wesens in ihm zu wohnen [20] und durch ihn das ganze Universum mit sich zu versöhnen. Dadurch, dass Christus am Kreuz sein Blut vergoss, hat Gott Frieden geschaffen" (Kol 1,19-20).

„[3] Er ist das vollkommene Abbild von Gottes Herrlichkeit, der unverfälschte Ausdruck seines Wesens. Durch die Kraft seines Wortes trägt er das ganze Universum. Und nachdem er das Opfer gebracht hat, das von den Sünden reinigt, hat er den Ehrenplatz im Himmel eingenommen, den Platz an der rechten Seite Gottes, der höchsten Majestät" (Hebr 1,3).

„[44] [45]Jesus rief laut: [...] ‚Wer an mich sieht, sieht den, der mich beauftragt hat (Joh 12,444-5)

📖 *Weitere themenbezogene Stellen: Jes 42,1-4; Jes 58,6; Jes 61,1-3; Lk 1,68-70.78.79; Lk 4,18-19; Joh 5,39; Joh 17,4-5; Apg 10,38-40; Röm 9,5; 1Joh 5,20.*

✝ Er ist der menschgewordene Sohn Gottes

„⁴ Doch als die Zeit dafür gekommen war, sandte Gott seinen Sohn. Er wurde als Mensch von einer Frau geboren und war dem Gesetz unterstellt" (Gal 4,4).

„¹⁴ Er, der das Wort ist, wurde ein Mensch von Fleisch und Blut und lebte unter uns. Wir sahen seine Herrlichkeit, eine Herrlichkeit voller Gnade und Wahrheit, wie nur er als der einzige Sohn sie besitzt, er, der vom Vater kommt" (Joh 1,14).

„⁶ Er, der Gott in allem gleich war und auf einer Stufe mit ihm stand, nutzte seine Macht nicht zu seinem eigenen Vorteil aus. ⁷ Im Gegenteil: Er verzichtete auf alle seine Vorrechte und stellte sich auf dieselbe Stufe wie ein Diener. Er wurde einer von uns - ein Mensch wie andere Menschen" (Phil. 2,6-7).

✝ Er ist der Messias und Retter der Welt

„¹⁰ aber der Engel sagte zu ihnen: ‚Ihr braucht euch nicht zu fürchten! Ich bringe euch eine gute Nachricht, über die im ganzen Volk große Freude herrschen wird. ¹¹ Heute ist euch in der Stadt Davids ein Retter geboren worden; es ist der Messias, der Herr'" (Lk 2,10-11).

„¹¹ Jesus Christus ist ›der Stein, den ihr, die Bauleute, voller Verachtung beiseite geschoben habt und der zum Eckstein geworden ist‹. ¹² Bei niemand anderem ist Rettung zu finden; unter dem ganzen Himmel ist uns Menschen kein anderer Name gegeben, durch den wir gerettet werden können" (Apg 4,11-12).

✝ Er ist der Heilige Gottes

„⁶⁸ Da antwortete ihm Simon Petrus: ‚[...] Du hast Worte des ewigen Lebens; ⁶⁹ und wir haben geglaubt und erkannt: Du bist der Heilige Gottes'" (Joh 6,68-69 LUT17).

DIE ÜBERNATÜRLICHE GEBURT JESU

† Alttestamentliche Propheten prophezeiten seine Geburt

„⁵ Denn ein Kind ist geboren, der künftige König ist uns geschenkt! Und das sind die Ehrennamen, die ihm gegeben werden: umsichtiger Herrscher, mächtiger Held, ewiger Vater, Friedensfürst. ⁶ Seine Macht wird weit reichen und dauerhafter Frieden wird einkehren. Er wird auf dem Thron Davids regieren und seine Herrschaft wird für immer Bestand haben" (Jes 9,5-6).

Eine Reihe detaillierter Prophezeiungen über Jesus finden Sie in Kapitel 32. „Indizien für die Bibel als Wort Gottes".

† Übernatürliche Vorkommnisse begleiteten seine Geburt

Seine irdische Mutter war eine Jungfrau

„²⁷ [...] sandte Gott den Engel Gabriel zu einer unverheirateten jungen Frau, die in Nazaret, einer Stadt in Galiläa, wohnte. Sie hieß Maria und war mit Josef, einem Mann aus dem Haus Davids, verlobt; Maria war noch unberührt. ²⁸ ‚Sei gegrüßt, dir ist eine hohe Gnade zuteil geworden!', sagte Gabriel zu ihr, als er hereinkam. ‚Der Herr ist mit dir.' ²⁹ [...] ³⁰ Da sagte der Engel zu ihr: ‚Du brauchst dich nicht zu fürchten, Maria, denn du hast Gnade bei Gott gefunden. ³¹ Du wirst schwanger werden und einen Sohn zur Welt bringen; dem sollst du den Namen Jesus geben. ³² Er wird groß sein und wird ‚Sohn des Höchsten' genannt werden. Gott, der Herr, wird ihm den Thron seines Stammvaters David geben. ³³ Er wird für immer über die Nachkommen Jakobs herrschen, und seine Herrschaft wird niemals aufhören.' ³⁴ ‚Wie soll das zugehen?', fragte Maria den Engel. ‚Ich bin doch noch gar nicht verheiratet!' ³⁵ Er gab ihr zur Antwort: ‚Der Heilige Geist wird über dich kommen, und die Kraft des Höchsten wird dich überschatten. Deshalb wird auch das Kind, das du zur Welt bringst, heilig sein und Gottes Sohn genannt werden'" (Lk 1,27-35).

Siehe auch Mt 1,18-21.

Engel kündigten seine Geburt an

„⁸ In der Umgebung von Betlehem waren Hirten, die mit ihrer Herde draußen auf dem Feld lebten. Als sie in jener Nacht bei ihren Tieren Wache
hielten, ⁹ stand auf einmal ein Engel des Herrn vor ihnen, und die Herrlichkeit des Herrn umgab sie mit ihrem Glanz. Sie erschraken sehr, ¹⁰ aber der
Engel sagte zu ihnen: ‚Ihr braucht euch nicht zu fürchten! Ich bringe euch
eine gute Nachricht, über die im ganzen Volk große Freude herrschen wird.
¹¹ Heute ist euch in der Stadt Davids ein Retter geboren worden; es ist der
Messias, der Herr. ¹² An folgendem Zeichen werdet ihr das Kind erkennen:
Es ist in Windeln gewickelt und liegt in einer Futterkrippe.‘ ¹³ Mit einem
Mal waren bei dem Engel große Scharen des himmlischen Heeres; sie
priesen Gott und riefen: ¹⁴ ‚Ehre und Herrlichkeit Gott in der Höhe, und
Frieden auf der Erde für die Menschen, auf denen sein Wohlgefallen ruht.‘
¹⁵ Daraufhin kehrten die Engel in den Himmel zurück“ (Lk 2,8-15).

DAS IRDISCHE LEBEN JESU

† Jesus unterwarf sich allen menschlichen Einschränkungen

Er litt Hunger, Durst und Müdigkeit

„¹² [...] Als sie am nächsten Tag Betanien wieder verließen, hatte Jesus
Hunger“ (Mk 11,12).

„²⁸ Jesus wusste, dass nun alles vollbracht war. Und weil sich das, was in der
Schrift vorausgesagt war (vgl. Ps 69,22) bis ins Letzte erfüllen sollte, sagte
er: ‚Ich habe Durst!‘“ (Joh 19,28).

„²⁴ Plötzlich brach auf dem See ein heftiger Sturm los, sodass das Boot fast
von den Wellen begraben wurde. Jesus aber schlief“ (Mt 8,24).

Er wurde versucht, sündigte jedoch nicht

„¹⁵ [...] Vielmehr war er [Jesus] – genau wie wir – Versuchungen aller Art
ausgesetzt, allerdings mit dem entscheidenden Unterschied, dass er ohne
Sünde blieb“ (Hebr 4,15).

„⁵ Und ihr wisst, dass Jesus in dieser Welt erschienen ist, um die Sünden der Menschen wegzunehmen, und dass er selbst ohne jede Sünde ist" (1Joh 3,5).

„²⁹ Ihr wisst ja, dass er, der Sohn Gottes, der Gerechte, nie etwas Unrechtes getan hat und sich in allem nach Gottes Willen richtete" (1Joh 2,29).

„²¹ Den, der ohne jede Sünde war, hat Gott für uns zur Sünde gemacht, damit wir durch die Verbindung mit ihm die Gerechtigkeit bekommen, mit der wir vor Gott bestehen können" (2Kor 5,21).

Er empfand Gefühle der tiefen Trauer und innigen Freude

„⁴¹ Als Jesus sich nun der Stadt näherte und sie vor sich liegen sah, weinte er über sie ⁴² und sagte: ‚Wenn doch auch du am heutigen Tag erkannt hättest, was dir Frieden bringen würde! Nun aber ist es dir verborgen, du siehst es nicht'" (Lk 19,41-42).

„⁵ Er sah sie der Reihe nach an, voll Zorn und zugleich tief betrübt über ihr verstocktes Herz" (Mk 3,5).

„²¹ Nun begann Jesus, im Heiligen Geist vor Freude zu jubeln; er rief: ‚Ich preise dich, Vater, du Herr über Himmel und Erde, dass du das alles den Weisen und Klugen verborgen, den Unmündigen aber offenbart hast. Ja, Vater, so hast du es gewollt, und dafür preise ich dich'" (Lk 10,21).

📖 *Siehe auch Mk 14,34; Mt 26,38; Joh 15,11; Joh 17,13.*

✝ Jesus lebte in vollständigem Einklang mit Gott

„²⁸ Deshalb sagte er [Jesus] zu ihnen: ‚Dann, wenn ihr den Menschensohn erhöht habt [hier weist Jesus auf seine Kreuzigung hin], werdet ihr mich als den erkennen, der ich bin, und werdet erkennen, dass ich nichts von mir selbst aus tue, sondern das sage, was mich der Vater gelehrt hat. ²⁹ Und er, der mich gesandt hat, ist bei mir. Er lässt mich nie allein, denn ich tue immer, was ihm gefällt'" (Joh 8,28.29).

„¹⁰ Glaubst du nicht, dass ich im Vater bin und dass der Vater in mir ist? Was ich euch sage, sage ich nicht aus mir selbst heraus. Der Vater, der in mir ist, handelt durch mich; es ist alles sein Werk. ¹¹ Glaubt es mir, dass ich im Vater bin und dass der Vater in mir ist" (Joh 14,10.11).

📖 *Siehe auch Mt 26,29.39; Mk 14,36; Lk 10,22; Joh 3,35; Joh 5,17.19-26; Joh 6,46; Joh 10,30; Joh 12,28; Joh 12,49.50; 13,3; 14,7.23.31; Joh 15,1; Joh 16,16.27; Joh 17.*

DAS LEIDEN UND STERBEN JESU

† Jesu Leiden und Sterben wurden Jahrhunderte zuvor prophezeit

📖 *Finde dazu in Kap. 32 „Prophetien über den Messias und ihre Erfüllungen".*

† Jesus kündigte seinen Leidensweg und seine Auferstehung an

„³² [...] Da nahm Jesus die Zwölf [seine engsten Jünger] noch einmal beiseite, und sagte ihnen, was nach dem Willen Gottes mit ihm geschehen sollte: ³³ ‚Seht doch, wir ziehe jetzt hinauf ach Jerusalem. Dort wird der Menschensohn den führenden Priestern und Schriftgelehrten ausgeliefert. Sie werden ihn zum Tod verurteilen und ihn an die Heiden ausliefern, die unser Land besetzt haben. ³⁴ Die werden ihn verspotten und anspucken, ihn auspeitschen und töten. Aber nach drei Tagen wird er vom Tod auferstehen'" (Mk 10,32-34 BasisBibel).

[Jesus sagte zu seinen zwölf Jüngern:] ¹⁸ ‚Wir gehen jetzt nach Jerusalem hinauf. Dort wird der Menschensohn in die Gewalt der führenden Priester und der Schriftgelehrten gegeben. Sie werden ihn zum Tod verurteilen ¹⁹ und den Heiden übergeben, die Gott nicht kennen, damit die ihren Spott mit ihm treiben, ihn auspeitschen und schließlich kreuzigen. Doch drei Tage danach wird er auferstehen'" (Mt 20,18-19).

📖 *Weitere zum Thema relevante Stellen: Mk 8,31-32; 9,31-32; Mk 10,32-34; Lk 9,22; Mt 17,22-23.*

📖 *Weitere Beispiele finden Sie in Kapitel 32. „Indizien für die Bibel als göttliche Offenbarung".*

† Er erlitt Schmerzen und den biologischen Tod

[Unmittelbar vor seiner Kreuzigung betete Jesus:] [27]„Mein Herz ist jetzt voll Angst und Unruhe. Soll ich sagen: Vater, rette mich vor dem, was auf mich zukommt? Nein, denn jetzt ist die Zeit da; jetzt geschieht das, wofür ich gekommen bin. [28] Vater, offenbare die Herrlichkeit deines Namens!' Da sprach eine Stimme aus dem Himmel: ‚Ich habe es getan und werde es auch jetzt wieder tun.' [29] Viele Menschen standen dabei und hörten die Stimme" (Joh 12,27-29).

† Übernatürliche Geschehnisse begleiteten seinen Tod

„[50] Jesus aber schrie noch einmal laut auf; dann starb er. [51] Im selben Augenblick riss der Vorhang im Tempel von oben bis unten entzwei; die Erde begann zu beben, die Felsen spalteten sich, [52] und die Gräber öffneten sich [...] [53] [...] [54] Der Hauptmann und die Soldaten, die mit ihm zusammen beim Kreuz Jesu Wache hielten, waren zutiefst erschrocken über das Erdbeben und die anderen Dinge, die sie miterlebt hatten, und sagten: ‚Dieser Mann war wirklich Gottes Sohn'" (Mt 27,50-54).

DIE AUFERSTEHUNG JESU VON DEN TOTEN

† Der Tod hatte keine Macht über Jesus

„[1] Nach dem Sabbat, in der Morgendämmerung des ersten Tages der neuen Woche, kamen Maria aus Magdala und die andere Maria, um nach dem Grab zu sehen. [2] Plötzlich fing die Erde an, heftig zu beben. Ein Engel des Herrn war vom Himmel herabgekommen und zum Grab getreten. Er wälzte den Stein weg und setzte sich darauf. [3] Seine Gestalt leuchtete wie ein Blitz, und sein Gewand war weiß wie Schnee. [4] Als die Wächter ihn sahen, zitterten sie vor Angst und fielen wie tot zu Boden. [5] Der Engel sagte zu den Frauen: ‚Ihr braucht euch nicht zu fürchten. Ich weiß, ihr sucht Jesus, den Gekreuzigten. [6] Er ist nicht hier; er ist auferstanden, wie er es vorausgesagt hat. Kommt her und seht euch die Stelle an, wo er gelegen hat. [7] Und dann geht schnell zu seinen Jüngern und sagt ihnen, dass er von den Toten auferstanden ist. Er geht euch nach Galiläa voraus; dort werdet ihr ihn sehen. Ihr könnt euch auf meine Worte verlassen.' [8] Die Frauen waren erschrocken, aber doch voller Freude. So schnell sie konnten, verließen sie das Grab und eilten zu den Jüngern, um ihnen alles zu berichten. [9] Plötzlich trat ihnen Jesus entgegen. ‚Seid gegrüßt!', sagte er. Da liefen sie zu ihm hin, warfen sich vor ihm nieder und umfassten seine Füße" (Mt 28,1-9).

„[24] Gott hat ihn aus der Gewalt des Todes befreit und hat ihn auferweckt; es zeigte sich, dass der Tod keine Macht über ihn hatte und ihn nicht festhalten konnte" (Apg 2,24).

„[3] [...] Christus ist – in Übereinstimmung mit den Aussagen der Schrift – für unsere Sünden gestorben. [4] Er wurde begraben, und drei Tage danach hat Gott ihn von den Toten auferweckt auch das in Übereinstimmung mit der Schrift. [5] Als der Auferstandene hat er sich zunächst Petrus gezeigt und dann dem ganzen Kreis der Zwölf. [6] Später zeigte er sich mehr als fünfhundert von seinen Nachfolgern auf einmal; einige sind inzwischen gestorben, aber die meisten leben noch. [7] Danach zeigte er sich Jakobus und dann allen Aposteln" (1.Kor 15,3-6).

„[3] Sie [die Apostel] waren es auch, denen er sich nach seinem Leiden und Sterben zeigte und denen er viele überzeugende Beweise dafür gab, dass er wieder lebendig geworden war: Während vierzig Tagen erschien er ihnen immer wieder und sprach mit ihnen über das Reich Gottes und alles, was damit zusammenhängt" (Apg 1,3).

DIE HIMMELFAHRT JESU

† Jesus wurde vor Augenzeugen in den Himmel zurückgenommen

„[9] [...] Jesus wurde vor ihren Augen emporgehoben. Dann hüllte ihn eine Wolke ein, und sie sahen ihn nicht mehr. [10] Während sie [die Jünger] noch wie gebannt zum Himmel hinaufblickten – dorthin, wo Jesus verschwunden war –, standen mit einem Mal zwei Männer in leuchtend weißen Gewändern bei ihnen. [11] ‚Ihr Männer von Galiläa', sagten sie, ‚warum steht ihr hier und starrt zum Himmel hinauf? Dieser Jesus, der aus eurer Mitte in den Himmel genommen worden ist, wird wiederkommen, und zwar auf dieselbe Weise, wie ihr ihn habt gehen sehen'" (Apg 1,9-11).

📖 *Siehe auch Lk 24,50-51.*

† Sein ewiger Ehrenplatz ist zur rechten Seite Gottes

„[19] Nachdem Jesus, der Herr, zu ihnen gesprochen hatte, wurde er in den Himmel aufgenommen und setzte sich an die rechte Seite Gottes" (Mk 16,19).

„[10] Christus dagegen hat sich, nachdem er ein einziges Opfer für die Sünden dargebracht hat, für immer auf den Ehrenplatz an Gottes rechter Seite gesetzt" (Hebr 10,12).

„[22] [Jesus Christus] [22] der jetzt – nachdem er in den Himmel gegangen ist – auf dem Ehrenplatz an der rechten Seite Gottes sitzt und dem die Engel und alle Mächte und Gewalten unterstellt sind" (1Petr 3,22).

📖 *Siehe auch Apg 7,54-56.*

† Er thront nun als Herrscher über das Universum

„[18] Er öffne euch die Augen des Herzens, damit ihr erkennt, [...] [19] [..] mit was für einer überwältigend großen Kraft er [Gott] unter uns, den Glaubenden, am Werk ist. Es ist dieselbe gewaltige Stärke, [20] mit der er am Werk war, als er Christus von den Toten auferweckte und ihm in der himmlischen Welt den Ehrenplatz an seiner rechten Seite gab.[21] Damit steht Christus jetzt hoch über allen Mächten und Gewalten, hoch über allem, was Autorität besitzt und Einfluss ausübt; er herrscht über alles, was Rang und Namen hat – nicht nur in dieser Welt, sondern auch in der zukünftigen. [22] Ja, Gott hat ihm alles unter die Füße gelegt, und er hat ihn, den Herrscher über das ganze Universum, zum Haupt der Gemeinde gemacht" (Eph 1,18-22).

📖 *Weitere themenbezogene Stellen: Lk 22,69; Apg 7,55-56; Röm 8,34; Kol 3,1; Hebr 2,9.*

WARUM KAM JESUS ALS MENSCH AUF DIE ERDE?

† Er kam, um Gottes Willen zu tun und Gottes Werk zu vollenden

„[34] Jesus erwiderte: ‚Meine Nahrung ist, dass ich den Willen dessen tue, der mich gesandt hat, und das Werk vollende, das er mir aufgetragen hat'" (Joh 4,34).

† Er kam, um seinen messianischen Auftrag zu erfüllen

[Jesus las in der Synagoge aus der Schriftrolle des Propheten Jesaja]: „[18] ‚Der Geist des Herrn ruht auf mir, denn der Herr hat mich gesalbt. Er hat mich gesandt mit dem Auftrag, den Armen gute Botschaft zu bringen, den Gefangenen zu verkünden, dass sie frei sein sollen, und den Blinden, dass sie sehen werden, den Unterdrückten die Freiheit zu bringen, [19] und ein Jahr der Gnade des Herrn auszurufen.' [20] Jesus rollte die Buchrolle zusammen, gab sie dem Synagogendiener zurück und setzte sich. Alle in der Synagoge sahen ihn gespannt an. [21] Er begann zu reden. ‚Heute hat sich dieses Schriftwort erfüllt', sagte er zu ihnen. ‚Ihr seid Zeugen'" (Lk 4,18-19).

📖 *Lies dazu auch Lk 7,20-21.*

† Er kam, um für die Wahrheit zu zeugen

„[37] Da sagte Pilatus zu ihm: ‚Dann bist du also tatsächlich ein König?' Jesus erwiderte: ‚Du hast Recht – ich bin ein König. Ich bin in die Welt gekommen, um für die Wahrheit Zeuge zu sein; dazu bin ich geboren. Jeder, der auf der Seite der Wahrheit steht, hört auf meine Stimme'" (Lk 17,37).

† Er kam, um die Thora und die Propheten zu erfüllen

[Jesus sagte:] „[17] Denkt nicht, ich sei gekommen, um das [*mosaische*] Gesetz oder die Propheten außer Kraft zu setzen. Ich bin nicht gekommen, um außer Kraft zu setzen, sondern um zu erfüllen [*vollenden*]. [18] Denn ich sage euch: Solange Himmel und Erde nicht vergehen, wird auch kein einziger Buchstabe und nicht ein einziges Strichlein vom Gesetz vergehen; alles muss sich erfüllen" (Mt 5,17-18).

113

„⁴⁴ Dann sagte er [Jesus nach Seiner Auferstehung] zu ihnen [seinen Jüngern]: ‚Nun ist in Erfüllung gegangen, wovon ich sprach, als ich noch bei euch war; ich sagte: ›Alles, was im Gesetz des Mose, bei den Propheten und in den Psalmen über mich geschrieben ist, muss sich erfüllen.‹ ⁴⁵ Und er öffnete ihnen das Verständnis für die Schrift, sodass sie sie verstehen konnten, ⁴⁶ und sagte zu ihnen: ‚So steht es doch in der Schrift: Der Messias muss leiden und sterben, und drei Tage danach wird er von den Toten auferstehen. ⁴⁷ Und in seinem Namen sollen alle Völker zur Umkehr aufgerufen werden, damit sie Vergebung ihrer Sünden empfangen‘" (Lk 24, 44-47: Hervorh. d. Verf.).

✝ Er kam, um den Teufel zu entmachten

„⁸ [...] Doch gerade deshalb ist der Sohn Gottes erschienen: Er ist gekommen, um das, was der Teufel tut, zu zerstören" (1Joh 3,8).

„¹⁴ Weil nun aber alle diese Kinder [Menschen, die Gottes Rettungsangebot annehmen] Geschöpfe aus Fleisch und Blut sind, ist auch er [Jesus] ein Mensch von Fleisch und Blut geworden. So konnte er durch den Tod den entmachten, der mit Hilfe des Todes seine Macht ausübt, nämlich den Teufel, ¹⁵ und konnte die, deren ganzes Leben von der Angst vor dem Tod beherrscht war, aus ihrer Sklaverei befreien" (Hebr 2,14-15).

✝ Er kam, um Sünder zur Umkehr zu rufen

„³¹ Jesus selbst gab ihnen die Antwort: ‚Nicht die Gesunden brauchen den Arzt, sondern die Kranken. ³² Ich bin nicht gekommen, um Gerechte zu rufen; ich bin gekommen, um Sünder zur Umkehr zu rufen‘" (Lk 5,31-32).

[Jesus sprach:] „²⁸ ‚Kommt zu mir, ihr alle, die ihr euch plagt und von eurer Last fast erdrückt werdet; ich werde sie euch abnehmen. ²⁹ Nehmt mein Joch auf euch und lernt von mir, denn ich bin gütig und von Herzen demütig. So werdet ihr Ruhe finden für eure Seele. ³⁰ Denn das Joch, das ich auferlege, drückt nicht, und die Last, die ich zu tragen gebe, ist leicht‘" (Mt 11,28-30).

† Er kam, um Menschen auf den Weg des Friedens zu lenken

„[78] denn unser Gott ist voll Erbarmen. Darum wird auch der helle Morgenglanz aus der Höhe [der menschgewordene Sohn Gottes] zu uns kommen, [79] um denen Licht zu bringen, die in der Finsternis und im Schatten des Todes leben, und um unsere Schritte auf den Weg des Friedens zu lenken" (Lk 1,78-79).

† Er kam, um die Menschheit zu erlösen

„[14] Er [Jesus] ist es ja, der sich selbst für uns hingegeben hat, um uns von einem Leben der Auflehnung gegen Gottes Ordnungen loszukaufen und von aller Schuld zu reinigen und uns auf diese Weise zu seinem Volk zu machen, zu einem Volk, das ihm allein gehört und das sich voll Eifer bemüht, Gutes zu tun" (Tit 2,14).

📖 *Weitere relevante Stellen mit Bezug zum Thema: Mt 26 und 27; Mk 14 und 15; Lk 22 und 23; Joh 18 und 19; Röm 10,13; Jes 53; Hebr 5,8-9.*

WAS JESUS ÜBER SICH OFFENBARTE

„[44] Jesus aber rief mit lauter Stimme: ‚Wer an mich glaubt, der glaubt nicht nur an mich, sondern auch an den, der mich gesandt hat. [45] Und wer mich sieht, sieht den, der mich gesandt hat. [46] **Ich bin als das Licht in die Welt** gekommen, damit jeder, der an mich glaubt, das Licht hat und nicht in der Finsternis bleibt" (Joh 12,44-46: Hervorh. d. Verf.).

„[6] **Ich bin der Weg,** [...] **ich bin die Wahrheit,** und **ich bin das Leben.** Zum Vater kommt man nur durch mich" (Joh 14,6: Hervorh. d. Verf.).

„[35] **Ich bin das Brot des Lebens.** Wer zu mir kommt, wird nie mehr hungrig sein, und wer an mich glaubt, wird nie mehr Durst haben" (Joh 6,35: Hervorh. d. Verf.).

„[3] **Ich bin der gute Hirte.** Ein guter Hirte ist bereit, sein Leben für die Schafe herzugeben" (Joh 10,3: Hervorh. d. Verf.)

📖 *Siehe auch Joh 10,14.25-28.*

[Jesus sagte:] „²³ Ihr seid von hier unten, **ich bin von oben**. Ihr seid von dieser Welt, **ich bin nicht von dieser Welt**. ²⁴ [...] Glaubt an mich als den, der ich bin; wenn nicht, werdet ihr in euren Sünden sterben" (Joh 8, 23-24: Hervorh. d. Verf.).

„²⁵ Da sagte Jesus [...]: ,**Ich bin die Auferstehung und das Leben**. Wer an mich glaubt, wird leben, auch wenn er stirbt. ²⁶ Und wer lebt und an mich glaubt, wird niemals sterben" (Joh 11,25-26: Hervorh. d. Verf.).

[Jesus sagte:] „³⁰ ,**Ich und der Vater sind eins**'" (Joh 10,30: Hervorh. d. Verf.).

„⁷ ,Wenn ihr erkannt habt, wer ich bin, werdet ihr auch meinen Vater erkennen. Ja, ihr kennt ihn bereits; ihr habt ihn bereits gesehen.' ⁸,Herr', sagte Philippus [*ein Jünger Jesu*], ,zeig uns den Vater; das genügt uns'. ⁹ ,So lange bin ich schon bei euch, und du kennst mich immer noch nicht, Philippus?' entgegnete Jesus. ,**Wer mich gesehen hat, hat den Vater gesehen**. [...] ¹⁰ [...] Was ich euch sage, sage ich nicht aus mir selbst heraus. Der Vater, der in mir ist, handelt durch mich; es ist alles sein Werk. ¹¹ Glaubt es mir, dass ich im Vater bin und dass der Vater in mir ist. Wenn ihr immer noch nicht davon überzeugt seid, dann glaubt es doch aufgrund von dem, was durch mich geschieht'" (Joh 14,7-11: Hervorh. d. Verf.).

📖 *Weitere zum Nachschlagen empfohlene Stellen: Joh 5,19-46; 6,48-51; 8,12; 15,5.*

JESUS WIRD VOR ALLER AUGEN WIEDERKOMMEN

„⁷ Und er [Jesus] wird wiederkommen! Auf den Wolken wird er kommen, und alle werden ihn sehen, auch die, die ihn durchbohrt haben. Sein Anblick wird alle Völker der Erde in Schrecken und Trauer versetzen. Ja, amen, so wird es sein" (Offb 1,7).

📖 *Siehe auch Kap. 37. „Was die Bibel über die Endzeit und Wiederkunft Jesu kundtut".*

15. DIE WUNDERTATEN JESU

Die kurze Zeit seines öffentlichen Wirkens begann, als Jesus etwa 30 Jahre alt war. Er durchzog mit seinen auserwählten zwölf Jüngern, die er zu Aposteln (mit einem bestimmten Auftrag Ausgesandte) berufen hatte, für etwa drei Jahre das ganze Land Israel. Die Evangelien berichten, dass Jesus in den Synagogen lehrte, die Botschaft vom Reich Gottes verkündigte und Kranke heilte (vgl. Mt 4,23-25; 9,35). Die Verkündigung Jesu und Seine Wundertaten waren stets eng miteinander verflochten. Alle seine Taten bezeugen Seine göttliche Herkunft und Sein göttlichen Wesens (vgl. Joh 10,25).

HEILUNGSWUNDER

† Er heilte Menschen mit vielerlei Krankheiten

„30 Die Menschen strömten in Scharen herbei und brachten Lahme, Blinde, Krüppel, Stumme und viele andere Kranke zu ihm [Jesus]. Sie legten sie vor seinen Füßen nieder, und er heilte sie. 31 Die Leute staunten, als sie sahen, dass Stumme redeten, Krüppel gesund wurden, Lahme umhergingen und Blinde sehen konnten, und sie priesen den Gott Israels" (Mt 15,30-31).

„42 Einmal kam ein Aussätziger zu Jesus, warf sich vor ihm auf die Knie und flehte ihn an: ‚Wenn du willst, kannst du mich rein machen!‘ 41 Von tiefem Mitleid ergriffen, streckte Jesus die Hand aus und berührte ihn. ‚Ich will es‘, sagte er, ‚sei rein!‘ 42 Im selben Augenblick verschwand der Aussatz, und der Mann war geheilt" (Mk 1,40-42).

† Jesus machte Blinde sehend

„[30] Zwei Blinde, die am Straßenrand saßen, hörten, dass Jesus vorbeikam, und riefen: ‚Herr, du Sohn Davids, hab Erbarmen mit uns!' [31] Die Leute fuhren sie an, sie sollten still sein. Doch die Blinden schrien nur noch lauter: ‚Herr, du Sohn Davids, hab Erbarmen mit uns!' [32] Jesus blieb stehen und rief die beiden zu sich. ‚Was möchtet ihr von mir?', fragte er. [33]‚Herr', antworteten sie, ‚wir möchten sehen können.' [34] Da ergriff ihn tiefes Mitgefühl; er berührte ihre Augen, und im selben Augenblick konnten sie sehen. Von da an folgten sie Jesus nach" (Mt 20,30-34).

† Jesus machte Tote lebendig

„[11] Bald darauf zog Jesus in die Stadt Nain weiter, begleitet von seinen Jüngern und einer großen Menschenmenge. [12] Als er sich dem Stadttor näherte, kam ihm ein Trauerzug entgegen. Der Tote war der einzige Sohn einer Witwe gewesen. Zahlreiche Menschen aus dem Ort begleiteten die Mutter zum Grab. [13] Als der Herr die Frau sah, ergriff ihn tiefes Mitgefühl. ‚Weine nicht!' sagte er zu ihr. [14] Er trat näher und berührte die Bahre. Die Träger blieben stehen, und Jesus sagte zu dem Toten: ‚Junger Mann, ich befehle dir: Steh auf!' [15] Da richtete sich der Tote auf und fing an zu sprechen, und Jesus gab ihn seiner Mutter zurück" (Lk 7,11-15).

Weitere Bibeltexte die davon berichten, wie Jesus Tote auferweckte: Mt 9, 18-19.23-25; Mk 5,22-24.35-42; Lk 8,41-56; Joh 11,32-41.

† Er befreite von Dämonen besessene Menschen

„[31] Jesus ging hinunter nach Kafarnaum, einer Stadt in Galiläa, und sprach dort am Sabbat zu den Menschen. [32] [...] [33] In der Synagoge war auch ein Mann, der einen bösen Geist hatte, einen Dämon. Er schrie mit lauter Stimme: [34]‚Was willst du von uns, Jesus von Nazaret? Bist du gekommen, um uns zugrunde zu richten? Ich weiß, wer du bist: der Heilige Gottes!' - [35]‚Schweig!', befahl ihm Jesus. ‚Verlass diesen Mann!' Da warf der Dämon den Mann mitten in der Synagoge zu Boden und verließ ihn, ohne ihm noch etwas antun zu können. [36] Furcht und Staunen ergriff alle, und sie sagten zueinander: ‚Was für eine Vollmacht und Kraft hat sein Wort! Er befiehlt den bösen Geistern auszufahren, und sie fahren aus.' ³⁷ Bald gab es in der ganzen Gegend keinen Ort mehr, an dem man nicht von Jesus sprach" (Lk 4,31-37).

Weitere Heilungsgeschichten finden Sie in Mt 8,5-15; Mt 9,27-30; Mt 12,9.13.22; Mt 14,34-36; Mt 15,29-31; Mt 17,14-18; Lk 4,38-39; Lk 5,12-26; Lk 6,6-10; Lk 7,1-10; Lk 8,43-48; Lk 17,11-19; Mk 3,1-5.32-34; Mk 5,53-56; Mk 7,32-37; Mk 8,22-26; Mk 10,46-52; Mk 16,9; Joh 4,46.

WUNDER JESU IN DER NATURWELT

† Jesus verwandelte Wasser zu Wein

„¹ Und am dritten Tag war eine Hochzeit in Kana in Galiläa, und die Mutter Jesu war dort. ² Aber auch Jesus wurde samt seinen Jüngern zur Hochzeit eingeladen. ³ Und als es an Wein mangelte, spricht die Mutter Jesu zu ihm: Sie haben keinen Wein! ⁴ Jesus spricht zu ihr: Frau, was habe ich mit dir zu tun? Meine Stunde ist noch nicht gekommen! ⁵ Seine Mutter spricht zu den Dienern: Was er euch sagt, das tut! ⁶ Es waren aber dort sechs steinerne Wasserkrüge, nach der Reinigungssitte der Juden, von denen jeder zwei oder drei Eimer fasste. ⁷ Jesus spricht zu ihnen: Füllt die Krüge mit Wasser! Und sie füllten sie bis obenhin. ⁸ Und er spricht zu ihnen: Schöpft nun und bringt es dem Speisemeister! Und sie brachten es hin. ⁹ Als aber der Speisemeister das Wasser, das zu Wein geworden war, gekostet hatte (und er wusste nicht, woher es war; die Diener aber, die das Wasser geschöpft hatten, wussten es), da rief der Speisemeister den Bräutigam ¹⁰ und sprach zu ihm: Jedermann setzt zuerst den guten Wein vor, und dann, wenn sie trunken geworden sind, den geringeren; du aber hast den guten Wein bis jetzt behalten! ¹¹ Diesen Anfang der Zeichen machte Jesus in Kana in Galiläa und ließ seine Herrlichkeit offenbar werden, und seine Jünger glaubten an ihn." (Joh 2,1-11 SCHL).

† Er bewirkte einen übernatürlicher Fischfang

„³ Jesus stieg in das Boot, das Simon gehörte, und bat ihn, ein Stück weit auf den See hinauszufahren. So konnte er im Boot sitzen und von dort aus zu den Menschen sprechen. ⁴ Als er aufgehört hatte zu reden, wandte er sich an Simon und sagte: ‚Fahr jetzt weiter hinaus auf den See; werft dort eure Netze zum Fang aus!' ⁵ Simon antwortete: ‚Meister, wir haben uns die ganze Nacht abgemüht und haben nichts gefangen. Aber weil du es sagst, will ich die Netze auswerfen.' ⁶ Das taten sie dann auch, und sie fingen eine solche Menge Fische, dass ihre Netze zu reißen begannen. ⁷ Deshalb winkten sie den Fischern im anderen Boot, sie sollten kommen und mit anpacken. Zusammen füllten sie die beiden Boote, bis diese schließlich so voll waren, dass sie zu sinken drohten. ⁸ Als Simon Petrus das sah, warf er sich vor Jesus auf die Knie und sagte: ‚Herr, geh fort von mir! Ich bin ein sündiger Mensch.' ⁹ Denn ihm und allen, die bei ihm ˊim Bootˋ waren, war der Schreck in die Glieder gefahren, weil sie solch einen Fang gemacht hatten, ¹⁰ und genauso ging es Jakobus und Johannes, den Söhnen des Zebedäus, die zusammen mit Simon Fischfang betrieben. Doch Jesus sagte zu Simon: ‚Du brauchst dich nicht zu fürchten'" (Lk 5,3-10).

† Er stillte einen heftigen Sturm

„³⁵ Und an jenem Tag, als es Abend geworden war, sprach er [Jesus] zu ihnen [seinen Jüngern]: Lasst uns hinüberfahren an das jenseitige Ufer! ³⁶ [..] ³⁷ Und es erhob sich ein großer Sturm, und die Wellen schlugen in das Schiff, sodass es sich schon zu füllen begann. ³⁸ Und er war hinten auf dem Schiff und schlief auf einem Kissen. Und sie weckten ihn auf und sprachen zu ihm: Meister, kümmert es dich nicht, dass wir umkommen? ³⁹ Und er stand auf, befahl dem Wind und sprach zum See: Schweig, werde still! Da legte sich der Wind, und es entstand eine große Stille. ⁴⁰ Und er sprach zu ihnen: Was seid ihr so furchtsam? Wie, habt ihr keinen Glauben? ⁴¹ Und sie gerieten in große Furcht und sprachen zueinander: Wer ist denn dieser, dass auch der Wind und der See ihm gehorsam sind?" (Mk 4,35-41 SCHL).

† Er lief auf dem Wasser

„²² Nun drängte Jesus die Jünger, unverzüglich ins Boot zu steigen und ihm ans andere Ufer vorauszufahren; [...] ²³ Als das geschehen war, stieg er auf einen Berg, um ungestört beten zu können. Spät am Abend war er immer noch dort, ganz allein. ²⁴ Das Boot befand sich schon weit draußen auf dem

See und hatte schwer mit den Wellen zu kämpfen, weil ein starker Gegenwind aufgekommen war. [25] Gegen Ende der Nacht kam Jesus zu den Jüngern; er ging auf dem See. [26] Als sie ihn auf dem Wasser gehen sahen, wurden sie von Furcht gepackt. ‚Es ist ein Gespenst!‘, riefen sie und schrien vor Angst. [27] Aber Jesus sprach sie sofort an. ‚Erschreckt nicht!‘, rief er. ‚Ich bin´s. Ihr braucht euch nicht zu fürchten‘“ (Mt 14,22-27).

† Er speiste viertausend Menschen mit einigen Fischen und sieben Broten

„[1] In jenen Tagen war wieder einmal eine große Menschenmenge bei Jesus. Da die Leute nichts zu essen hatten, rief Jesus seine Jünger zu sich und sagte: [2] ‚Mir tun diese Menschen leid. Seit drei Tagen sind sie nun schon bei mir und haben nichts zu essen. [3] Wenn ich sie hungrig nach Hause gehen lasse, brechen sie unterwegs vor Erschöpfung zusammen; außerdem sind einige unter ihnen von weit her gekommen.‘ [4] Die Jünger erwiderten: ‚Wo soll man denn hier in dieser einsamen Gegend genug Brot bekommen, um sie alle satt zu machen?‘ [5] Doch Jesus fragte sie: ‚Wie viele Brote habt ihr?‘ – ‚Sieben‘, antworteten sie. [6] Da forderte er die Menge auf, sich auf dem Boden zu lagern. Er nahm die sieben Brote, dankte Gott dafür und brach sie in Stücke. Dann gab er sie seinen Jüngern zum Verteilen, und die Jünger teilten sie an die Menge aus. [7] Sie hatten auch noch ein paar kleine Fische. Jesus ließ sie ebenfalls verteilen, nachdem er Gott dafür gedankt hatte. [8] Und die Leute aßen und wurden satt. Am Schluss sammelte man auf, was übrig geblieben war – sieben Körbe voll. [9] Die Zahl derer, die an der Mahlzeit teilgenommen hatten, belief sich auf ungefähr viertausend. (Mk 8,1-9).

Mk 6,34-44 berichtet über eine weitere Speisung, dieses Mal von fünftausend Menschen mit zwei Fischen und fünf Broten.

16. GÖTTLICHE WAHRHEITEN, DIE JESUS LEHRTE

JESUS LEHRTE MIT VOLLMACHT UND WEISHEIT

„[21] [...] Jesus ging in die Synagoge und sprach dort zu den Menschen. [22] Sie waren von seiner Lehre tief beeindruckt, denn er lehrte sie nicht wie die Schriftgelehrten, sondern mit Vollmacht" (Mk 1,21.22).

„[23] Jesus zog durch ganz Galiläa; er lehrte in den Synagogen, verkündete die Botschaft vom Reich Gottes und heilte alle Kranken und Leidenden im Volk. [24] So wurde er über Galiläa hinaus in ganz Syrien bekannt" (Mt 4, 23).

„[2] Am Sabbat lehrte er in der Synagoge vor vielen Zuhörern. Erstaunt fragten sie: ‚Woher hat der Mann das alles? Was ist das für eine Weisheit, die ihm da gegeben ist, und wie kommt es, dass solche Wunder durch ihn geschehen?'" (Mk 6,2).

Weitere themenbezoge Stellen: Mt 9,35; 13,54; Lk 4,15.32.

JESUS LEHRTE OFT DURCH GLEICHNISSE

Über fünfzig Mal wird in den vier Evangelien erwähnt, dass Jesus in Gleichnissen sprach, um geistliche Wirklichkeiten und göttliche Wahrheiten zu vermitteln. Jesus wollte seine Zuhörer durch den Gebrauch von Bildern und Vergleichen zum Mit- und Neudenken herausfordern. Inhaltlich geht es um Gott und Sein Reich, wie Gott mit den Menschen umgeht und was Er von uns erwartet.

✝ Ein Gleichnis über ein verlorenes und wiedergefundenes Schaf

„³ Er [Jesus] sagte aber zu ihnen dieses Gleichnis und sprach: ⁴ Welcher Mensch unter euch, der hundert Schafe hat und eines von ihnen verliert, läßt nicht die neunundneunzig in der Wildnis und geht dem verlorenen nach, bis er es findet? ⁵ Und wenn er es gefunden hat, nimmt er es auf seine Schulter mit Freuden; ⁶ und wenn er nach Hause kommt, ruft er die Freunde und Nachbarn zusammen und spricht zu ihnen: Freut euch mit mir; denn ich habe mein Schaf gefunden, das verloren war! ⁷ Ich sage euch, so wird auch Freude sein im Himmel über einen Sünder, der Buße tut, mehr als über neunundneunzig Gerechte, die keine Buße brauchen!" (Lk 15,3-7 SCHL).

✝ Ein Gleichnis über die Neugeburt als Weg in Gottes Reich

„³ Jesus entgegnete: ‚Ich sage dir: Wenn jemand nicht von neuem geboren wird, kann er das Reich Gottes nicht sehen.' – ⁴ ‚Wie kann ein Mensch, wenn er alt geworden ist, noch einmal geboren werden?', wandte Nikodemus ein. ‚Er kann doch nicht in den Leib seiner Mutter zurückkehren und ein zweites Mal auf die Welt kommen!' ⁵ Jesus erwiderte: ‚Ich sage dir eins: Wenn jemand nicht aus Wasser und Geist geboren wird, kann er nicht ins Reich Gottes hineinkommen. ⁶ Natürliches Leben bringt natürliches Leben hervor; geistliches Leben wird aus dem Geist geboren. ⁷ Darum sei nicht erstaunt, wenn ich dir sage: Ihr müsst von neuem geboren werden. ⁸ Der Wind weht, wo er will. Du hörst zwar sein Rauschen, aber woher er kommt und wohin er geht, weißt du nicht. So ist es bei jedem, der aus dem Geist geboren ist'" (Joh 3,3-8).

📖 *Siehe auch Mt 7,21-23.*

✝ Ein Gleichnis über wahre Nächstenliebe

„³⁰ Da erwiderte Jesus [einem Schriftgelehrten, der Jesus auf die Probe stellen wollte) und sprach: Es ging ein Mensch von Jerusalem nach Jericho hinab und fiel unter die Räuber; die zogen ihn aus und schlugen ihn und liefen davon und ließen ihn halbtot liegen, so wie er war. ³¹ Es traf sich aber, daß ein Priester dieselbe Straße hinabzog; und als er ihn sah, ging er auf der anderen Seite vorüber. [32] Ebenso kam auch ein Levit, der in der Gegend war, sah ihn und ging auf der anderen Seite vorüber. [33] Ein Samariter [Bewohner der Provinz Samaria, die von den Juden verachtet wurden] aber kam auf seiner Reise in seine Nähe, und als er ihn sah, hatte er Erbarmen; [34] und er ging zu ihm hin, verband ihm die Wunden und goß Öl und Wein darauf, hob ihn auf sein eigenes Tier, führte ihn in eine Herberge und pflegte ihn. [35] Und am anderen Tag, als er fortzog, gab er dem Wirt zwei Denare und sprach zu ihm: Verpflege ihn! Und was du mehr aufwendest, will ich dir bezahlen, wenn ich wiederkomme.

[36] Welcher von diesen Dreien ist deiner Meinung nach nun der Nächste dessen gewesen, der unter die Räuber gefallen ist? [37] Er [Der Schriftgelehrte] sprach: Der, welcher die Barmherzigkeit an ihm geübt hat! Da sprach Jesus zu ihm: So geh du hin und handle ebenso! (Lk 10,30-35 SCHL).

📖 *Vergleiche auch Mt 5,44-48.*

† Ein Gleichnis über Hochmut und Demut vor Gott

„[9] Jesus wandte sich nun an einige, die in falschem Selbstvertrauen meinten, in Gottes Augen gerecht zu sein, und die deshalb für die anderen nur Verachtung übrig hatten. Er erzählte ihnen folgendes Beispiel: [10] ›Zwei Männer gingen zum Tempel hinauf, um zu beten; der eine war ein Pharisäer und der andere ein Zolleinnehmer. [11] Der Pharisäer stellte sich selbstbewusst hin und betete: ›Ich danke dir, Gott, dass ich nicht so bin wie die übrigen Menschen – ich bin kein Räuber, kein Betrüger und kein Ehebrecher, und ich bin auch nicht wie jener Zolleinnehmer dort. [12] Ich faste zwei Tage in der Woche und gebe den Zehnten von allen meinen Einkünften.‹ [13] Der Zolleinnehmer dagegen blieb in weitem Abstand stehen und wagte nicht einmal, aufzublicken. Er schlug sich an die Brust und sagte: ›Gott, vergib mir sündigem Menschen meine Schuld!‹ [14] Ich sage euch: Der Zolleinnehmer war in Gottes Augen gerechtfertigt, als er nach Hause ging, der Pharisäer jedoch nicht. Denn jeder, der sich selbst erhöht, wird erniedrigt werden; aber wer sich selbst erniedrigt, wird erhöht werden" (Lk 18,9-14).

📖 *Weitere Gleichnisse Jesu zum Nachlesen: Lk 7,41-43; Lk 18,9-14; Mt 7, 24-27; Mt 13,45-46; Mt 5, 14-15; Mt 18,23-35 Lk 11,21-26.*

📖 *Einige Gleichnisse über das Königreich Gottes finden Sie in Kapitel 26.*

JESUS OFFENBARTE, WAS VOR GOTT WIRKLICH ZÄHLT

† Ein ungeteiltes Herz für Gott

„24 Ein Mensch kann nicht zwei Herren dienen. Er wird dem einen ergeben sein und den anderen abweisen. Für den einen wird er sich ganz einsetzen, und den anderen wird er verachten. Ihr könnt nicht Gott dienen und zugleich dem Mammon [irdischen Reichtum]" (Mt 6,24).

„19 Sammelt euch keine Reichtümer hier auf der Erde, wo Motten und Rost sie zerfressen und wo Diebe einbrechen und sie stehlen. 20 Sammelt euch stattdessen Reichtümer im Himmel, wo weder Motten noch Rost sie zerfressen und wo auch keine Diebe einbrechen und sie stehlen. 21 Denn wo dein Reichtum ist, da wird auch dein Herz sein" (Mt 6,19-21).

† Wahrhaftige Liebe

„27 Aber euch, die ihr mir zuhört, sage ich: Liebt eure Feinde; tut denen Gutes, die euch hassen; 28 segnet die, die euch verfluchen; betet für die, die euch Böses tun. 29 Schlägt dich jemand auf die eine Backe, dann halt ihm auch die andere hin, und nimmt dir jemand den Mantel, dann lass ihm auch das Hemd. 30 Gib jedem, der dich bittet, und wenn dir jemand etwas nimmt, dann fordere es nicht zurück. 31 Handelt allen Menschen gegenüber so, wie ihr es von ihnen euch gegenüber erwartet" (Lk 6,27-31).

„28 Einer der Schriftgelehrten [...] fragte ihn [Jesus]: ,Welches ist das wichtigste von allen Geboten?' 29 Jesus antwortete: ,Das wichtigste Gebot ist: ,Höre, Israel, der Herr, unser Gott, ist der alleinige Herr. 30 Du sollst den Herrn, deinen Gott, lieben von ganzem Herzen, mit ganzer Hingabe, mit deinem ganzen Verstand und mit aller deiner Kraft!' 31 An zweiter Stelle steht das Gebot: ,Liebe deine Mitmenschen wie dich selbst!' Kein Gebot ist wichtiger als diese beiden" (Mk 12,28-31).

📖 *Siehe auch Mt 22,36-40.*

† Gottesfurcht statt Menschenfurcht

„²⁶ Fürchtet euch also nicht vor den Menschen! Denn nichts, was verborgen ist, bleibt verborgen; alles wird offenbart werden. Und nichts, was geheim ist, bleibt geheim; alles wird bekannt gemacht werden. ²⁷ [...] ²⁸ Fürchtet euch nicht vor denen, die den Leib töten können – die Seele können sie nicht töten. Fürchtet vielmehr den, der Leib und Seele dem Verderben in der Hölle preisgeben kann. ²⁹ Denkt doch einmal an die Spatzen! Zwei von ihnen kosten nicht mehr als einen Groschen, und doch fällt kein einziger Spatz auf die Erde, ohne dass euer Vater es zulässt. ³⁰ Und bei euch sind sogar die Haare auf dem Kopf alle gezählt. ³¹ Seid darum ohne Furcht! Ihr seid mehr wert als eine noch so große Menge Spatzen" (Mt 10,26.28-31).

† Ungeheucheltes Beten

„⁵ ‚Und wenn ihr betet, macht es nicht wie die Heuchler, die sich zum Gebet gern in die Synagogen und an die Straßenecken stellen, um von den Leuten gesehen zu werden. Ich sage euch: Sie haben ihren Lohn damit schon erhalten. ⁶ Wenn **du** beten willst, geh in dein Zimmer, schließ die Tür, und dann bete zu deinem Vater, der auch im Verborgenen gegenwärtig ist; und dein Vater, der ins Verborgene sieht, wird dich belohnen.

⁷ Beim Beten sollt ihr nicht leere Worte aneinander reihen wie die Heiden, die Gott nicht kennen. Sie meinen, sie werden erhört, wenn sie viele Worte machen. ⁸ Macht es nicht wie sie, denn euer Vater weiß, was ihr braucht, und zwar schon bevor ihr ihn darum bittet.

⁹ *Ihr* sollt so beten:

Unser Vater im Himmel!
  Dein Name werde geheiligt,
  ¹⁰ dein Reich komme,
    dein Wille geschehe auf der Erde, wie er im Himmel geschieht.
  ¹¹ Gib uns heute unser tägliches Brot.

¹² Und vergib uns unsere Schuld,
wie auch wir denen vergeben haben, die an uns schuldig wurden.
¹³ Und lass uns nicht in Versuchung geraten,
sondern errette uns vor dem Bösen" (Mt 6,5-13).

📖 *Kapitel 41 und 42 beschäftigen sich mit dem unterschiedlichen biblischen und islamischen Gebetsverständnis.*

✝ Innere und nicht äußere Reinheit

„¹⁴ Dann rief Jesus die Menge wieder zu sich und sagte: ‚Hört mir alle zu, damit ihr versteht, was ich sage! ¹⁵ Nichts, was von außen kommt, kann den Menschen in Gottes Augen unrein machen. Unrein macht ihn vielmehr das, was aus ihm selber kommt.' ¹⁷ Als Jesus sich von der Menge zurückgezogen hatte und ins Haus gegangen war, fragten ihn seine Jünger nach dem Sinn dieses Ausspruchs. ¹⁸ ‚Dann habt ihr also auch nichts begriffen?', erwiderte er. ‚Versteht ihr denn nicht, dass nichts, was von außen in den Menschen hineingelangt, ihn unrein machen kann? ¹⁹ Es gelangt ja nicht in sein Herz, sondern in den Magen und wird dann wieder ausgeschieden.' Damit erklärte Jesus auch, dass alle Speisen vor Gott rein sind. ²⁰ ‚Was aus dem Menschen herauskommt, das macht ihn unrein', fuhr er fort. ²¹ ‚Denn von innen, aus dem Herzen des Menschen, kommen Gedanken, die böse sind – Unzucht, Diebstahl, Mord, ²² Ehebruch, Habgier, Bosheit, Hinterlist, Zügellosigkeit, Missgunst, Verleumdung, Überheblichkeit und Unvernunft. ²³ All dieses Böse kommt von innen heraus und macht den Menschen in Gottes Augen unrein'" (Mk 7,14-23).

📖 *Siehe auch Mt 11,18-20.*

✝ Treue in der Ehe

„²⁷ ‚Ihr wisst, dass es heißt: ›Du sollst nicht die Ehe brechen!‹ ²⁸ Ich aber sage euch: Jeder, der eine Frau mit begehrlichem Blick ansieht, hat damit in seinem Herzen schon Ehebruch mit ihr begangen. ²⁹⁻²⁰ [...] ³¹ Es heißt: ›Wer sich von seiner Frau scheiden will, muss ihr eine Scheidungsurkunde aushändigen.‹ ³² Ich aber sage euch: Jeder, der sich von seiner Frau scheidet –

es sei denn, dass sie ihm untreu geworden ist – treibt sie in den Ehebruch; und wer eine geschiedene Frau heiratet, begeht ebenfalls Ehebruch'" (Mt 5,27.31-32).

Siehe auch Mt 19,3-9.

† Gottvertrauen anstatt sich zu sorgen

„²⁷ Wer von euch kann dadurch, dass er sich Sorgen macht, sein Leben auch nur um eine einzige Stunde verlängern? ²⁸ Und warum macht ihr euch Sorgen um eure Kleidung? Seht euch die Lilien auf dem Feld an und lernt von ihnen! Sie wachsen, ohne sich abzumühen und ohne zu spinnen und zu weben. ²⁹ Und doch sage ich euch: Sogar Salomo in all seiner Pracht war nicht so schön gekleidet wie eine von ihnen. ³⁰ Wenn Gott die Feldblumen, die heute blühen und morgen ins Feuer geworfen werden, so herrlich kleidet, wird er sich dann nicht erst recht um euch kümmern, ihr Kleingläubigen? ³¹ Macht euch also keine Sorgen! Fragt nicht: Was sollen wir essen? Was sollen wir trinken? Was sollen wir anziehen? ³² Denn um diese Dinge geht es den Heiden, die Gott nicht kennen. Euer Vater im Himmel aber weiß, dass ihr das alles braucht. ³³ Es soll euch zuerst um Gottes Reich und Gottes Gerechtigkeit gehen, dann wird euch das Übrige alles dazugegeben. ³⁴ Macht euch keine Sorgen um den nächsten Tag! Der nächste Tag wird für sich selbst sorgen. Es genügt, dass jeder Tag seine eigene Last mit sich bringt" (Mt 6,27-34).

† Herzensdemut statt Selbsterhöhung

[Jesus sagte:] „⁵ ‚Und alles, was sie [die Schriftgelehrten und Pharisäer] tun, tun sie nur, um die Leute zu beeindrucken: Sie machen ihre Gebetsriemen besonders breit und die Quasten ihrer Gewänder besonders lang. ⁶ Bei Festessen nehmen sie die Ehrenplätze für sich in Anspruch und in den Synagogen die vordersten Sitze. ⁷ Sie haben es gern, wenn man sie auf der Straße ehrfurchtsvoll grüßt und wenn die Leute sie mit ›Rabbi‹ anreden. ⁸ Ihr aber sollt euch nicht ›Rabbi‹ nennen lassen, denn nur einer ist euer Meister, und ihr alle seid Brüder. ⁹ Auch sollt ihr niemand hier auf der Erde ›Vater‹ nennen, denn nur einer ist euer Vater, der Vater im Himmel. ¹⁰ Ihr sollt euch auch nicht ›Lehrer‹ nennen lassen, denn nur einer ist euer Lehrer: Christus. [11] Der Größte unter euch soll euer Diener sein. [12] Denn wer sich selbst erhöht, wird erniedrigt werden, und wer sich selbst erniedrigt, wird erhöht werden'" (Mt 23,5-12).

„[42] Da rief Jesus sie alle zusammen und sagte: ,Ihr wisst, dass die, die als Herrscher über die Völker betrachtet werden, sich als ihre Herren aufführen und dass die Völker die Macht der Großen zu spüren bekommen. [43] Bei euch ist es nicht so. Im Gegenteil: Wer unter euch groß werden will, soll den anderen dienen; [44] wer unter euch der Erste sein will, soll zum Dienst an allen bereit sein. [45] Denn auch der Menschensohn ist nicht gekommen, um sich dienen zu lassen, sondern um zu dienen und sein Leben als Lösegeld für viele hinzugeben'" (Mk 10,42-45).

† Ein Fasten, das sich nicht zur Schau stellt

„,[16] Wenn ihr fastet, setzt keine Leidensmiene auf wie die Heuchler. Sie vernachlässigen ihr Aussehen, damit die Leute ihnen ansehen, dass sie fasten. Ich sage euch: Sie haben ihren Lohn damit schon erhalten. [17] Wenn du fastest, pflege dein Haar und wasche dir das Gesicht wie sonst auch, [18] damit die Leute dir nicht ansehen, dass du fastest; nur dein Vater, der auch im Verborgenen gegenwärtig ist, soll es wissen. Dann wird dein Vater, der ins Verborgene sieht, dich belohnen'" (Mt 6,16-18).

† Beistand für Bedürftige im Verborgenen

„[2] ,Wenn du zum Beispiel den Armen etwas gibst, lass es nicht vor dir her mit Posaunen ankündigen, wie es die Heuchler in den Synagogen und auf den Gassen tun, um von den Leuten geehrt zu werden. Ich sage euch: Sie haben ihren Lohn damit schon erhalten. [3] Wenn du den Armen etwas gibst, soll deine linke Hand nicht wissen, was die rechte tut. [4] Was du gibst, soll verborgen bleiben. Dann wird dein Vater, der ins Verborgene sieht, dich belohnen'" (Mt 6,2-4).

† Selbstlose Nachfolge

„24 Dann sagte Jesus zu seinen Jüngern: ,Wenn jemand mein Jünger sein will, muss er sich selbst verleugnen, sein Kreuz auf sich nehmen und mir nachfolgen. 25 Denn wer sein Leben retten will, wird es verlieren; wer aber sein Leben um meinetwillen verliert, wird es finden. 26 Was nützt es einem Menschen, die ganze Welt zu gewinnen, wenn er selbst dabei unheilbar Schaden nimmt? Oder was kann ein Mensch als Gegenwert für sein Leben geben?'" (Mt 16,24-26).

📖 *Siehe auch Mt 10,38; Mk 8,34; Lk 9,23; Lk 14,27; Joh 12,26.*

17. WAS DER QUR'ĀN ÜBER AL-MASĪH 'ĪSĀ BEZEUGT

Der Qur'ān gibt al-Masīh 'Īsā, dem Sohn Maryams, einen hohen Stellenwert als Prophet mit einem göttlichen Auftrag. Laut Überlieferung soll Muhammad gesagt haben, dass er dem Sohn der Maria am nächsten stünde, sowohl im Diesseits als auch im Jenseits. Als Propheten seien sie „Brüder auf Grund ihres (göttlichen) Auftrags", zwar mit verschiedenen Müttern, aber mit demselben Glauben (vgl. Sahīh al-Buchārī, Kapitel 54/Hadithnr. 3442 und 3443).

WER IST 'ĪSĀ AL-MASĪH?

☾ 'Īsā ist ein Diener Allāh, nicht sein Sohn oder Partner

„[72] Fürwahr, ungläubig sind diejenigen, die sagen: ‚Gewiß, Allah ist al-Masīh, der Sohn Maryams', wo doch al-Masīh (selbst) gesagt hat: "‚O Kinder Isrā'īls, dient Allah, meinem Herrn und eurem Herrn!' Wer Allah (etwas) beigesellt, dem verbietet fürwahr Allah das Paradies, und dessen Zufluchtsort wird das (Höllen)feuer sein. [73-74] [...] [75] Al-Masīh, der Sohn Maryams, war doch nur ein Gesandter, vor dem bereits Gesandte vorübergegangen waren. Und seine Mutter war sehr wahrheitsliebend; sie (beide) pflegten Speise zu essen. Schau, wie Wir ihnen die Zeichen klar machen, und schau, wie sie sich abwendig machen lassen!" (al-Maida 5,72.75).

☾ Er ist das Wort der Wahrheit

„[34] Das ist 'Īsā, der Sohn Maryams: (Es ist) das Wort der Wahrheit, woran sie zweifeln" (Maryam 19,34).

☪ ʿĪsā ist Allahs Gesandter, Sein Wort und Geist von Ihm

„[171] O Leute der Schrift, [...] al-Masīḥ ʿĪsā, der Sohn Maryams, ist nur Allahs Gesandter und Sein Wort, das Er Maryam entbot, und Geist von Ihm" (an-Nisa 4,171).

📖 *Siehe auch Sure 61,6.*

☪ ʿĪsā al-Masīḥ ist ein Zeichen Allahs für die Menschen

„[20] Sie [Maryam] sagte: ‚Wie soll mir ein Junge gegeben werden, wo mich doch kein menschliches Wesen berührt hat und ich keine Hure bin.‘ [21] Er [der Engel] sagte: ‚So wird es sein. Dein Herr sagt: ›Das ist Mir ein leichtes, und damit Wir ihn zu einem Zeichen für die Menschen und zu einer Barmherzigkeit von Uns machen‹. Und es ist eine beschlossene Angelegenheit'" (Maryam 19,20-21).

„[91] [...] Da hauchten Wir ihr [Maryam] von Unserem Geist ein und machten sie und ihren Sohn zu einem Zeichen für die Weltenbewohner" (al-Anbiya 21,91).

☪ Er war ein lauterer Sohn

„[19] Er [der Engel] sagte: „Ich bin nur der Gesandte deines Herrn, um dir [Maryam] einen lauteren [arabisch *zakiyyan* bedeutet „rein"] Jungen zu schenken" (Maryam 19,19).

Laut Überlieferung wird die Sündlosigkeit von ʿĪsā auch folgendermaßen durch Muḥammad bestätigt:

„Abu Huraira, Allahs Wohlgefallen auf ihm, berichtete, dass er den Gesandten Allahs, Allahs Segen und Heil auf ihm, folgendes sagen hörte: ‚Es gibt unter den Menschen keinen Neugeborenen, der nicht bei seiner Geburt von Satan berührt wird, und er auf Grund der Berührung durch Satan zu schreien beginnt. Nur Maryam (Maria) und ihr Sohn (Jesus) sind die Ausnahme davon'" (Sahīh al-Buchārī, Kapitel 54/Hadithnr. 3431).

ALLĀH SELBST BESTÄTIGTE UND LEHRTE ʿĪSĀ

☾ ʿĪsā wurde von Allāh selbst gelehrt

„¹¹⁰ Wenn Allah sagt: „O ʿĪsā, Sohn Maryams, gedenke Meiner Gunst an dir [...] als Ich dich die Schrift, die Weisheit, die Thora und das Evangelium lehrte" (al-Maida 5,110).

Siehe auch Sure 3,48.

☾ Allāh bestätigte ʿĪsā durch das Herabsenden von Speisen

„¹¹² Als die Jünger sagten: ‚O ʿĪsā, Sohn Maryams, kann dein Herr zu uns einen Tisch (mit Speisen) vom Himmel herabsenden?" Er sagte: „Fürchtet Allah, wenn ihr gläubig seid!' ¹¹³ Sie sagten: ‚Wir wollen von ihm essen und, daß unsere Herzen Ruhe finden, und, daß wir wissen, daß du zu uns tatsächlich die Wahrheit gesprochen hast und, daß wir zu denen gehören, die darüber Zeugnis ablegen (können).' ¹¹⁴ Īsā, der Sohn Maryams, sagte: ‚O Allah, unser Herr, sende zu uns einen Tisch (mit Speisen) vom Himmel herab, der für uns, für den ersten von uns und den letzten von uns, ein Fest sein soll und ein Zeichen von Dir. Und versorge uns. Du bist ja der beste Versorger.' ¹¹⁵ Allah sagte: ‚Ich werde ihn gewiß zu euch hinabsenden. Wer von euch aber danach ungläubig ist, den werde Ich mit einer Strafe strafen, mit der Ich (sonst) niemanden (anderen) der Weltenbewohner strafe'" (al-Maida 5,112-115).

☾ Allāh stärkte ihn mit dem Heiligen Geist

„²⁵³ Dies sind die Gesandten; einige von ihnen haben Wir vor anderen bevorzugt. Unter ihnen gibt es manche, zu denen Allah gesprochen hat, und einige, die Er um Rangstufen erhöht hat. Und ʿĪsā, dem Sohn Maryams, gaben Wir die klaren Beweise und stärkten ihn mit dem Heiligen Geist (al-Baqara 2,253)

„⁸⁷ [...] Und Wir gaben ʿĪsā, dem Sohn Maryams, die klaren Beweise und stärkten ihn mit dem Heiligen Geist" (al-Baqara 2,87).

DAS LEBEN VON AL-MASĪH ĪSĀ

☾ Seine Mutter Maryam war eine Jungfrau

„[45] Als die Engel sagten: ‚O Maryam, Allah verkündet dir ein Wort von Ihm, dessen Name al-Masīh 'Īsā, der Sohn Maryams ist, angesehen im Diesseits und Jenseits und einer der (Allah) Nahegestellten. [46] [...] [47] Sie sagte: ‚Mein Herr, wie sollte ich ein Kind haben, wo mich (doch) kein menschliches Wesen berührt hat?' Er (, der Engel,) sagte: ‚So (wird es sein); Allah erschafft, was Er will. Wenn Er eine Angelegenheit bestimmt, so sagt Er zu ihr nur: ‚Sei!' und so ist sie'" (Al-i-IImran 3,45.47).

☾ Er bewirkte Zeichen und Wunder

Er ließ Lehmvögel fliegen, heilte Kranke und machte Tote lebendig

„[49] Und (Er wird ihn schicken) als einen Gesandten zu den Kindern Isrā'īls (, zu denen er sagen wird): ‚Gewiß, ich bin ja mit einem Zeichen von eurem Herrn zu euch gekommen: daß ich euch aus Lehm (etwas) schaffe, (was so aussieht) wie die Gestalt eines Vogels, und dann werde ich ihm einhauchen, und da wird es ein (wirklicher) Vogel sein. Und ich werde mit Allahs Erlaubnis den Blindgeborenen und den Weißgefleckten [Leprakranke] heilen und werde Tote mit Allahs Erlaubnis wieder lebendig machen. Und ich werde euch kundtun, was ihr eßt und was ihr in euren Häusern aufspeichert. Darin ist wahrlich ein Zeichen für euch, wenn ihr gläubig seid'" (Al-i-IImran 3,49).

Er sprach schon in der Wiege

„[110] Wenn Allah sagt: ‚O 'Īsā, Sohn Maryams, gedenke Meiner Gunst an dir und an deiner Mutter, als Ich dich mit dem Heiligen Geist stärkte, so daß du in der Wiege zu den Menschen sprachst'" (al-Maida 5,110).

📖 *Siehe auch Sure 5,16.*

☾ Er wurde weder gekreuzigt noch getötet

„⁵⁵ Als Allah sagte: ,O 'Īsā, Ich werde dich (nunmehr) abberufen und dich zu mir emporheben und dich von denen, die ungläubig sind, reinigen und diejenigen, die dir folgen, bis zum Tag der Auferstehung über diejenigen stellen, die ungläubig sind. [...]‟ (Al-i-IImran 3,55).

„¹⁵⁷ Sie sagten: ,Gewiß, wir haben al-Masīh 'Īsā, den Sohn Maryams, den Gesandten Allahs getötet.‛ – Aber sie haben ihn weder getötet noch gekreuzigt, sondern es erschien ihnen so. Und diejenigen, die sich darüber uneinig sind, befinden sich wahrlich im Zweifel darüber. Sie haben kein Wissen darüber, außer daß sie Mutmaßungen folgen. Und sie haben ihn mit Gewißheit nicht getötet. ¹⁵⁸ Nein! Vielmehr hat Allah ihn zu Sich erhoben. Allah ist Allmächtig und Allweise‟ (an-Nisa 4,157-158).

DER AUFTRAG VON AL-MASĪH 'ĪSĀ

☾ 'Īsā kam um die Thora zu bestätigen

„⁵⁰ Und [Allah wird 'Īsā schicken] das zu bestätigen, was von der Thora vor mir (offenbart) war, und um euch einiges von dem zu erlauben, was euch verboten war. Und ich bin mit einem Zeichen von eurem Herrn zu euch gekommen; so fürchtet Allah und gehorcht mir!‟ (Al-i-IImran 3,50).

☾ Er brachte den Menschen das Evangelium

„²⁷ Hierauf ließen Wir auf ihren Spuren Unsere Gesandten folgen; und Wir ließen 'Īsā, den Sohn Maryams, folgen und gaben ihm das Evangelium. Und Wir setzten in die Herzen derjenigen, die ihm folgten, Mitleid und Barmherzigkeit, und (auch) Mönchtum, das sie erfanden – Wir haben es ihnen nicht vorgeschrieben –, (dies) nur im Trachten nach Allahs Wohlgefallen‟ (al-Hadid 57,27).

📖 *Weiter für das Thema relevante āyāt: Suren 3,30-33; 4,171-172; 5,46; 6,8; 19,16-34; 23,50; 33,7; 39,4; 42,13; 43,63-64; 57,27; 61,14.*

18. MUḤAMMAD, EIN PROPHET UND DIENER ALLĀHS

Der Qur'ān enthält keine biografischen Angaben über Muḥammad wie die Bibel über Jesus. Die Prophetenbiografie Muḥammads (die sog. *Sira*), ursprünglich um 703-768 von Ibn Isḥāq verfasst, ging verloren. Erhalten blieb aber eine von Ibn Hischām (gest. ca. 829) revidierte Fassung der Biografie. Diese dient als wichtige historische Quelle für das Leben Muḥammads.

WER IST MUḤAMMAD?

☾ Ein Gesandter Allāhs und der „Siegel der Propheten"

„[158] Sag: O ihr Menschen, ich bin der Gesandte Allahs an euch alle, Dem die Herrschaft der Himmel und der Erde gehört. Es gibt keinen Gott außer Ihm. Er macht lebendig und läßt sterben. So glaubt an Allah und Seinen Gesandten, den schriftunkundigen Propheten der an Allah und Seine Worte glaubt, und folgt ihm, auf daß ihr rechtgeleitet sein möget!" (al-Araf 7,158).

„[144] Und Muḥammad ist doch nur ein Gesandter, vor dem schon Gesandte vorübergegangen sind [...]" (Al-i-IImran 3,144).

„[40] Muḥammad ist nicht der Vater irgend jemandes von euren Männern, sondern Allahs Gesandter und das Siegel der Propheten. Und Allah weiß über alles Bescheid" (al-Ahzab 33,40).

📖 *Siehe auch Suren 3,81.144; 33,40; 36,2-4; 48,29.*

☾ Der Überbringer des Qur'ān

„⁹¹ [...] Und mir [Muḥammad] ist befohlen worden, einer der (Ihm) Ergebenen zu sein ⁹² und den Qur'ān zu verlesen" (an-Naml 27,91-92).

„¹⁵ O Leute der Schrift, Unser Gesandter ist nunmehr zu euch gekommen, um euch vieles von dem klarzumachen, was ihr von der Schrift verborgengehalten habt, und er verzeiht vieles. Gekommen ist, nunmehr zu euch von Allah ein Licht und ein deutliches Buch" (al-Maida 5,15).

„Allah hat den Gläubigen wirklich eine Wohltat erwiesen, als Er unter ihnen einen Gesandten von ihnen selbst geschickt hat, der ihnen Seine Zeichen verliest, und sie läutert und sie das Buch und die Weisheit lehrt, obgleich sie sich zuvor wahrlich in deutlichem Irrtum befanden" (3,164).

📖 *Siehe auch Suren 4,105; 53,2-12.*

☾ Der Vermittler der Religion der Wahrheit

„⁹ Er ist es, Der Seinen Gesandten mit der Rechtleitung und der Religion der Wahrheit gesandt hat, um ihr die Oberhand über alle Religion zu geben, auch wenn es den Götzendienern zuwider ist" (as-Saff 61,9).

☾ Ein Warner und „Frohbote"

„⁴⁵ O Prophet, Wir haben dich gesandt als Zeugen, als Verkünder froher Botschaft und als Warner" (al-Ahzab 33,45).

„²⁸ Und Wir haben dich für die Menschen allesamt nur als Frohboten und Warner gesandt. Aber die meisten Menschen wissen nicht" (Saba 34,28).

„⁵ (Er [der Qur'ān] ist) die Offenbarung des Allmächtigen und Barmherzigen, ⁶ damit du ein Volk warnst, dessen Väter nicht gewarnt wurden, so daß sie (gegenüber allem) unachtsam sind" (Ya-Sin 36,5-6).

📖 *Weitere themenbezogene Stellen: Suren 2,119; 3,144; 3,153; 3,179; 4,150-151; 4,170-171; 5,55-56; 5,67; 6,19; 6,130; 7,157; 7,63-69; 7,182-184; 7,188; 20,51-52; 9,127-129; 13,7; 14,4; 21,106-108; 25,41-42; 29,45-51; 32,3; 38,4.70; 33,45-47; 34,43-46; 35,23-*

24; 46,7-9; 47,19; 48,8-9; 50,1-3; 51,48-50; 53,56-62; 54,1-8; 59,6-7; 62,2; 69,41; 72,23.

☾ Ein Vorbild für die Gläubigen

„²¹ Ihr habt ja im Gesandten Allahs ein schönes Vorbild, (und zwar) für einen jeden, der auf Allah und den Jüngsten Tag hofft und Allahs viel gedenkt" (al-Ahzab 33,21).

☾ Ein Ansporner zum Kampf gegen Ungläubige

„⁶⁵ O Prophet, sporne die Gläubigen zum Kampf an! Wenn es unter euch zwanzig Standhafte gibt, werden sie zweihundert besiegen. Und wenn es unter euch hundert gibt, werden sie Tausend von denen, die ungläubig sind, besiegen, weil sie Leute sind, die nicht verstehen" (al-Anfal 8,65).

📖 *Weitere āyāt mit Bezug auf den Kampf gegen Ungläubige: Suren 9,3.29.86-89; 3,146-147.169-174; 8,12-14; 9,33.73.97-98; 26,216-120.*

📖 *„Die Ausbreitung der Herrschaft Allahs" in Kap. 27 befasst sich ausführlicher mit diesem Thema.*

☾ Der „schriftunkundige" Prophet

„² Er [Allah] ist es, Der unter den Schriftunkundigen [arab. *ʾl-umiyīna*] einen Gesandten von ihnen hat erstehen lassen, der ihnen Seine Zeichen verliest, sie läutert und sie das Buch und die Weisheit lehrt, obgleich sie sich ja zuvor in deutlichem Irrtum befanden –" (al-Gumua 62,2).

Eine Fußnote der englischen Übertragung des Qurʾān von Yusuf Ali weist darauf hin, dass das Wort „schriftunkundig" sich in der Zeit Muḥammads auf die Araber bezog. Sie hatten, im Gegensatz zu den „Leuten der Schrift" (den Juden und Christen), noch keine eigene Schrift bzw. Offenbarung Gottes erhalten. hatten.

📖 *Siehe auch Suren 3,20; 7,157.*

141

☾ Ein umstrittener und angezweifelter Prophet

„⁴ Diejenigen, die ungläubig sind, sagen: ,Das ist nur eine ungeheuerliche Lüge, die er ersonnen hat und bei der andere Leute ihm geholfen haben.' Sie begehen da ja Ungerechtigkeit und Falschaussage. ⁵ Und sie sagen: ,(Es sind) Fabeln der Früheren, die er sich aufgeschrieben hat. So werden sie ihm morgens und abends vorgesagt.' ⁶ Sag: Herabgesandt hat ihn Derjenige, Der das Geheime in den Himmeln und auf der Erde kennt. Gewiß, Er ist Allvergebend und Barmherzig. ⁷ Und sie sagen: ,Was ist mit diesem Gesandten, daß er Speise ißt und auf den Märkten umhergeht? O würde doch zu ihm ein Engel herabgesandt, um mit ihm ein Warner zu sein! ⁸ Oder würde doch zu ihm ein Schatz herabgeworfen, oder hätte er doch einen Garten, von dem er essen könnte!' Und die Ungerechten sagen: ,Ihr folgt ja nur einem Mann, der einem Zauber verfallen ist'" (al-Furqan 25,4-8).

„²² Und euer Gefährte ist kein Besessener. ²³ Er hat ihn ja am deutlichen Gesichtskreis gesehen, ²⁴ und er hält nicht aus Geiz das Verborgene zurück. ²⁵ Und es sind nicht die Worte eines gesteinigten Satans" (at-Takwir 81,22-25).

„¹⁰³ Und Wir wissen sehr wohl, daß sie sagen: ,Es lehrt ihn nur ein menschliches Wesen.' Die Sprache dessen, auf den sie hinweisen, ist eine fremde, während dies hier deutliche arabische Sprache ist. ¹⁰⁴ Diejenigen, die nicht an Allahs Zeichen glauben, leitet Allah nicht recht, und für sie wird es schmerzhafte Strafe geben. ¹⁰⁵ Lügen ersinnen ja nur diejenigen, die nicht an Allahs Zeichen glauben. Das sind die (wahren) Lügner" (an-Nahl 16,103-105).

📖 *Weitere themenbezogene āyāt: Suren 3,181; 6,37-38; 9,58-59; 10,37-39; 11,12-13; 15,6-9; 16,24-25; 16,43-44; 17,90-93; 20,133; 21,5-8; 23,68-70; 24,62-63; 25,29-34; 28,47-49; 30,58-59; 33,1-3; 44,13-14; 58,20-21; 59,6; 63,5; 64,5-8; 68,1-6; 69,40-43; 72,25-28; 81,19-25; 98,1-3.*

☾ Ein Prophet, der nicht sündlos war

„¹ Gewiß, Wir haben dir einen deutlichen Sieg verliehen, ² damit dir Allah das von deinen Sünden [arab. *dhanbika*] vergebe, was vorher war und was später sein wird, und damit Er Seine Gunst an dir vollende und dich einen geraden Weg leite [3] und (damit) Allah dir helfe mit mächtiger Hilfe" (al-Fath 48,1-3).

„[19] Wisse also, daß es keinen Gott außer Allah gibt. Und bitte um Vergebung für deine Sünde [arab. *lidhanbika*] und für die gläubigen Männer und die gläubigen Frauen. Allah kennt euren Wandel und euren Aufenthalt" (Muhammad 47,19).

Laut der Überlieferung von Sahīh al-Buchārī wurde Muḥammad einmal gefragt, warum er zwischen dem Eröffnen des Gebets mit den Worten „*Allāhu akbar*" und der darauffolgenden Rezitation des Gebets eine Schweigepause einlegen würde. Er antwortete, dass er in dieser Zeit folgendes Gebet für sich beten würde:

„O Allah, mache zwischen mir und meinen Sünden eine Entfernung wie solche, die Du zwischen dem Osten und dem Westen gemacht hast o Allah, mache mich von allen Sünden frei, wie ein weißes Kleid von dem Schmutz gereinigt wird o Allah, wasche meine Sünden ab mit Wasser, Schnee und Hagel" (Sahih al-Buchari, Kapitel 10/Hadithnr. 744).

📖 *Vergleiche auch Suren 4,106; 9,117; 40,55; 110,1-3.*

MUḤAMMADS SONDERSTELLUNG

☾ Als Gesandter Allāhs musste ihm gehorcht werden

„[13] Dies sind Allahs Grenzen. Wer nun Allah und Seinem Gesandten gehorcht, den wird Er in Gärten eingehen lassen, durcheilt von Bächen, ewig darin zu bleiben; und das ist ein großartiger Erfolg" (an-Nisa 4,13).

„[32] Sag: Wenn ihr Allah liebt, dann folgt mir. So liebt euch Allah und vergibt euch eure Sünden. Allah ist Allvergebend und Barmherzig. Sag: Gehorcht Allah und dem Gesandten. Doch wenn sie sich abkehren, so liebt Allah die Ungläubigen nicht" (Al-Imran 3,31-32).

📖 *Weitere themabezogene Stellen: Suren 4,59; 4,69-70; 4,79-80; 4,115, 5,92; 8,20-22; 33,64-66 und 70-71; 64,8.11-12.*

☾ Der Prophet durfte nur mit Einschränkungen besucht werden

„⁵³ O die ihr glaubt, tretet nicht in die Häuser des Propheten ein – außer es wird euch erlaubt – zu(r Teilnahme an) einem Essen, ohne auf die rechte Zeit zu warten. Sondern wenn ihr (herein)gerufen werdet, dann tretet ein, und wenn ihr gegessen habt, dann geht auseinander, und (tut dies,) ohne euch mit geselliger Unterhaltung aufzuhalten. Solches fügt dem Propheten Leid zu, aber er schämt sich vor euch" (al-Ahzab 33,53).

☾ Für ein vertrauliches Gespräch sollte er ein Almosen erhalten

„¹² O die ihr glaubt, wenn ihr mit dem Gesandten vertraulich sprechen wollt, dann gebt schon vor eurem vertraulichen Gespräch ein Almosen. Das ist besser und reiner für euch. Wenn ihr jedoch nicht(s dafür) findet, gewiß, dann ist Allah Allvergebend und Barmherzig" (al-Mugadila 58,12).

☾ Niemand sollte mit erhobener Stimme zu ihm sprechen

„² O die ihr glaubt, erhebt nicht eure Stimmen über die Stimme des Propheten, und sprecht nicht so laut zu ihm, wie ihr laut zueinander sprecht, auf daß (nicht) eure Werke hinfällig werden, ohne daß ihr merkt. ³ Gewiß, diejenigen, die ihre Stimmen bei Allahs Gesandtem mäßigen, das sind diejenigen, deren Herzen Allah auf die Gottesfurcht geprüft hat. Für sie wird es Vergebung und großartigen Lohn geben" (al-Hugurat 49,2-3).

📖 *Weitere themenbezogene Stellen: Suren 33,21.30-33; 24,63; 59,6-7.*

☾ Er hatte Sonderrechte bei der Wahl und Anzahl von Ehefrauen

Die Zahl der Ehefrauen ist nach Sure 4,3 auf Maximal vier begrenzt. Muhammad war von dieser Einschränkung ausgeschlossen.

„⁵⁰ O Prophet, Wir haben dir (zu heiraten) erlaubt: deine Gattinnen, denen du ihren Lohn gegeben hast, das, was deine rechte Hand (an Sklavinnen) besitzt, von dem, was Allah dir als Beute zugeteilt hat, die Töchter deiner

Onkel väterlicherseits und die Töchter deiner Tanten väterlicherseits, die Töchter deiner Onkel mütterlicherseits und die Töchter deiner Tanten mütterlicherseits, die mit dir ausgewandert sind; auch eine (jede) gläubige Frau, wenn sie sich dem Propheten (ohne Gegenforderung) schenkt und falls der Prophet sie heiraten will: Dies ist dir vorbehalten unter Ausschluß der (übrigen) Gläubigen [...] 51 Du darfst zurückstellen, wen von ihnen du willst, und du darfst bei dir aufnehmen, wen du willst. Und wenn du doch eine von denjenigen begehrst, die du abgewiesen hast, dann ist das für dich keine Sünde" (al-Ahzab 33,50-51).

Während nach Vers 23 den Gläubigen u. a. die Ehe mit Nichten, Stieftöchtern, Schwestern und Ehefrauen von Söhnen verboten ist, hatte Muḥammad diesbezüglich Sonderrechte. Allah gab Muḥammad seine Schwiegertochter Zainab zur Ehefrau, wie aus folgenden Versen ersichtlich wird:

„37 Und als du [Muḥammad] zu demjenigen sagtest, dem Allah Gunst erwiesen hatte und dem auch du Gunst erwiesen hattest [gemeint ist Zaid, ein freigelassener Sklave Muḥammads, den er als Sohn adoptiert hatte]: ‚Behalte deine Gattin [Zainab] für dich und fürchte Allah', und in deinem Inneren verborgen hieltest [Muḥammad hielt seine eigene Liebe zu Zainab verborgen], was Allah doch offenlegen wird, und die Menschen fürchtetest, während Allah ein größeres Anrecht darauf hat, daß du Ihn fürchtest. Als dann Zaid keinen Wunsch mehr an ihr hatte [Zaid war zu Ohren gekommen, dass Muḥammad sich in Zainab verliebt hatte und ließ sich daraufhin von ihr scheiden] gaben Wir sie dir zur Gattin, damit für die Gläubigen kein Grund zur Bedrängnis bestehe hinsichtlich der Gattinnen ihrer angenommenen Söhne, wenn diese keinen Wunsch mehr an ihnen haben. Und Allahs Anordnung wird (stets) ausgeführt. 38 Es besteht für den Propheten kein Grund zur Bedrängnis in dem, was Allah für ihn verpflichtend gemacht hat" (al-Ahzab 33,37-40).

19. DER HEILIGE GEIST GOTTES

WER IST DER GEIST GOTTES?

Gottes Geist ist Bestandteil des dreieinigen und einzigen Gottes und kann nicht von Gott getrennt werden. Er ist für das menschliche Augen unsichtbar, doch die Auswirkungen seiner Gegenwart und Handlungen sind eindeutig erkennbar. Das hebräische Wort *rûaḥ* wie auch das vergleichbare griechische Wort *pneuma* tragen neben „Geist" auch die Bedeutung „Atem" und „Wind".

† Er ist der Geist der Weisheit und der Erkenntnis Gottes

„[2] Auf ihm [dem verheißenen Messias] wird ruhen der Geist des HERRN, der Geist der Weisheit und des Verstandes, der Geist des Rates und der Stärke, der Geist der Erkenntnis und der Furcht des HERRN" (Jes 11,2 LUT17).

† Er ist der Geist der Wahrheit

„[17] Er [Gott] wird euch den Geist der Wahrheit geben, den die Welt nicht bekommen kann, weil sie ihn nicht sieht und nicht kennt. Aber ihr kennt ihn, denn er bleibt bei euch und wird in euch sein" (Joh 14,17).

† Er ist der Geist der Weisheit und Offenbarung

„[17] Ich bete darum, dass Gott – der Gott unseres Herrn Jesus Christus, der Vater, dem alle Macht und Herrlichkeit gehört – euch den Geist der Weisheit und der Offenbarung gibt, damit ihr ihn immer besser kennen lernt" (Eph 1,17).

† Er ist der Geist von Christus

„⁹ Ihr jedoch steht [...] unter der Herrschaft des Geistes, da ja, wie ich voraussetze, **Gottes Geist** [griech. *pneuma theou*] in euch wohnt. Denn wenn jemand **diesen Geist, den Geist Christi** [griech. *pneuma Christou*], nicht hat, gehört er nicht zu Christus" (Röm 8,9: Hervorh. d. Verf.).

DIE TÄTIGKEITEN DES GEISTES GOTTES

† Er offenbart Gottes Wort

„²¹ Anders gesagt: Keine Prophetie [der Schrift] hat je ihren Ursprung im Willen eines Menschen gehabt. Vielmehr haben Menschen, vom Heiligen Geist geleitet, im Auftrag Gottes geredet" (2Petr 1,21).

† Er bewirkt Sünden- und Gotteserkenntnis

„⁸ Und wenn er [der heilige Geist] kommt, wird er der Welt zeigen, dass sie im Unrecht ist; er wird den Menschen die Augen öffnen für die Sünde, für die Gerechtigkeit und für das Gericht. ⁹ Er wird ihnen zeigen, worin ihre Sünde besteht: darin, dass sie nicht an mich glauben. ¹⁰ Er wird ihnen zeigen, worin sich Gottes Gerechtigkeit erweist: darin, dass ich zum Vater gehe, wenn ich euch verlasse und ihr mich nicht mehr seht. ¹¹ Und was das Gericht betrifft, wird er ihnen zeigen, dass der Herrscher dieser Welt verurteilt ist" (Joh 16,8-11).

† Er führt zum Verständnis der Wahrheit

„¹³ [...] wenn der Helfer kommt, der Geist der Wahrheit, wird er euch zum vollen Verständnis der Wahrheit führen. [...]" (Joh 16,13).

† Er bezeugt Jesus

[Jesus sagte:] „²⁶ Wenn der Helfer kommen wird, wird er mein Zeuge sein – der Geist der Wahrheit, der vom Vater [Gott] kommt und den ich [Jesus] zu euch senden werde, wenn ich beim Vater bin [d.h. die Zeit nach der Himmelfahrt Jesu]" (Joh 15,26).

148

📖 *Weitere Stellen zum Nachschlagen: Mt 3,16; Mk 1,10; Lk 3,22; Joh 1,32.*

† Er erzeugt geistliches Leben

„⁶ Natürliches Leben bringt natürliches Leben hervor; geistliches Leben wird aus dem Geist geboren." (Joh 3,6).

„¹⁴ Ein Mensch, der Gottes Geist nicht hat, lehnt ab, was von Gottes Geist kommt; er hält es für Unsinn und ist nicht in der Lage, es zu verstehen, weil ihm ohne den Geist Gottes das nötige Urteilsvermögen fehlt. ¹⁵ Wer hingegen den Geist Gottes hat, ist imstande, über alle diese Dinge angemessen zu urteilen, während er selbst von niemand, der Gottes Geist nicht hat, zutreffend beurteilt werden kann" (1 Kor 2,14-15).

† Er besiegelt die Gläubigen als Gottes Eigentum

„³⁰ [...] Denn der Heilige Geist ist das Siegel, das Gott euch im Hinblick auf den Tag der Erlösung aufgedrückt hat, um damit zu bestätigen, dass ihr sein Eigentum geworden seid" (Eph 4,30).

„¹³ Auch ihr gehört jetzt zu Christus. Ihr habt die Botschaft der Wahrheit gehört, das Evangelium, das euch Rettung bringt. Und weil ihr diese Botschaft im Glauben angenommen habt, hat Gott euch – wie er es versprochen hat – durch Christus den Heiligen Geist gegeben. Damit hat er euch sein Siegel aufgedrückt, die Bestätigung dafür, dass auch ihr jetzt sein Eigentum seid. ¹⁴ Der Heilige Geist ist gewissermaßen eine Anzahlung, die Gott uns macht, der erste Teil unseres himmlischen Erbes; Gott verbürgt sich damit für die vollständige Erlösung derer, die sein Eigentum sind. Und auch das soll zum Ruhm seiner Macht und Herrlichkeit beitragen" (Eph 1,13-14).

† Er bewirkt geistliche Erneuerung

„²² Die Frucht hingegen, die der Geist Gottes hervorbringt, besteht in Liebe, Freude, Frieden, Geduld, Freundlichkeit, Güte, Treue, ²³ Rücksichtnahme und Selbstbeherrschung. Gegen solches Verhalten hat kein Gesetz etwas einzuwenden" (Gal 5,22-23).

„³ Früher waren nämlich auch wir – wie alle anderen Menschen – ohne Einsicht und Verständnis. Wir verweigerten Gott den Gehorsam, gingen in die Irre und wurden von allen möglichen Leidenschaften und Begierden beherrscht. Bosheit und Neid bestimmten unser Leben. Wir waren verabscheuungswürdig, und einer hasste den anderen. ⁴ Doch dann ist die Güte Gottes, unseres Retters, und seine Liebe zu uns Menschen sichtbar geworden, ⁵ und er hat uns gerettet – nicht etwa, weil wir so gehandelt hätten, wie es vor ihm recht ist, sondern einzig und allein, weil er Erbarmen mit uns hatte. Durch das Bad der Wiedergeburt hat er den Schmutz der Sünde von uns abgewaschen und hat uns zu neuen Menschen gemacht. Das ist durch die erneuernde Kraft des Heiligen Geistes geschehen, den Gott durch Jesus Christus, unseren Retter, in reichem Maß über uns ausgegossen hat" (Tit 3,3-5).

† Er stärkt die Gläubigen

„¹⁵ Er, dem jede Familie im Himmel und auf der Erde ihr Dasein verdankt ¹⁶ und der unerschöpflich reich ist an Macht und Herrlichkeit, gebe euch durch seinen Geist innere Kraft und Stärke" (Eph 3,15-16).

† Er befähigt Gläubige zum Dienst und Zeugnis für Jesus

„⁸ Aber wenn der Heilige Geist auf euch herabkommt, werdet ihr mit seiner Kraft ausgerüstet werden, und das wird euch dazu befähigen, meine [Jesu] Zeugen zu sein – in Jerusalem, in ganz Judäa und Samarien und überall sonst auf der Welt, selbst in den entferntesten Gegenden der Erde" (Apg 1,8).

📖 *Weitere Stellen mit Bezug zum Heiligen Geist: Lk 24,49; Apg 2,32-33; Apg 7,51; Apg 13,52; Röm 1,4; Röm 5,5; Röm 8,16.26-27; Röm 15,13; 1Klr 2,12-14; 1Petr 2,4-11; 2Kor 6,4-6; 1Thess 1,5; 2Tim 1,7 .*

20. DER HEILIGE GEIST ALLĀHS

Der Heilige Geist (arab. *rūḥu l-qudusi*) wird im Qur'ān auch als *Mein Geist, Unseren Geist, der Heilige Geist von deinem* [Muḥammads] *Herrn* und der Geist von Seinem Befehl bezeichnet.

WER IST DER GEIST VON ALLĀH?

☪ ʿĪsā ist Geist von Allāh

„[171] O Leute der Schrift, übertreibt nicht in eurer Religion und sagt gegen Allah nur die Wahrheit aus! al-Masīḥ ʿĪsā, der Sohn Maryams, ist nur Allahs Gesandter und Sein Wort, das Er Maryam entbot, und Geist von Ihm" (an-Nisa 4,171).

WEM HAUCHTE ALLĀH VON SEINEM GEIST EIN?

☪ Bei der Schöpfung hauchte Allāh dem Menschen von Seinem Geist ein

„[29] Und als dein Herr zu den Engeln sagte: „Ich bin dabei, ein menschliches Wesen aus trockenem Ton, aus fauligem schwarzen Schlamm zu erschaffen. Wenn Ich es zurechtgeformt und ihm von Meinem Geist eingehaucht habe, dann fallt und werft euch vor ihm nieder" (al-Higr 15,29).

„[9] Hierauf formte Er ihn [den Menschen] zurecht und hauchte ihm von Seinem Geist ein, und Er hat euch Gehör, Augenlicht und Herzen gemacht. Wie wenig ihr dankbar seid!" (as-Sagda 32,9).

„⁷¹ Als dein Herr zu den Engeln sagte: ‚Ich werde ein menschliches Wesen aus Lehm erschaffen. ⁷² Wenn Ich es zurechtgeformt und ihm von Meinem Geist eingehaucht habe, dann fallt und werft euch vor ihm nieder'" (Sad 38,71-72).

☾ Allāh hauchte der Jungfrau Maryam von seinen Geist ein

„⁹¹ Und (auch) diejenige, die ihre Scham unter Schutz stellte. Da hauchten Wir ihr [Maryam] von Unserem Geist ein und machten sie und ihren Sohn ʿĪsā zu einem Zeichen für die Weltenbewohner" (al-Anbiya 21,91).

„¹² Und (auch von) Maryam, ʿImrāns Tochter, die ihre Scham unter Schutz stellte, worauf Wir in sie von Unserem Geist einhauchten. Und sie hielt die Worte ihres Herrn und Seine Bücher für wahr und gehörte zu den (Allah) demütig Ergebenen" (at-Tahrim 66,12).

WEM SENDET ALLĀH SEINEN GEIST?

☾ Allāh befiehlt, zu welchen seiner Diener er seinen Geist sendet

„¹⁵ Der Inhaber der hohen Rangstufen und der Herr des Thrones sendet den Geist von Seinem Befehl wem von Seinen Dienern Er will, damit er den Tag der Begegnung warnend ankündige" (Gafir 40,15).

„² Er sendet die Engel mit dem Geist von Seinem Befehl herab, auf wen von Seinen Dienern Er will: „Warnt (und verkündet), daß es keinen Gott gibt außer Mir; darum fürchtet Mich (allein)" (an-Nahl 16,2).

☾ Allāh sandte seinen Geist in Menschengestalt zu Maryam

„¹⁷ Sie nahm sich einen Vorhang vor ihnen. Da sandten Wir Unseren Geist zu ihr [Maryam]. Er stellte sich ihr als wohlgestaltetes menschliches Wesen dar. ¹⁸ Sie sagte: ‚Ich suche beim Allerbarmer Schutz vor dir, wenn du gottesfürchtig bist.' ¹⁹ Er sagte: ‚Ich bin nur der Gesandte deines Herrn, um dir einen lauteren Jungen zu schenken'" (Maryam 19,17-19).

DIE TÄTIGKEITEN DES GEISTES VON ALLĀH

☾ Der Geist von Allāh stärkte ʿĪsā

„[87] [...] Und Wir gaben ʿĪsā, dem Sohn Maryams, die klaren Beweise und stärkten ihn mit dem Heiligen Geist" (al-Baqara 2,87).

„Wenn Allah sagt: „O ʿĪsā, Sohn Maryams, gedenke Meiner Gunst an dir und an deiner Mutter, als Ich dich mit dem Heiligen Geist stärkte, so daß du in der Wiege zu den Menschen sprachst" (al-Maida 5,110).

📖 *Siehe auch Sure 2,253.*

☾ Der Heilige Geist offenbarte Muḥammad den Qurʾān

„[102] Sag: Offenbart hat ihn [den Qur'ān] der Heilige Geist von deinem Herrn mit der Wahrheit, um diejenigen, die glauben, zu festigen, und als Rechtleitung und frohe Botschaft für die (Allah) Ergebenen" (an-Nahl 16,102).

Ein weiterer Vers besagt, dass Ǧibrīl Muḥammad den Qurʾān vermittelte:

„[97] Sag: Wer (auch immer) Ǧibrīl feind ist, so hat er ihn doch (den Qurʾān) mit Allahs Erlaubnis in dein Herz offenbart, das zu bestätigen, was vor ihm (offenbart) war, und als Rechtleitung und frohe Botschaft für die Gläubigen" (al-Baqara 2,97).

Diese zwei Verse deuten an, dass Ǧibrīl und der Heilige Geist derselbe sind.

☾ Allāhs Geist stärkt alle, die an ihn und an den Jüngsten Tag glauben

„Du findest keine Leute, die an Allah und den Jüngsten Tag glauben und denjenigen Zuneigung bezeigen, die Allah und Seinem Gesandten zuwiderhandeln, auch wenn diese ihre Väter wären oder ihre Söhne oder ihre Brüder oder ihre Sippenmitglieder. Jene – in ihre Herzen hat Er den Glauben geschrieben und sie mit Geist von Sich gestärkt" (al-Muǧadila 58,22).

21. DER DREIEINE GOTT DER BIBEL

Sowohl Gott als auch Allāh offenbaren sich als Einer. In der Bibel manifestiert sich der eine, wahre Gott als Dreiheit. Diese besteht in der Gemeinschaft von Gott dem Vater, dem Sohn und dem Geist, „durch deren Zusammenwirken das Handeln des einen Gottes Gestalt gewinnt" (Pannenberg, 2015, S. 421).

Das Konzept der Dreieinigkeit ist für den menschlichen Verstand weitgehend ein Mysterium. Allerdings sind wir Menschen als Geschöpfe Gottes, die nach biblischen Aussagen nach Gottes Ebenbild erschaffen wurden, auch eine Dreiheit. Unser Geist und unsere Seele wohnen in unserem Körper.

DAS BIBLISCHE VERSTÄNDNIS DES DREIEINIGEN GOTTES

✝ Es gibt keinen Gott außer dem Einen

„⁴ Höre, Israel: Der HERR [Jahweh] ist unser Gott [Elohim], der HERR [Jaweh] allein [hebr. *'eḥād*]" (Dtn 6,4 ELB).

Das hebräische Wort *'eḥād* erscheint 471 Mal in der Bibel und trägt zwei Bedeutungen: „Einer" bzw. „ein Einziger" und „eine Einheit" (vgl. Gen 11,6; 34,16; Ex 24,3 u. Ex 26,11).

✝ Von diesem einen Gott spricht die Bibel in dreifacher Weise

Um einen schnellen Überblick der drei „Seinsweisen" Gottes zu ermöglichen, werden diese jeweils vom Verfasser **fettgedruckt** hervorgehoben.

„2 Eure Erwählung entspricht dem Plan, den Gott, **der Vater**, schon vor aller Zeit gefasst hat – dem Plan, euch durch das Wirken **seines Geistes** zu seinem heiligen Volk zu machen, zu Menschen, die sich **Jesus Christus** im Gehorsam unterstellen und durch sein Blut von aller Schuld gereinigt werden. Euch allen wünsche ich Gnade und Frieden in reichstem Maß!" (1 Petr 1,2).

„4 [...] es gibt keinen Gott außer dem einen'. 5 [...] 6 Aber für uns steht fest: Es gibt nur *einen* Gott – **den Vater**, von dem alles kommt und für den wir geschaffen sind. Und es gibt nur *einen* Herrn – **Jesus Christus**, durch den alles geschaffen wurde und durch den auch wir das Leben haben" (1 Kor 8,4.6).

„18 Jesus trat auf sie zu und sagte: ,Mir ist alle Macht im Himmel und auf der Erde gegeben. 19 Darum geht zu allen Völkern und macht die Menschen zu meinen Jüngern; tauft sie auf den Namen **des Vaters, des Sohnes und des Heiligen Geistes** 20 und lehrt sie, alles zu befolgen, was ich euch geboten habe. Und seid gewiss: Ich bin jeden Tag bei euch, bis zum Ende der Welt"' (Mt 28,18-20).

„20 [...] Betet in der Kraft des **Heiligen Geistes**! 21 Bleibt unter dem Schutz der Liebe **Gottes** und richtet eure Hoffnung ganz auf die Barmherzigkeit von **Jesus Christus**, unserem Herrn, der uns das ewige Leben schenken wird" (Jud 1,20-21).

„4 Doch dann ist die Güte Gottes, unseres Retters, und seine Liebe zu uns Menschen sichtbar geworden, 5 [...] Durch das Bad der Wiedergeburt hat er den Schmutz der Sünde von uns abgewaschen und hat uns zu neuen Menschen gemacht. Das ist durch die erneuernde Kraft des **Heiligen Geistes** geschehen, 6 den **Gott** durch **Jesus Christus**, unseren Retter, in reichem Maß über uns ausgegossen hat" (Tit 3,4-6).

📖 *Siehe auch 1 Kor 12,4-6; 2 Kor 1,21; 2 Kor 13,13; Eph 1,17; Eph 2,19-22; Eph 3,5-7.*

✝ Die Welt wurde durch Gott, Seinen Geist und Sein Wort geschaffen

„[1] Am Anfang schuf Gott [hebr. Elohim, pl. von Eloah] Himmel und Erde. [2] [...] über den Fluten schwebte Gottes Geist" (Gen 1,1.2).

[26] Dann sprach Gott [Elohim]: ‚Nun wollen wir Menschen machen'" (Gen 1,26).

„[1] Am Anfang war das Wort; das Wort war bei Gott, und das Wort war Gott. [2] Der, der das Wort ist, war am Anfang bei Gott. [3] Durch ihn ist alles entstanden; es gibt nichts, was ohne ihn entstanden ist" (Joh 1,1-3).

[14] Er, der das Wort ist, wurde ein Mensch von Fleisch und Blut und lebte unter uns. Wir sahen seine Herrlichkeit, eine Herrlichkeit voller Gnade und Wahrheit, wie nur er als der einzige Sohn sie besitzt, er, der vom Vater kommt" (Joh 1,14).

📖 *Vergleiche auch Ijob 33,4; Ps 33,6.*

✝ Gottes Wesen bleibt in allen „Seinsweisen" unverändert

Gott ist von Ewigkeit zu Ewigkeit immer der Gleiche. Sein Wesen bleibt innerhalb der Dreiheit unveränderlich bestehen.

„[3] Er [Jesus] ist das vollkommene Abbild von Gottes Herrlichkeit, der unverfälschte Ausdruck seines Wesens" (Hebr 1,3).

„[2] Ihn [den Messias] wird der HERR [Jahwe] mit seinem Geist erfüllen, dem Geist, der Weisheit und Einsicht gibt, der sich zeigt in kluger Planung und in Stärke, in Erkenntnis und Ehrfurcht vor dem HERRN" (Jes 11,2).

Weil Gott Wahrheit ist, sind auch sein Sohn und Sein Geist Wahrheit

„[6] ‚Ich bin der Weg', antwortete Jesus, ‚ich bin die Wahrheit, und ich bin das Leben. Zum Vater kommt man nur durch mich'" (Joh 14,6.).

[Jesus sagte:] „¹⁷ ‚Er [der Vater] wird euch den Geist der Wahrheit geben, den die Welt nicht bekommen kann, weil sie ihn nicht sieht und nicht kennt ‘“ (Joh 14,17).

Siehe auch Joh 16,13.

Weil Gott ewig ist, sind auch sein Sohn und sein Geist ewig

„¹⁷ [...] Ich [Jesus] bin der Erste und der Letzte ¹⁸ und der Lebendige. Ich war tot, aber jetzt lebe ich in alle Ewigkeit, und ich habe die Schlüssel zum Tod und zum Totenreich“ (Offb 1,17-18).

„¹⁴ [...] Denn als Christus sich selbst, von Gottes ewigem Geist geleitet, Gott dargebracht hat, war das ein Opfer, dem kein Makel anhaftete“ (Hebr 9,14)

22. WIE DER QUR'ĀN DIE BIBLISCHE DREIEINIGKEIT VERSTEHT

Zur Lebenszeit Muḥammads verehrte die große Mehrheit der arabischen Stämme eine große Anzahl von altarabischen Gottheiten und Idolen. Ihnen wurden übernatürliche Mächte zugeschrieben. In Zeiten von Unheil und Katastrophen suchten Menschen bei ihnen Schutz und Zuflucht.. Als Muḥammad im Alter von 40 Jahren seine ersten Offenbarungen erhielt, sprach er sich stark gegen die Idole seiner Vorfahren aus und erklärte Allah als den einzigen Gott.

In diesem Kontext interpretierte Muḥammad das Konzept des dreieinigen Gottes und nicht im Zusammenhang mit der monotheistischen Lehre des Judentums und der Bibel.. Seine Vorstellung war, dass Christen ʿĪsā und seine Mutter Maryam als Götter neben den alleinigen Schöpfergott stellen und sie somit an drei Götter glauben würden. So ein Konzept der Dreieinigkeit widerspricht stark dem islamischen Glaubenskonzept des *tauḥīd*, dass es keinen Gott außer Allāh gibt und dass Allāh eine Einheit ist:

„¹ Sag: Er ist Allah, Einer, ² Allah, der Überlegene. ³ Er hat nicht gezeugt und ist nicht gezeugt worden, ⁴ und niemand ist Ihm jemals gleich" (al-Ihlas 112,1-4).

„² Er, Dem die Herrschaft der Himmel und der Erde gehört, Der Sich kein Kind genommen hat und Der keinen Teilhaber an der Herrschaft hat..." (al-Furqan 25,2)

LEUTE DER SCHRIFT GESELLEN ALLĀH GÖTTER BEI

☾ Leute der Schrift Glauben, dass Allāh sich 'Īsā zum Sohn nahm

„³⁵ Es steht Allah nicht an, Sich ein Kind zu nehmen. Preis sei Ihm! Wenn Er eine Angelegenheit bestimmt, so sagt Er dazu nur: ‚Sei!‘, und so ist es" (Maryam 19, 35).

☾ Leute der Schrift stellen 'Īsā auf Allāhs Ebene

„⁷² Fürwahr, ungläubig sind diejenigen, die sagen: „Gewiß, Allah ist al-Masīh, der Sohn Maryams", wo doch al-Masīh (selbst) gesagt hat: „O Kinder Isrā'īls, dient Allah, meinem Herrn und eurem Herrn!" Wer Allah (etwas) beigesellt, dem verbietet fürwahr Allah das Paradies, und dessen Zufluchtsort wird das (Höllen)feuer sein. [...] ⁷³ Fürwahr, ungläubig sind diejenigen, die sagen: „Gewiß, Allah ist einer von dreien." Es gibt aber keinen Gott außer dem Einen Einzigen" (al-Maida 5,72-73).

☾ Leute der Schrift gesellen Allāh 'Īsā und Maryam als Götter bei

„¹¹⁶ Und wenn Allah sagt: „O 'Īsā, Sohn Maryams, bist du es, der zu den Menschen gesagt hat: ‚Nehmt mich und meine Mutter außer Allah zu Göttern!‘?", wird er sagen: „Preis sei Dir! Es steht mir nicht zu, etwas zu sagen, wozu ich kein Recht habe. Wenn ich es (tatsächlich doch) gesagt hätte, dann wüßtest Du es bestimmt. Du weißt, was in mir vorgeht, aber ich weiß nicht, was in Dir vorgeht. Du bist ja der Allwisser der verborgenen Dinge. ¹¹⁷ Ich habe ihnen nur gesagt, was Du mir befohlen hast, (nämlich): ‚Dient Allah, meinem und eurem Herrn!‘ Und ich war über sie Zeuge, solange ich unter ihnen weilte. Seitdem Du mich abberufen hast, bist Du der Wächter über sie. Du bist über alles Zeuge" (al-Maida 5,116-117).

„¹⁷¹ O Leute der Schrift, übertreibt nicht in eurer Religion und sagt gegen Allah nur die Wahrheit aus! al-Masīh 'Īsā, der Sohn Maryams, ist nur Allahs Gesandter und Sein Wort, das Er Maryam entbot, und Geist von Ihm. Darum glaubt an Allah und Seine Gesandten und sagt nicht „Drei". Hört auf (damit), das ist besser für euch! Allah ist nur ein Einziger Gott. Preis sei

160

Ihm, (und Erhaben ist Er darüber), daß Er ein Kind haben sollte! Ihm gehört (alles), was in den Himmeln und was auf der Erde ist, und Allah genügt als Sachwalter" (an-Nisa 4,171).

Maryam/Maria ist in der Bibel allerdings nur die menschliche Mutter Jesu und hat keinen Bestand an der Dreieinigkeit Gottes. Sie bezeichnet sich selbst als „Dienerin des Herrn" (Lk 1,38). Sie ist nicht von göttlicher Natur.

📖 *Siehe auch Sure 5,17.*

23. WER SIND ECHTE CHRISTEN?

Authentisches Christsein beruht nicht auf der Religions- oder Volkszugehörigkeit der Eltern oder Vorfahren, vielmehr gründet es sich auf einer persönlichen Gotteserkenntnis und einer bewussten Hinwendung zu Gott. Alle echten Christen haben eine einzigartige Geschichte, wie und wodurch ihr Glaube zustande kam. Daraus folgt die individuelle Willens- und Herzensentscheidung, die Lebensführung und das Lebensziel hinfort Gott anzuvertrauen.

DIE IDENTITÄT ECHTER CHRISTEN

† Sie sind eine geistliche Neuschöpfung Gottes

„[17] Darum: Ist jemand in Christus, so ist er eine neue Schöpfung; das Alte ist vergangen; siehe, es ist alles neu geworden!" (2Kor 5,17 SCHL).

† Sie sind Söhne und Töchter Gottes

„[1] Seht doch, wie groß die Liebe ist, die uns der Vater [Gott] erwiesen hat: Kinder Gottes dürfen wir uns nennen, und wir sind es tatsächlich! Doch davon weiß die Welt nichts; sie kennt uns nicht, weil sie ihn nicht erkannt hat" (1Joh 3,1).

„[14] Alle, die sich von Gottes Geist leiten lassen, sind seine Söhne und Töchter. [15] Denn der Geist, den ihr empfangen habt, macht euch nicht zu Sklaven, sodass ihr von neuem in Angst und Furcht leben müsstet; er hat euch zu Söhnen und Töchtern gemacht, und durch ihn rufen wir, wenn wir beten: ‚Abba, Vater!' ¹⁶ Ja, der Geist [Gottes] selbst bezeugt es uns in unserem Innersten, dass wir Gottes Kinder sind" (Röm 8,14-16).

📖 *Vgl. auch Joh 1,12-13; Gal 3,26.*

† Sie sind Eigentum Gottes und Seines erwählten Volks

„⁹ Ihr [die ihr glaubt] jedoch seid das von Gott erwählte Volk; ihr seid eine königliche Priesterschaft, eine heilige Nation, ein Volk, das ihm allein gehört und den Auftrag hat, seine großen Taten zu verkünden – die Taten dessen, der euch aus der Finsternis in sein wunderbares Licht gerufen hat. ¹⁰ Früher wart ihr nicht Gottes Volk – jetzt seid ihr Gottes Volk. Früher wusstet ihr nichts von seinem Erbarmen – jetzt hat er euch sein Erbarmen erwiesen" (1 Petr 2,8.9).

📖 *Siehe auch Kol 3,12.*

† Sie sind Bürger des Himmels

„²⁰ Wir dagegen sind Bürger des Himmels, und vom Himmel her erwarten wir auch unseren Retter – Jesus Christus, den Herrn" (Phil 3,20).

† Sie sind Erben Gottes

„¹⁷ Wenn wir aber Kinder sind, sind wir auch Erben – Erben Gottes und Miterben mit Christus" (Röm 8,17).

† Sie sind Beauftragte Gottes

„¹⁹ Ja, in der Person von Christus hat Gott die Welt mit sich versöhnt, sodass er den Menschen ihre Verfehlungen nicht anrechnet; und uns hat er die Aufgabe anvertraut, diese Versöhnungsbotschaft zu verkünden. ²⁰ Deshalb treten wir im Auftrag von Christus als seine Gesandten auf; Gott selbst ist es, der die Menschen durch uns zur Umkehr ruft. Wir bitten im Namen von Christus: Nehmt die Versöhnung an, die Gott euch anbietet!" (2 Kor 5,19-20).

📖 *Siehe auch Mt 28,18-20.*

KENNZEICHEN ECHTER CHRISTEN

† Echte Christen haben eine Vorgeschichte

Sie kennen eine Zeit, wo sie Gott noch nicht kannten und Sünde nach biblischer Definition ihr Leben bestimmte.

„[1] [...] Ihr wart nämlich tot – tot aufgrund der Verfehlungen und Sünden, [2] die euer früheres Leben bestimmten. Ihr hattet euch nach den Maßstäben dieser Welt gerichtet und wart dem gefolgt, der über die Mächte der unsichtbaren Welt zwischen Himmel und Erde herrscht, jenem Geist, der bis heute in denen am Werk ist, die nicht bereit sind, Gott zu gehorchen. [3] Wir alle haben früher so gelebt; wir ließen uns von den Begierden unserer eigenen Natur leiten und taten, wozu unsere selbstsüchtigen Gedanken uns drängten. So, wie wir unserem Wesen nach waren, hatten wir – genau wie alle anderen – nichts verdient als Gottes Zorn" (Eph 2,1-3).

† Sie wurden vom geistlichen Tod zum Leben erweckt

„[1] Auch euch hat Gott zusammen mit Christus lebendig gemacht. [...] [2-3] [...] [4-5] Doch Gottes Erbarmen ist unbegreiflich groß! Wir waren aufgrund unserer Verfehlungen tot, aber er hat uns so sehr geliebt, dass er uns zusammen mit Christus lebendig gemacht hat. Ja, es ist nichts als Gnade, dass ihr gerettet seid!" (Eph 2,1.4-5).

Siehe auch 1Petr 1,3.

† Sie erkennen und bekennen ihre Schuld vor Gott

„[3] O Gott, sei mir gnädig nach deiner Güte; tilge meine Übertretungen nach deiner großen Barmherzigkeit! [4] Wasche mich völlig (rein) von meiner Schuld und reinige mich von meiner Sünde; [5] denn ich erkenne meine Übertretungen, und meine Sünde ist allezeit vor mir. [6] An dir allein habe ich gesündigt und getan, was böse ist in deinen Augen, [...] [7-8] [...] [9] Entsündige mich [...], so werde ich rein; wasche mich, so werde ich weißer als Schnee! [10] [...] [11] Verbirg dein Angesicht vor meinen Sünden und tilge alle meine Missetaten! [12-18] [...] [19] Die Opfer, die Gott gefallen, sind ein zerbrochener

Geist; ein zerbrochenes und zerschlagenes Herz wirst du, o Gott, nicht verachten." (Auszug aus Ps 51 SCHL).

📖 *Siehe auch Ps 32,3-5.*

† Sie haben Vergebung und Freispruch vor Gott

„[13] [...] Gott hat uns alle unsere Verfehlungen vergeben. [14] Den Schuldschein, der auf unseren Namen ausgestellt war und dessen Inhalt uns anklagte, weil wir die Forderungen des Gesetzes nicht erfüllt hatten, hat er für nicht mehr gültig erklärt. Er hat ihn ans Kreuz genagelt und damit für immer beseitigt" (Kol 2,13-14).

„[1] Müssen wir denn nun noch damit rechnen, verurteilt zu werden? Nein, für die, die mit Jesus Christus verbunden sind, gibt es keine Verurteilung mehr. [2] Denn wenn du mit Jesus Christus verbunden bist, bist du nicht mehr unter dem Gesetz der Sünde und des Todes; das Gesetz des Geistes, der lebendig macht, hat dich davon befreit" (Röm 8,1-2).

📖 *Siehe auch Röm 5,1; 1Joh 2,12.*

† Ihr Leben steht unter der Regie des Heiligen Geistes

„[9] Ihr jedoch steht nicht mehr unter der Herrschaft eurer eigenen Natur, sondern unter der Herrschaft des Geistes, da ja, wie ich voraussetze, Gottes Geist in euch wohnt. Denn wenn jemand diesen Geist, den Geist Christi, nicht hat, gehört er nicht zu Christus" (Röm 8,9).

📖 *Siehe auch Gal 5,25-26.*

† Die Liebe Jesu motiviert ihr Leben

„[14] Bei allem ist das, was uns antreibt, die Liebe von Christus [...] [15] Und er ist deshalb für alle gestorben, damit die, die leben, nicht länger für sich selbst leben, sondern für den, der für sie gestorben und zu neuem Leben erweckt worden ist" (2Kor 5,14-15).

📖 *Vgl. auch Joh 14,23-24; 1Petr 1,8.9.*

166

† Sie begegnen einander mit Liebe und Respekt

„[7] Meine Freunde, wir wollen einander lieben, denn die Liebe hat ihren Ursprung in Gott, und wer liebt, ist aus Gott geboren und kennt Gott" (1Joh 4,7).

„[10] Lasst im Umgang miteinander Herzlichkeit und geschwisterliche Liebe zum Ausdruck kommen. Übertrefft euch gegenseitig darin, einander Achtung zu erweisen" (Röm 12,10).

Siehe auch Gal 5,6.13-14; Kol 3, 12-14; 1Joh 4,7-16; Röm 12,16-19; 1Kor 16,14.

† Sie vertrauen Gott in allen Situationen

„[2] Gott ist für uns Zuflucht und Schutz, in Zeiten der Not schenkt er uns seine Hilfe mehr als genug. [3] Darum fürchten wir uns nicht, wenn auch die Erde bebt und wankt und die Berge mitten ins Meer sinken, [4] wenn auch seine Wellen brausen und tosen und die Berge erbeben von seiner gewaltigen Kraft" (Ps 46,2-4).

„[11] Alle, die dich kennen, HERR, setzen auf dich ihr Vertrauen. Du lässt niemand im Stich, der deine Nähe sucht" (Ps 9,11 GNB).

Weitere Stellen: Ps 13,6; Ps 49,16-19; Ps 18,19; Ps 28,1.7; Ps 31,15-16; Ps 36,9; Ps 73,26.28; Ps 84,11; Hab 3,17-18.

† Der Friede Gottes umgibt sie auch in Not und Bedrängnis

[Jesus sagte:] „[33] Ich habe euch das alles gesagt, damit ihr in mir Frieden habt. In der Welt werdet ihr hart bedrängt. Doch ihr braucht euch nicht zu fürchten: Ich habe die Welt besiegt" (Joh 16,33).

[Jesus sagte:] „[27] Was ich euch hinterlasse, ist mein Frieden. Ich gebe euch einen Frieden, wie die Welt ihn nicht geben kann. Lasst euch nicht in Verwirrung bringen, habt keine Angst" (Joh 14,27).

Siehe auch Phil 4,6-7.

† Die Zukunftshoffnung in Gottes Ewigkeit erfüllt sie mit Freude

„[2] [...] Darüber hinaus haben wir eine Hoffnung, die uns mit Freude und Stolz erfüllt: Wir werden einmal an Gottes Herrlichkeit teilhaben. [3] Doch nicht nur darüber freuen wir uns; wir freuen uns auch über die Nöte, die wir jetzt durchmachen. Denn wir wissen, dass Not uns lehrt durchzuhalten, [4] und wer gelernt hat durchzuhalten, ist bewährt, und bewährt zu sein festigt die Hoffnung. [5] Und in unserer Hoffnung werden wir nicht enttäuscht. Denn Gott hat uns den Heiligen Geist gegeben und hat unser Herz durch ihn mit der Gewissheit erfüllt, dass er uns liebt" (Röm 5,2-5).

Weitere zum Nachschlagen empfohlene Stellen: Ps 16,11; Röm 12,12; Gal 5,5; 1Joh 3,3; 1Kor 1,9; 15,19; 1Tim 6,17; Kol 1,4-5; Eph 1,18; Hebr 3,6; Hebr 6,17-19; Tit 1,1-2; Tit 2,13; 1Petr 1,3-4.21; 1Petr 3,15.

† Sie sind ohne Lug und Trug

„[2] Wir haben uns bewusst entschieden, nicht mit unwürdigen Methoden zu arbeiten, bei denen wir das Licht des Tages scheuen müssten. Wir greifen nicht zu betrügerischen Mitteln und verfälschen Gottes Botschaft nicht. Im Gegenteil, weil wir uns Gott gegenüber verantwortlich wissen, machen wir die Wahrheit bekannt, und gerade dadurch empfehlen wir uns dem Gewissen jedes einzelnen Menschen" (2Kor 4,2).

† Ihr Glaube setzt sich in Taten um

„[14] Was nützt es, meine Geschwister, wenn jemand behauptet: ‚Ich glaube ‘, aber er hat keine entsprechenden Taten vorzuweisen? Kann der Glaube als solcher ihn retten? [15] Angenommen, ein Bruder oder eine Schwester haben nicht genügend anzuziehen, und es fehlt ihnen an dem, was sie täglich zum Essen brauchen. [16] Wenn nun jemand von euch zu ihnen sagt: ‚Ich wünsche euch alles Gute! Hoffentlich bekommt ihr warme Kleider und könnt euch satt essen!‘, aber ihr gebt ihnen nicht, was sie zum Leben brauchen – was nützen ihnen das? [17] Genauso es ist mit dem Glauben: Wenn er keine Taten vorzuweisen hat, ist er tot; er ist tot, weil er ohne Auswirkungen bleibt" (Jak 2,14-16).

† Sie richten ihr Leben nach Gottes Maßstäben aus

„[12] Sie [die rettende Gnade Gottes] erzieht uns dazu, uns von aller Gottlosigkeit und von den Begierden dieser Welt abzuwenden und, solange wir noch hier auf der Erde sind, verantwortungsbewusst zu handeln, uns nach Gottes Willen zu richten und so zu leben, dass Gott geehrt wird" (Tit 2,12).

Siehe auch Phil 4,8-9; Röm 12,2; 1Petr 2,11-12; Eph 5,1-4; 1Petr 1,13-16; 1Kor 6,20; Hebr 12,14; 2Petr 1,5-8.

† Sie distanzieren sich von finsteren Handlungen

„[8] Früher gehörtet ihr selbst zur Finsternis, doch jetzt gehört ihr zum Licht, weil ihr mit dem Herrn verbunden seid. Verhaltet euch so, wie Menschen des Lichts sich verhalten. [9] Ihr wisst doch: Die Frucht, die vom Licht hervorgebracht wird, besteht in allem, was gut, gerecht und wahr ist. [10] Deshalb überlegt bei dem, was ihr tut, ob es dem Herrn gefällt. [11] Und beteiligt euch unter keinen Umständen an irgendeinem Tun, das der Finsternis entstammt und daher keine guten Früchte hervorbringt. Deckt solches Tun vielmehr auf!" (Eph 5,8-11).

Weitere themenbezogene Stellen: 1Kor 6,20; 2Kor 6,14-16; 2Kor 7,1; 2Tim 2,22; Röm 6,11-14.19; 1Tim 6,6-11; 1Thess 4,2-8; Mt 5,44-48; Gal 6,6; Eph 4,1-3.17-32; Eph 5,6-11; Phil 2,2-5.15; Kol 1,22-23; Kol 3,1-2.5; 2Petr 3,11-14; 2Tim 1,9; Tit 1,8; Hebr 10,10; Hebr 12,1.2.

† Sie zeichnen sich durch „gute Früchte" aus

[Jesus sagte]: „[16] ,An ihren Früchten werdet ihr sie erkennen. Erntet man etwa Trauben von Dornbüschen oder Feigen von Disteln? [17] So trägt jeder gute Baum gute Früchte; ein schlechter Baum hingegen trägt schlechte Früchte. [18] Ein guter Baum kann keine schlechten Früchte tragen; ebenso wenig kann ein schlechter Baum gute Früchte tragen. [19] Jeder Baum, der keine guten Früchte trägt, wird umgehauen und ins Feuer geworfen. [20] Deshalb sage ich: An ihren Früchten werdet ihr sie erkennen'" (Mt 7,16-20).

Siehe auch 1Joh 1,5-7.

DAS KERNSTÜCK IHRES GLAUBENS

† Sie glauben an *einen* Gott

„⁵ Es gibt nämlich nur einen Gott" (1 Tim 2,5).

† Sie glauben an *einen* Vermittler zwischen Gott und den Menschen

„⁵ [...] und es gibt auch nur einen Vermittler zwischen Gott und den Menschen – den, der selbst ein Mensch geworden ist, Jesus Christus. Er hat sein Leben als Lösegeld für alle gegeben und hat damit zu der von Gott bestimmten Zeit den Beweis erbracht, dass Gott alle retten will" (1 Tim 2,5).

† Sie glauben an den Opfertod Jesu zur Vergebung der Sünden

„³ [...] Christus ist – in Übereinstimmung mit den Aussagen der Schrift – für unsere Sünden gestorben" (1 Kor 15,3).

† Sie glauben an die Auferstehung Jesu von den Toten

„⁴ Er [Jesus] wurde begraben, und drei Tage danach hat Gott ihn von den Toten auferweckt – auch das in Übereinstimmung mit der Schrift" (1 Kor 15,4).

📖 *Siehe auch Röm 10,9-10; Joh 12,44-46; 1 Joh 5,10-12.*

† Sie glauben an die Wiederkunft Jesu

„⁷ Und er wird wiederkommen! Auf den Wolken wird er kommen, und alle werden ihn sehen, auch die, die ihn durchbohrt haben. Sein Anblick wird alle Völker der Erde in Schrecken und Trauer versetzen. Ja, amen, so wird es sein" (Offb 1,7).

24. WER SIND ECHTE MUSLIME?

Ein Muslim ist jemand, der dem Islam nachfolgt. Das Wort „Islam" (arab. *l-is'lām*) ist ein Verbalsubstantiv, das sich aus dem Verb *aslama* ableitet. Es bedeutet Ergebung, Hingebung oder Unterwerfung. Das arabischen Wort für „Muslim" (DMG *mus'liman*) leitet sich ebenso wie das Wort *islām* aus der Wortwurzel *sīn lām mīm* (م ل س) ab.

KENNZEICHEN ECHTER MUSLIME

☾ Echte Muslime sind Allāh ergeben

„²⁰ Und wenn sie mit dir [Muḥammad] streiten (wollen), dann sag: „Ich habe mein Gesicht Allah ergeben, und (ebenso,) wer mir folgt!" Und sag zu jenen, denen die Schrift gegeben wurde [Juden und Christen], und den Schriftunkundigen [Heiden]: „Seid ihr (Allah) ergeben?" Wenn sie (Ihm) ergeben sind, dann sind sie rechtgeleitet. Kehren sie sich aber ab, so obliegt dir nur die Übermittelung (der Botschaft). Allah sieht die Menschen wohl" (Al-i-IImran 3,20).

📖 *Siehe auch Sure 2,131; 28,52-53.*

☾ Sie stehen in Ehrfurcht vor Allāh

„² Die (wahren) Gläubigen sind ja diejenigen, deren Herzen sich vor Ehrfurcht regen, wenn Allahs gedacht wird, und die, wenn ihnen Seine Zeichen [*āyāt*] verlesen werden, es ihren Glauben mehrt, und die sich auf ihren Herrn verlassen, ³ die das Gebet verrichten und von dem, womit Wir sie versorgt haben, ausgeben. ⁴ Das sind die wahren Gläubigen. Für sie gibt es bei ihrem Herrn Rangstufen und Vergebung und ehrenvolle Versorgung" (al-Anfal 8,2-4).

☪ Sie gehorchen Allāh und seinem Gesandten

„[31] Sag: Wenn ihr Allah liebt, dann folgt mir. So liebt euch Allah und vergibt euch eure Sünden. Allah ist Allvergebend und Barmherzig. [32] Sag: Gehorcht Allah und dem Gesandten. Doch wenn sie sich abkehren, so liebt Allah die Ungläubigen nicht" (Al-i-IImran 3,31-32).

☪ Sie wahren Gerechtigkeit und sind Zeugen für Allāh

„[135] O die ihr glaubt, seid Wahrer der Gerechtigkeit, Zeugen für Allah, auch wenn es gegen euch selbst oder die Eltern und nächsten Verwandten sein sollte! Ob er (der Betreffende) reich oder arm ist, so steht Allah beiden näher. Darum folgt nicht der Neigung, daß ihr nicht gerecht handelt! Wenn ihr (die Wahrheit) verdreht oder euch (davon) abwendet, gewiß, so ist Allah dessen, was ihr tut, Kundig" (an-Nisa 4,135).

📖 *Weitere themabezogene āyāt: Suren 2,143; 49,10-15; 3,50-53; 3,118-119; 2,208-209, 2,264-267; 5,92; 61,10-14; 5,35.*

☪ Sie dienen Allāh und mühen sich für ihn ab

„[77] O die ihr glaubt, [...] [78] [...] müht euch für Allah ab, wie der wahre Einsatz für Ihn sein soll. Er hat euch erwählt und euch in der Religion keine Bedrängnis auferlegt" (al-Hagg 22,78).

☪ Sie halten sich an die 5 Säulen des Islam

1. Sie bekennten ihren Glauben

Das muslimische Glaubensbekenntnis beinhaltet die Worte: „Es gibt keinen Gott außer Allāh und Muhammed ist der Gesandte Allāhs". Der erste Teil dieser sog. *Schahāda* basiert auf zwei Suren:

„[35] Wisse also, daß es keinen Gott außer Allah gibt. Und bitte um Vergebung für deine Sünde und für die gläubigen Männer und die gläubigen

Frauen. Allah kennt euren Wandel und euren Aufenthalt" (Muhammad 47,19).

„[35] denn sie pflegten, wenn zu ihnen gesagt wurde: ‚Es gibt keinen Gott außer Allah', sich hochmütig zu verhalten" (as-Saffat 37,35).

2. Sie verrichten die vorgeschrieben Pflichtgebete (salāt)

„[78] Verrichte das Gebet beim Neigen der Sonne bis zum Dunkel der Nacht, und (auch) die (Qur'ān-)Lesung (in) der Morgendämmerung. Gewiß, die (Qur'ān-)Lesung (in) der Morgendämmerung wird (von den Engeln) bezeugt" (al-Isra 17,78).

„[14] Gewiß, Ich bin Allah. Es gibt keinen Gott außer Mir. So diene Mir und verrichte das Gebet zu Meinem Gedenken. [...] [132] Und befiehl deinen Angehörigen, das Gebet (zu verrichten), und sei beharrlich darin" (Ta-Ha 20,14.132).

3. Sie entrichten die vorgeschriebene Abgabe (zakāt)

„[5] Und nichts anderes wurde ihnen befohlen, als nur Allah zu dienen und (dabei) Ihm gegenüber aufrichtig in der Religion (zu sein), als Anhänger des rechten Glaubens, und das Gebet zu verrichten und die Abgabe zu entrichten; das ist die Religion des rechten Verhaltens" (al-Bayyina 98,5).

4. Sie halten sich an den Fastenmonat (ṣaum)

„[183] O die ihr glaubt, vorgeschrieben ist euch das Fasten, so wie es denjenigen vor euch vorgeschrieben war, auf daß ihr gottesfürchtig werden möget. [...] [185] Der Monat Ramaḍān (ist es), in dem der Qur'ān als Rechtleitung für die Menschen herabgesandt worden ist und als klare Beweise der Rechtleitung und der Unterscheidung. Wer also von euch während dieses Monats anwesend ist, der soll ihn fasten, wer jedoch krank ist oder sich auf einer Reise befindet, (der soll) eine (gleiche) Anzahl von anderen Tagen (fasten). Allah will für euch Erleichterung; Er will für euch nicht Erschwernis, – damit ihr die Anzahl vollendet und Allah als den Größten preist, dafür, daß

Er euch rechtgeleitet hat, auf daß ihr dankbar sein möget" (al-Baqara 2, 183.185).

5. Sie unternehmen, wenn möglich, eine Pilgerfahrt

„[196] Vollzieht die Pilgerfahrt und die Besuchsfahrt für Allah. Wenn ihr jedoch (daran) gehindert werdet, dann (bringt) an Opfertieren (dar), was euch leichtfällt. Und schert euch nicht die Köpfe, bevor die Opfertiere ihren Schlachtort erreicht haben! Wer von euch krank ist oder ein Leiden an seinem Kopf hat, der soll Ersatz leisten mit Fasten, Almosen oder Opferung eines Schlachttieres. – Wenn ihr aber in Sicherheit seid, dann soll derjenige, der die Besuchsfahrt mit der Pilgerfahrt durchführen möchte, an Opfertieren (darbringen), was ihm leichtfällt. Wer jedoch nicht(s) finden kann, der soll drei Tage während der Pilgerfahrt fasten und sieben, wenn ihr zurückgekehrt seid; das sind im ganzen zehn. Dies (gilt nur) für den, dessen Angehörige nicht in der geschützten Gebetsstätte wohnhaft sind. Und fürchtet Allah und wißt, daß Allah streng im Bestrafen ist!" (al-Baqara 2,196).

📖 *Zusätzliche āyāt zum Thema Gebet und Abgabe: Suren 2,2-4.43.110.177.277; 4,77.162; 5,6.55; 6,72.92; 7,156.170; 9,11.18.71; 11,114; 13,22; 17,110; 21,73; 22,35.41.78; 23,1-11; 24,56; 27,3; 30,31.39; 31,4; 33,33; 35,29; 42,38.62-63; 49,15-18; 58,13; 62,9; 98,7-8.*

DAS KERNSTÜCK IHRES GLAUBENS

☾ Echte Muslime halten an sechs Glaubensartikel (Imān-Artikel) fest

„[285] Der Gesandte (Allahs) glaubt an das, was zu ihm von seinem Herrn (als Offenbarung) herabgesandt worden ist, und ebenso die Gläubigen; alle glauben an Allah, Seine Engel, Seine Bücher und Seine Gesandten – Wir machen keinen Unterschied bei jemandem von Seinen Gesandten. Und sie sagen: ‚Wir hören und gehorchen. (Gewähre uns) Deine Vergebung, unser Herr! Und zu Dir ist der Ausgang'" (al-Baqara 2,285: Herv. d. Verf.).

„[136] O die ihr glaubt, glaubt an Allah und Seinen Gesandten und das Buch, das Er Seinem Gesandten offenbart und die Schrift, die Er zuvor herabgesandt hat. Wer Allah, Seine Engel, Seine Schriften, Seine Gesandten und den Jüngsten Tag verleugnet, der ist fürwahr weit abgeirrt" (an-Nisa 4,136: Herv. d. Verf.).

„[84] Sag: Wir glauben an Allah und (an das,) was auf uns und was auf Ibrāhīm, Ismāʿīl, Ishāq, Yaʿqūb und die Stämme (als Offenbarung) herabgesandt wurde und was Mūsā, ʿĪsā und den Propheten von ihrem Herrn gegeben wurde. Wir machen keinen Unterschied bei jemandem von Ihnen, und wir sind Ihm ergeben" (Al-i-IImran 3,84).

📖 *Siehe auch Sure 57,19.*

Die göttliche **Vorherbestimmung** (*qadar*) wird im Qurʾān nicht direkt als Glaubensartikel aufgeführt. In den Hadithen wird er jedoch als sechster Glaubensartikel aufgeführt.

„[4] Allah läßt dann in die Irre gehen, wen Er will, und leitet recht, wen Er will. Und Er ist der Allmächtige und Allweise" (Ibrahim 14,4).

📖 *Weitere zum Nachschlagen empfohlene Suren: 35,6; 36,60; 41,36; 43,62.*

📖 *Anhang II befasst sich mit dem islamischen Konzept der Vorherbestimmung alles Geschehens.*

25. „LEUTE DER SCHRIFT"

Juden und Christen sind jeweils Empfänger einer Offenbarung Allāhs, die ihnen als Schrift oder Buch vermittelt wurde. Somit sind sie im Vergleich zu den heidnischen Völkern „die Leute der Schrift".

☾ Für Leute der Schrift gibt es keinen Zwang in der Religion

„[46] Und streitet mit den Leuten der Schrift nur in bester Weise, außer denjenigen von ihnen, die Unrecht tun. Und sagt: ‚Wir glauben an das, was (als Offenbarung) zu uns herabgesandt worden ist und zu euch herabgesandt worden ist; unser Gott und euer Gott ist Einer, und wir sind Ihm ergeben'" (al-Ankabut 29,46).

„[256] Es gibt keinen Zwang im Glauben [arab. *dīn* bedeutet Religion]. (Der Weg der) Besonnenheit ist nunmehr klar unterschieden von (dem der) Verirrung. Wer also falsche Götter verleugnet, jedoch an Allah glaubt, der hält sich an der festesten Handhabe, bei der es kein Zerreißen gibt. Und Allah ist Allhörend und Allwissend" (al-Baqara 2,256).

☾ Leute der Schrift sollen sich Allāh ergeben

„[64] Sag: O Leute der Schrift, kommt her zu einem zwischen uns und euch gleichen Wort: daß wir niemandem dienen außer Allah und Ihm nichts beigesellen und sich nicht die einen von uns die anderen zu Herren außer Allah nehmen. Doch wenn sie sich abkehren, dann sagt: Bezeugt, daß wir (Allah) ergeben sind. [65] O Leute der Schrift, warum streitet ihr über Ibrāhīm, wo die Thora und das Evangelium erst nach ihm (als Offenbarung) herabgesandt worden sind? Begreift ihr denn nicht?" (Al-i-IImran 3,64-65).

📖 *Dazu auch Sure 32,23-24.*

☾ Es gibt Rechtschaffene und Irregeleitete unter ihnen

„[113] Sie [die Leute der Schrift] sind nicht (alle) gleich. Unter den Leuten der Schrift ist eine standhafte Gemeinschaft, die Allahs Zeichen zu Stunden der Nacht verliest und sich (im Gebet) niederwirft. [114] Sie glauben an Allah und den Jüngsten Tag und gebieten das Rechte und verbieten das Verwerfliche und beeilen sich mit den guten Dingen. Jene gehören zu den Rechtschaffenen. [115] Und was sie an Gutem tun, das wird ihnen nicht ungedankt bleiben. Und Allah weiß über die Gottesfürchtigen Bescheid" (Al-i-Imran 3,113-115).

„[52] Diejenigen, denen Wir vor ihm die Schrift gaben, glauben an ihn. [53] Und wenn er ihnen verlesen wird, sagen sie: „Wir glauben an ihn. Gewiß, es ist die Wahrheit von unserem Herrn. Wir waren ja schon vor ihm (Allah) ergeben" (al-Qasas 28,52-53).

📖 *Siehe auch Sure 4,51-52; 32-23-24.*

☾ Viele Leute der Schrift sind ungläubig und verleugnen Allāhs Zeichen

„[65] Wenn die Leute der Schrift nur glaubten und gottesfürchtig wären, würden Wir ihnen wahrlich ihre bösen Taten tilgen und sie wahrlich in die Gärten der Wonne eingehen lassen. [66] Wenn sie nur die Thora und das Evangelium und das befolgten, was zu ihnen (als Offenbarung) von ihrem Herrn herabgesandt wurde, würden sie fürwahr von (den guten Dingen) über ihnen und unter ihren Füßen essen. Unter ihnen ist eine gemäßigte Gemeinschaft; aber wie böse ist bei vielen von ihnen, was sie tun [...] [68] Sag: O Leute der Schrift, ihr fußt auf nichts, bis ihr die Thora und das Evangelium und das befolgt, was zu euch (als Offenbarung) von eurem Herrn herabgesandt worden ist. Was zu dir [Muḥammad] (als Offenbarung) von deinem Herrn herabgesandt worden ist, wird ganz gewiß bei vielen von ihnen die Auflehnung und den Unglauben noch mehren. So sei nicht betrübt über das ungläubige Volk! [69] Gewiß, diejenigen, die glauben, und diejenigen, die dem Judentum angehören, und die Sābier und die Christen, – wer (immer) an Allah und den Jüngsten Tag glaubt und rechtschaffen handelt, – über die soll keine Furcht kommen, noch sollen sie traurig sein" (al-Maida 5,65-66.68-69).

Andere āyāt mit Bezug zum Thema: Suren 3,69-71.199; 4,47-48; 3:94, 2,87; 5,11-145,82-83.

☾ Juden und Christen haben Allāhs Abkommen mit ihnen gebrochen

„[12] Allah hatte ja mit den Kinder Isrā'īls ein Abkommen getroffen. Und Wir beriefen von ihnen zwölf Obmänner. Und Allah sagte: ‚Ich bin mit euch. Wenn ihr das Gebet verrichtet, die Abgabe entrichtet, an Meine Gesandten glaubt und ihnen beisteht und Allah ein gutes Darlehen gebt, werde Ich euch ganz gewiß eure bösen Taten tilgen und euch ganz gewiß in Gärten eingehen lassen, durcheilt von Bächen. Wer aber von euch danach ungläubig wird, der ist wirklich vom rechten Weg abgeirrt.' [13] Dafür, daß sie ihr Abkommen brachen, haben Wir sie verflucht und ihre Herzen hart gemacht. Sie verdrehen den Sinn der Worte, und sie haben einen Teil von dem vergessen, womit sie ermahnt worden waren. Und du wirst immer wieder Verrat von ihnen erfahren – bis auf wenige von ihnen. Aber verzeihe ihnen und übe Nachsicht. Gewiß, Allah liebt die Gutes Tuenden" (al-Maida 5,12-13).

„[14] Und (auch) mit denen, die sagen: „Wir sind Christen", haben Wir ihr Abkommen getroffen. Aber dann vergaßen sie einen Teil von dem, womit sie ermahnt worden waren. So erregten Wir unter ihnen Feindschaft und Haß bis zum Tag der Auferstehung. Und Allah wird ihnen kundtun, was sie zu machen pflegten" (al-Maida 5,14).

☾ Leute der Schrift übertreiben ihre Religion

„[77] Sag: O Leute der Schrift, übertreibt nicht in eurer Religion außer in (dem Rahmen) der Wahrheit und folgt nicht den Neigungen von Leuten, die schon zuvor irregegangen sind und viele (andere mit ihnen) in die Irre geführt haben und vom rechten Weg abgeirrt sind" (al-Maida 5,77).

📖 *Siehe auch Sure 4,171.*

☾ Einige Juden verdrehen die Schrift

„46 Unter denjenigen, die dem Judentum angehören, verdrehen manche den Sinn der Worte und sagen: „Wir hören, doch wir widersetzen uns" und: „Höre!", als ob du nicht hörtest „rā'inā", wobei sie mit ihren Zungen verdrehen und die Religion schmähen. Wenn sie gesagt hätten: „Wir hören und gehorchen" und: „Höre!" und: „unzurnā", wäre es wahrlich besser und richtiger für sie. Aber Allah hat sie für ihren Unglauben verflucht. Darum glauben sie nur wenig" (an-Nisa 4,46).

„78 Und wahrlich, eine Gruppe von ihnen [Juden] verdreht mit seinen Zungen die Schrift, damit ihr es für zur Schrift gehörig haltet, während es nicht zur Schrift gehört. Und sie sagen: ,Es ist von Allah', während es nicht von Allah ist. Und sie sprechen (damit) wissentlich eine Lüge gegen Allah aus" (Al-i-IImran 3,78).

☾ Bei Zweifel über dem Qur'ān können Leute der Schrift befragt werden

„94 Wenn du [Muḥammad] über das, was Wir zu dir (als Offenbarung) hinabgesandt haben, im Zweifel bist, dann frag diejenigen, die vor dir die Schrift lesen. Dir ist ja die Wahrheit von deinem Herrn zugekommen, so gehöre nun nicht zu den Zweiflern" (Yunus 10,94).

☾ Christen stehen Muslimen am nächsten, Juden sind Feinde

„82 Du wirst ganz gewiß finden, daß diejenigen Menschen, die den Gläubigen am heftigsten Feindschaft zeigen, die Juden und diejenigen sind, die (Allah etwas) beigesellen. Und du wirst ganz gewiß finden, daß diejenigen, die den Gläubigen in Freundschaft am nächsten stehen, die sind, die sagen: ,Wir sind Christen.' Dies, weil es unter ihnen Priester und Mönche gibt und weil sie sich nicht hochmütig verhalten. 83 Wenn sie hören, was zum Gesandten (als Offenbarung) herabgesandt worden ist, siehst du ihre Augen von Tränen überfließen wegen dessen, was sie (darin) als Wahrheit erkannt haben. Sie sagen: ‚Unser Herr, wir glauben. Schreibe uns unter den Zeugnis Ablegenden auf'" (al-Maida 5,82-83).

☾ Christen, Juden und Muslime sollen sich nicht spalten

„[13] Er hat euch von der Religion festgelegt, was Er Nūḥ anbefahl und was Wir dir (als Offenbarung) eingegeben haben und was Wir Ibrāhīm, Mūsā und ʿĪsā anbefahlen: Haltet die (Vorschriften der) Religion ein und spaltet euch nicht darin (in Gruppen). Den Götzendienern setzt das schwer zu, wozu du sie aufrufst. Allah erwählt dazu, wen Er will, und leitet dazu, wer sich (Ihm) reuig zuwendet" (as-Sura 42,13).

☾ Allāh wird zwischen Uneinigkeiten der Juden, Christen und Muslimen richten

„[113] Die Juden sagen: „Auf nichts fußen die Christen"; und die Christen sagen: „Auf nichts fußen die Juden", obwohl sie doch (beide) die Schrift lesen. Dergleichen Worte führten schon diejenigen, die nicht Bescheid wissen. Aber Allah wird zwischen ihnen am Tag der Auferstehung über das richten, worüber sie uneinig sind" (al-Baqara 2,113).

„[48] [...] Zu Allah wird euer [Juden, Christen und Muslimen] aller Rückkehr sein, und dann wird Er euch kundtun, worüber ihr uneinig zu sein pflegtet" (al-Maida 5,48).

26. DAS KÖNIGREICH GOTTES

Das Reich Gottes wird in der Bibel auch das Himmelreich, das Königreich Gottes und das Reich Christi genannt.

WAS IST DAS KÖNIGREICH GOTTES?

† Das Königreich ist Gottes ewiger Herrschaftsbereich

„[19] Der Herr hat seinen Thron im Himmel gegründet, und seine Königsherrschaft regiert über alles" (Ps 103,19 SCHL).

„[11] Dir, HERR, gehören Größe und Kraft, Ehre und Hoheit und Pracht! Alles im Himmel und auf der Erde ist dein Eigentum; dir gehört alle Herrschaft, du bist hoch erhoben als das Haupt über alles!" (1Chr 29,11).

„[33] Seine Taten sind staunenerregend, seine Wunder unvergleichlich. Sein Reich bleibt für immer bestehen, seine Herrschaft nimmt kein Ende" Dan 3,33).

📖 *Vgl. auch Ps 29,10; 44,5; 47,3.7-8; 68,24; 74,12.*

† Das Reich Gottes ist nicht von dieser Welt

„[36] Jesus antwortete: ‚Das Reich, dessen König ich bin, ist nicht von dieser Welt. Wäre mein Reich von dieser Welt, dann hätten meine Diener für mich gekämpft, damit ich nicht den Juden in die Hände falle. Nun ist aber mein Reich nicht von dieser Erde'" (Joh 18,36).

📖 *Siehe auch Lk 17, 20-21.*

WER REGIERT IM REICH GOTTES?

† Im Reich Gottes ist Jesus der Herrscher

„[13] Denn er [Gott der Vater] hat uns aus der Gewalt der Finsternis befreit und hat uns in das Reich versetzt, in dem sein geliebter Sohn regiert" (Kol 1,13).

„[21] [...] Christus [steht] jetzt hoch über allen Mächten und Gewalten, hoch über allem, was Autorität besitzt und Einfluss ausübt; er herrscht über alles, was Rang und Namen hat – nicht nur in dieser Welt, sondern auch in der zukünftigen. [22] Ja, Gott hat ihm alles unter die Füße gelegt, und er hat ihn, den Herrscher über das ganze Universum, zum Haupt der Gemeinde gemacht" (Eph 1,21-22).

📖 *Vgl. auch 2Petr 1,11; Lk 17,37; Eph 5,5; Offb 1,4-5; 11,15; 12,10.*

WAS SIND DIE MERKMALE DES HIMMELREICHS?

† Das Reich Gottes ist ewig und unzerstörbar

„[13] Dein Reich ist ein Reich für alle Ewigkeiten, und deine Herrschaft währt durch alle Geschlechter." (Ps 145,13 SCHL).

„[28] Auf uns wartet also ein unzerstörbares Reich. Dafür wollen wir Gott danken, und aus Dankbarkeit wollen wir ihm mit Ehrfurcht und Ehrerbietung so dienen, dass er Freude daran hat. [29] Denn eines dürfen wir nie vergessen: Unser Gott ist wie ein Feuer, das alles verzehrt" (Hebr 12,28-29).

† Es kennzeichnet sich durch Gerechtigkeit, Frieden und Freude

„[17] Denn im Reich Gottes geht es nicht um Fragen des Essens und Trinkens, sondern um das, was der Heilige Geist bewirkt: Gerechtigkeit, Frieden und Freude. [18] Wer Christus auf diese Weise dient, an dem hat Gott

Freude, und er ist auch in den Augen der Menschen glaubwürdig" (Röm 14,17-18).

† Es ist ein wachsendes Reich

„[19] Dann sagte Jesus: [19] ‚Es ist mit dem Reich Gottes wie mit einem Senf-korn, das ein Mann in seinem Garten sät. Es geht auf und wächst und wird zu einem Baum, in dessen Zweigen die Vögel nisten'" (Lk 13,19).

📖 *Siehe auch Lk 13,20-21.*

† Ausbreitung geschieht durch Verkündigung

„[13] Denn ‚jeder, der den Namen des Herrn anruft, wird gerettet werden'. [14] Nun ist es aber doch so: Den Herrn anrufen kann man nur, wenn man an ihn glaubt. An ihn glauben kann man nur, wenn man von ihm gehört hat. Von ihm hören kann man nur, wenn jemand da ist, der die Botschaft von ihm verkündet" (Röm 10,13-14).

„[9] Ihr [die ihr Gottes Botschaft glauben schenkt] jedoch seid das von Gott erwählte Volk [...], ein Volk, das ihm allein gehört und den Auftrag hat, sei-ne großen Taten zu verkünden – die Taten dessen, der euch aus der Fins-ternis in sein wunderbares Licht gerufen hat" (1Petr 2,9).

📖 *Siehe auch Mt 24,14.*

Verkündigung ist wie das Aussähen einer Saat

[Jesus erzählte folgendes Gleichnis:] „[5] Der Sämann ging aus, um seinen Samen zu säen. Und als er säte, fiel etliches an den Weg und wurde zertre-ten, und die Vögel des Himmels fraßen es auf. [6] Und anderes fiel auf den Felsen; und als es aufwuchs, verdorrte es, weil es keine Feuchtigkeit hatte. [7] Und anderes fiel mitten unter die Dornen; und die Dornen, die mit ihm aufwuchsen, erstickten es. [8] Und anderes fiel auf das gute Erdreich und wuchs auf und brachte hundertfältige Frucht " (Lk 8,5-8).

„11 ‚Das Gleichnis aber bedeutet dies: Der Same ist das Wort Gottes. 12 Die am Weg sind die, welche es hören; danach kommt der Teufel und nimmt das Wort von ihren Herzen weg, damit sie nicht zum Glauben gelangen und gerettet werden. 13 Die aber auf dem Felsen sind die, welche das Wort, wenn sie es hören, mit Freuden aufnehmen; aber sie haben keine Wurzel; sie glauben nur eine Zeitlang, und zur Zeit der Versuchung [Anfechtung oder Prüfung] fallen sie ab. 14 Was aber unter die Dornen fiel, das sind die, welche es gehört haben; aber sie gehen hin und werden von Sorgen und Reichtum und Vergnügungen des Lebens erstickt und bringen die Frucht nicht zur Reife. 15 Das in dem guten Erdreich aber sind die, welche das Wort, das sie gehört haben, in einem feinen und guten Herzen behalten und Frucht bringen in standhaftem Ausharren. '" (Lk 8, 11-15 SCHL).

Die Verkündigung geschieht mit lauteren Mitteln

„2 Wir haben uns bewusst entschieden, nicht mit unwürdigen Methoden zu arbeiten, bei denen wir das Tageslicht scheuen müssten. Wir greifen nicht zu betrügerischen Mitteln und verfälschen Gottes Botschaft nicht. Im Gegenteil, weil wir uns Gott gegenüber verantwortlich wissen, machen wir die Wahrheit bekannt, und gerade dadurch empfehlen wir uns dem Gewissen jedes einzelnen Menschen" (2Kor 4,2).

WAS ZEICHNET DIE BÜRGER DES REICHES AUS?

† Ein kindliches Gottvertrauen

„17 Ich [Jesus] sage euch: Wer das Reich Gottes nicht wie ein Kind annimmt, wird nicht hineinkommen'" (Lk 18,17).

† Eine geistliche Wiedergeburt

„3 Jesus entgegnete: ‚Ich sage dir: Wenn jemand nicht von neuem geboren wird, kann er das Reich Gottes nicht sehen'" (Joh 3,3).

† Gehorsam und völlige Hingabe an Gott

„²¹ Nicht jeder, der zu mir [Jesus] sagt: ›Herr, Herr!‹, wird ins Himmelreich kommen, sondern nur der, der den Willen meines Vaters im Himmel tut" (Mt 7,21).

† Herzensdemut

„³ Rechthaberei und Überheblichkeit dürfen keinen Platz bei euch haben. Vielmehr sollt ihr demütig genug sein, von euren Geschwistern höher zu denken als von euch selbst" (Phil 2,3).

📖 *Siehe auch Mt 18,1-5; Eph 4,2; Kol 3,12; 1Petr 5,5.*

WAS DISQUALIFIZIERT VOM KÖNIGREICH GOTTES?

† Ein gesetzloses und unmoralisches Leben

„³ Auf sexuelle Unmoral und Schamlosigkeit jeder Art, aber auch auf Habgier sollt ihr euch nicht einmal mit Worten einlassen, denn es gehört sich nicht für Gottes heiliges Volk, sich mit solchen Dingen zu beschäftigen. ⁴ Genauso wenig haben Obszönitäten, gottloses Geschwätz und anzügliche Witze etwas bei euch zu suchen. Bringt vielmehr bei allem, was ihr sagt, eure Dankbarkeit gegenüber Gott zum Ausdruck. ⁵ Denn über eins müsst ihr euch im Klaren sein: Keiner, der ein unmoralisches Leben führt, sich schamlos verhält oder von Habgier getrieben ist (wer habgierig ist, ist ein Götzenanbeter!), hat ein Erbe im Reich von Christus und von Gott zu erwarten" (Eph 5,3-5).

📖 *Dazu auch Offb. 22,15.*

DIE ZUKUNFT DER BÜRGER IST IN GOTTES HERRLICHKEIT

„²⁰ Wir dagegen sind Bürger des Himmels, und vom Himmel her erwarten wir auch unseren Retter – Jesus Christus, den Herrn. ²¹ Er wird unseren unvollkommenen Körper umwandeln und wird ihn seinem eigenen Körper gleichmachen, der Gottes Herrlichkeit widerspiegelt. Er hat die Macht dazu, genauso, wie er auch die Macht hat, das ganze Universum seiner Herrschaft zu unterstellen" (Phil 3,20-21).

📖 *Kap 37. „Biblische Ansagen über die Endzeit und die Wiederkunft Jesu" befasst sich ausführlicher mit diesem Thema.*

FEINDE DES KÖNIGREICH GOTTES

† Feinde des Königreichs sind Mächte und Gewalten der Finsternis

„[12] Unser Kampf richtet sich nicht gegen Wesen von Fleisch und Blut, sondern gegen die Mächte und Gewalten der Finsternis, die über die Erde herrschen, gegen das Heer der Geister in der unsichtbaren Welt, die hinter allem Bösen stehen" (Eph 6,12).

† Die Gegenwehr der Mächte geschieht nur auf geistlicher Ebene

„[11] Legt die Rüstung an, die Gott für euch bereithält; ergreift alle seine Waffen! Damit werdet ihr in der Lage sein, den heimtückischen Angriffen des Teufels standzuhalten. [12-13] [...] [14] Stellt euch also entschlossen zum Kampf auf! Bindet den **Gürtel der Wahrheit** um eure Hüften, legt den **Brustpanzer der Gerechtigkeit** an [15] und tragt an den Füßen das **Schuhwerk der Bereitschaft, das Evangelium des Friedens zu verbreiten**. [16] Zusätzlich zu all dem ergreift den **Schild des Glaubens**, mit dem ihr jeden Brandpfeil unschädlich machen könnt, den der Böse gegen euch abschießt. [17] Setzt den **Helm der Rettung** auf und greift zu dem Schwert, das der Heilige Geist euch gibt; dieses **Schwert ist das Wort Gottes**." (Eph 6,11.14-17: Herv. d. Verf.).

📖 *Weitere Stellen mit Bezug zum Königreich Gottes: Kol 1,13-16; Gal 5,19-21; Lk 16,16; Lk 18,25-27; Mk 4,26-33; Mt 5,10.19; Lk 12,16-17; Mt 13,33.44-46; Mt 19,23-24; Mt 22,2-14; 1Kor 4,20; 2Kor 2,12-13.16; 1Thess 1,5; Hebr 1,8-9.*

27. DĀR AL-ISLAM: DER HERRSCHAFTSRAUM DES ISLAM

„Islam" bedeutet Unterwerfung unter Allāh. Islamische Theologen formulierten den Begriff **Dār al-Islam**, übersetzt das „Haus des Islam". Der Begriff bezeichnet alle Gebiete, die unter islamischer Herrschaft und unter dem islamischen Gesetz, der Schari'a (DMG *šarī'a*), stehen. Im Gegensatz dazu steht **Dār al-Harb**, das „Haus des Krieges", für alle Gebiete auf der Landkarte, deren Bevölkerung sich noch nicht dem Willen und somit dem Gesetz Allāhs unterworfen haben.

ALLĀH GEHÖRT ALLE HERRSCHAFT

„[18] [...] Allah gehört die Herrschaft der Himmel und der Erde und dessen, was dazwischen ist, und zu Ihm ist der Ausgang" (al-Maida 5,18).

☾ Islam ist die Unterwerfung unter Allāhs Souveränität

„[18] Allah bezeugt, daß es keinen Gott gibt außer Ihm; und (ebenso bezeugen) die Engel und diejenigen, die Wissen besitzen; der Wahrer der Gerechtigkeit. Es gibt keinen Gott außer Ihm, dem Allmächtigen und Allweisen. [19] Gewiß, die Religion ist bei Allah der Islam" (Al-i-IImran 3,18-19).

☾ Völlige Hingabe an Allāh wird belohnt

„[112] Wer sich Allah völlig hingibt und dabei Gutes tut, dessen Lohn steht für ihn bei seinem Herrn. Und sie soll keine Furcht überkommen, noch sollen sie traurig sein" (al-Baqara 2,112).

☪ Wer sich dem Islam nicht unterwirft, wird im Jenseits bestraft

„[85] Wer aber als Religion etwas anderes als den Islam begehrt, so wird es von ihm nicht angenommen werden, und im Jenseits wird er zu den Verlierern gehören" (Al-i-IImran 3,85).

MUḤAMMAD IST DER ÜBERMITTLER DES ISLAM

„[67] Er sagte: „O mein Volk, bei mir befindet sich keine Torheit, sondern ich bin ein Gesandter vom Herrn der Weltenbewohner. [68] Ich übermittele euch die Botschaften meines Herrn" (al-Araf 7,67-68).

„[67] O du Gesandter, übermittele, was zu dir (als Offenbarung) von deinem Herrn herabgesandt worden ist! Wenn du es nicht tust, so hast du Seine Botschaft nicht übermittelt. Allah wird dich vor den Menschen schützen. Gewiß, Allah leitet das ungläubige Volk nicht recht" (al-Maida 5,67).

„[62] Ich [ein Gesandter vom Herrn der Weltenbewohner] übermittele euch die Botschaften meines Herrn und rate euch gut. Und ich weiß von Allah her, was ihr nicht wißt" (al-Araf 7,62).

DIE HERRSCHAFT DES ISLAM UND DER WILLE ALLĀHS

☪ Jeder muss sich, freiwillig oder widerwillig, Allāh ergeben

„[83] Begehren sie denn eine andere als Allahs Religion, wo sich Ihm doch (jeder) ergeben hat, der in den Himmeln und auf der Erde ist, freiwillig oder widerwillig? Und zu Ihm werden sie zurückgebracht" (Al-i-IImran 3,83).

☪ Allāhs Wille bestimmt, wer sich Ihm unterstellt und wer nicht

„[126] Wen Allah rechtleiten will, dem tut Er die Brust auf für den Islam. Und wen Er in die Irre gehen lassen will, dem macht Er die Brust eng und bedrängt, so als ob er in den Himmel hochsteigen sollte. So legt Allah den Greuel auf diejenigen, die nicht glauben" (al-Anam 6,126).

„[88] Wollt ihr denn rechtleiten, wen Allah in die Irre gehen läßt? Wen aber Allah in die Irre gehen läßt, für den wirst du keinen Weg finden" (an-Nisa 4,88).

„[30] Und ihr könnt nicht(s) wollen, außer daß Allah (es) will. Gewiß, Allah ist Allwissend und Allweise" (al-Insan 76,30).

📖 *Siehe auch Suren 7,178; 16,36-37.*

📖 *Anhang II befasst sich ausführlich mit der Vorherbestimmung alles Geschehens im Islam.*

WER SIND FEINDE DES ISLAM?

☾ Satan ist ein Feind des Islam

„[168] [...] folgt nicht den Fußstapfen des Satans! Er ist euch ein deutlicher Feind" (al-Baqara 2,168).

„[208] O die ihr glaubt, tretet allesamt in den Islam ein und folgt nicht den Fußstapfen des Satans! Er ist euch ja ein deutlicher Feind" (al-Baqara 2,208).

📖 *Siehe auch Suren 6,142; 7,22; 12,5; 36,60; 43,62.*

☾ Wer Feind der Engel und Gesandten Allāhs ist, ist auch Allāhs Feind

„[98] Wer Allah und Seinen Engeln und Seinen Gesandten und Ǧibrīl [Gabriel] und Mīkāl [der Engel Michael] feind ist, so ist Allah den Ungläubigen feind" (al-Baqara 2,98).

☾ Ungläubige sind Feinde Allāhs

„[101] Und wenn ihr im Land umherreist, so ist es keine Sünde für euch, das Gebet abzukürzen, wenn ihr befürchtet, diejenigen, die ungläubig sind, könnten euch überfallen. Die Ungläubigen sind euch ja ein deutlicher Feind" (an-Nisa 4,101).

DIE AUSBREITUNG DER HERRSCHAFT ALLĀHS

☾ Ausbreitung geschieht durch Einladung zum Islam (Da'wa)

„[64] Sag: O Leute der Schrift, kommt her zu einem zwischen uns und euch gleichen Wort: daß wir niemandem dienen außer Allah und Ihm nichts beigesellen und sich nicht die einen von uns die anderen zu Herren außer Allah nehmen. Doch wenn sie sich abkehren, dann sagt: Bezeugt, daß wir (Allah) ergeben sind. [65] O Leute der Schrift, warum streitet ihr über Ibrāhīm, wo die Thora und das Evangelium erst nach ihm (als Offenbarung) herabgesandt worden sind? Begreift ihr denn nicht?" (Al-i-IImran 3,64-65).

„[208] O die ihr glaubt, tretet allesamt in den Islam ein und folgt nicht den Fußstapfen des Satans! Er ist euch ja ein deutlicher Feind" (al-Baqara 2,208).

„[125] Rufe zum Weg deines Herrn mit Weisheit und schöner Ermahnung, und streite mit ihnen in bester Weise. Gewiß, dein Herr kennt sehr wohl, wer von Seinem Weg abirrt, und Er kennt sehr wohl die Rechtgeleiteten" (an-Nahl 16,125).

☾ Ausbreitung geschieht durch Kampf, bis die Religion gänzlich Allāhs ist

„[38] Sag zu denen, die ungläubig sind: Wenn sie aufhören, wird ihnen vergeben, was bereits vergangen ist. Wenn sie aber (dazu) zurückkehren, – so hat sich schon die Gesetzmäßigkeit an den Früheren vollzogen. [39] Und kämpft gegen sie, bis es keine Verfolgung mehr gibt und (bis) die Religion gänzlich Allahs ist. Wenn sie jedoch aufhören, so sieht Allah wohl, was sie tun" (al-Anfal 8,38-39).

„[29] Kämpft gegen diejenigen, die nicht an Allah und nicht an den Jüngsten Tag glauben und nicht verbieten, was Allah und Sein Gesandter verboten haben, und nicht die Religion der Wahrheit befolgen – von denjenigen, denen die Schrift gegeben wurde [Juden und Christen] –, bis sie den Tribut aus der Hand entrichten und gefügig sind!" (At-Tauba 9,29).

„[190] Und kämpft auf Allahs Weg gegen diejenigen, die gegen euch kämpfen, doch übertretet nicht! Allah liebt nicht die Übertreter. [191] Und tötet sie, wo immer ihr auf sie trefft, und vertreibt sie, von wo sie euch vertrieben haben, denn Verfolgung ist schlimmer als Töten! Kämpft jedoch nicht gegen sie bei der geschützten Gebetsstätte, bis sie dort (zuerst) gegen euch kämpfen. Wenn sie aber (dort) gegen euch kämpfen, dann tötet sie. Solcherart ist der Lohn der Ungläubigen. [192] Wenn sie jedoch aufhören, so ist Allah Allvergebend und Barmherzig. [193] Und kämpft gegen sie, bis es keine Verfolgung mehr gibt und die Religion (allein) Allahs ist. Wenn sie jedoch aufhören, dann darf es kein feindseliges Vorgehen geben außer gegen die Ungerechten" (al-Baqara 2,190-193).

📖 *Weitere āyāt, die zum Kampf aufrufen: Suren 47,4; 8,65; 9,5.*

Märtyrern wird ewiger Lohn verheißen

„[111] Allah hat von den Gläubigen ihre eigene Person und ihren Besitz dafür erkauft, daß ihnen der (Paradies)garten gehört: Sie kämpfen auf Allahs Weg, und so töten sie und werden getötet. (Das ist) ein für Ihn bindendes Versprechen in Wahrheit in der Thora, dem Evangelium und dem Qur'ān. Und wer ist treuer in (der Einhaltung) seiner Abmachung als Allah? So freut euch über das Kaufgeschäft, das ihr abgeschlossen habt, denn das ist der großartige Erfolg!" (At-Tauba 9,111).

„[74] So sollen denn diejenigen auf Allahs Weg kämpfen, die das diesseitige Leben für das Jenseits verkaufen. Und wer auf Allahs Weg kämpft und dann getötet wird oder siegt, dem werden Wir großartigen Lohn geben" (an-Nisa 4,74).

Kriegsdienstverweigerer sind Feiglinge

„[20] Und diejenigen, die glauben, sagen: „Wäre doch eine Sūra offenbart worden!" Wenn aber eine eindeutige Sūra herabgesandt wird und darin der Kampf erwähnt wird, siehst du diejenigen, in deren Herzen Krankheit ist, dich anschauen, wie einer schaut, der im Sterben ohnmächtig wird. Näherliegender wären für sie [21] Gehorsam und geziemende Worte. Wenn die Angelegenheit beschlossen ist, dann wäre es wahrlich besser für sie, sie würden Allah gegenüber wahrhaftig sein" (Muhammad 47,20).

„[86] Und wenn eine Sūra (als Offenbarung) hinabgesandt wird: ,Glaubt an Allah und müht euch (zusammen) mit Seinem Gesandten ab', (dann) bitten dich die Bemittelten unter ihnen um Erlaubnis und sagen: ,Lasse uns mit denen (zusammen) sein, die (daheim) sitzen bleiben!' [87] Sie waren damit zufrieden, (zusammen) mit den zurückbleibenden Frauen zu sein, und ihre Herzen wurden versiegelt; so verstehen sie nicht. [88] Aber der Gesandte und diejenigen, die mit ihm glaubten, mühten sich mit ihrem Besitz und ihrer eigenen Person ab. Das sind die, für die es die guten Dinge geben wird, und das sind diejenigen, denen es wohl ergeht" (At-Tauba 9,86-88).

☾ Ein fünftel der Kriegsbeute gehört Allāh und dem Gesandten

„[40] Und wenn sie sich abkehren, so wisset, daß Allah euer Schutzherr ist. Wie trefflich ist der Schutzherr, und wie trefflich ist der Helfer! [41] Und wisset: Was immer ihr erbeutet, so gehört Allah ein Fünftel davon und dem Gesandten, und den Verwandten, den Waisen, den Armen und dem Sohn des Weges, wenn ihr an Allah glaubt und an das, was Wir auf Unseren Diener am Tag der Unterscheidung (als Offenbarung) hinabgesandt haben, an dem Tag, da die beiden Heere aufeinandertrafen. Und Allah hat zu allem die Macht" (al-Anfal 8,40-41).

📖 *Weitere relevante āyāt zum Thema Kampf auf Allahs Weg: Suren 2,190-193.216-218.244-245; 3,167; 4,74.76-77.84; 9,13.29.36; 33,25; 48,16; 61,4.*

28. WIE GOTT SICH UNS MENSCHEN OFFENBART

Gott offenbarte sich im Laufe der Jahrtausende viele Male und auf vielerlei Weisen, um Menschen und Völker zu einer Erkenntnis seiner Selbst zu führen, sie an seinem göttlichen Plan teilhaben zu lassen und ihnen seine Fürsorge zu beteuern. Er offenbarte sich durch Zeichen und Wunder, durch Träume und Visionen und durch direkte Kommunikation.

✝ Gott offenbart sich in der Schöpfung

„[20] Seit der Erschaffung der Welt sind seine Werke ein sichtbarer Hinweis auf ihn, den unsichtbaren Gott, auf seine ewige Macht und sein göttliches Wesen" (Röm 1,20).

„[2] Die Himmel verkünden die Herrlichkeit Gottes, und das Himmelsgewölbe zeigt, dass es das Werk seiner Hände ist. [3] Ein Tag erzählt es dem anderen, und eine Nacht gibt es der anderen weiter. [4] Sie tun es ohne Worte, kein Laut und keine Stimme ist zu hören. [5] Und doch geht ihre Botschaft über die ganze Erde, ihre Sprache bis zum Ende der Welt [...]" (Ps 19,2-5).

📖 *Weitere themabezogene Stellen zum Nachschlagen: Ps 8,2; Ijob 38-40; Jes 40,26.*

✝ Gott offenbart sich durch Zeichen und Wunder

„[18] [...] Denke daran, was der HERR, dein Gott, dem Pharao und allen Ägyptern getan hat [19] durch große Machtproben, die du mit eigenen Augen gesehen hast, und durch Zeichen und Wunder, durch mächtige Hand und ausgereckten Arm, womit dich der HERR, dein Gott, herausführte " (Dtn 7,18.19 LUT17).

„[31] König Nebukadnezzar schrieb einen Brief an die Menschen aller Nationen, Völker und Sprachen auf der ganzen Erde. Er lautete: Glück und Frieden euch allen! [32] Mit diesem Schreiben möchte ich überall bekannt machen, was für große Wunder der höchste Gott an mir getan hat. [33] Seine Taten sind staunenerregend, seine Wunder unvergleichlich. Sein Reich bleibt für immer bestehen, seine Herrschaft nimmt kein Ende" (Dan 3,32.33).

📖 *Siehe auch Neh 9,9-12; Dan 6,22.28; Jer 32,19-21; Apg 2,22.*

✝ Gott offenbart sich durch den Verlauf der Geschichte seines Volks Israel

📖 *Finde dazu in Kap. 32 „Erfüllte Vorhersagen bestätigen Gottes Allmacht und Glaubwürdigkeit".*

✝ Gott sprach zu den Vorvätern des Glaubens

Gott sprach oft zu Menschen, denen Er einen außergewöhnlichen Auftrag erteilte. Er versprach ihnen Seine Hilfe und Gegenwart für die Bewältigung ihres göttlichen Auftrags, dem sie mit ihren menschlichen Grenzen nicht gewachsen waren.

„[1] Da sagte der HERR zu Abram: ‚Verlass deine Heimat, deine Sippe und die Familie deines Vaters und zieh in das Land, das ich dir zeigen werde!'" (Gen 12,1).

„[7] Dort erschien dem Abram der HERR und sagte zu ihm: ‚Deinen Nachkommen will ich dieses Land geben!' [...]" (Gen 12,7).

„[8] Dann hörte ich [Jeremia], wie der Herr sagte: ‚Wen soll ich senden? Wer ist bereit, unser Bote zu sein?' Ich antwortete: ‚Ich bin bereit, sende mich!'" (Jes 6,8).

„⁴ Das Wort des HERRN erging an mich [Jeremia], er sagte zu mir: ⁵ ‚Noch bevor ich dich im Leib deiner Mutter entstehen ließ, hatte ich schon meinen Plan mit dir. Noch ehe du aus dem Mutterschoß kamst, hatte ich bereits die Hand auf dich gelegt. Denn zum Propheten für die Völker habe ich dich bestimmt'" (Jer 1,4-5).

† Gott erschien den Israeliten in einer Wolke und Feuersäule

„²¹ Während der Wanderung [Auszug des Volkes Israel aus Ägypten] ging der HERR tagsüber in einer Wolkensäule vor ihnen her, um ihnen den Weg zu zeigen, und nachts in einer Feuersäule, um ihnen zu leuchten. So konnten sie Tag und Nacht unterwegs sein. ²² Jeden Tag war die Wolkensäule an der Spitze des Zuges und jede Nacht die Feuersäule" (Ex 13,21-22).

Siehe auch Ex 34,5-6; Hag 1,1-4; Jer 18,1-6; Jes 28,16.

† Gott erschien Menschen in Träumen, Visionen und Offenbarungen

„¹³ Danach sah ich [Daniel] in meiner Vision einen, der aussah wie der Sohn eines Menschen. Er kam mit den Wolken heran und wurde vor den Thron des Uralten [eine Darstellung Gottes] geführt. ¹⁴ Der verlieh ihm Macht, Ehre und Herrschaft, und die Menschen aller Nationen, Völker und Sprachen unterwarfen sich ihm. Seine Macht ist ewig und unvergänglich, seine Herrschaft wird niemals aufhören" (Dan 7,13-14).

Weitere für das Thema relevante Stellen: Gen 2,1-6; 1 Sam 3,10; 1 Kön 3,5; Jes 1,1; 6,1-6; Jer 1,5; Jer 10,1-4; Hes 1,1-27; 37,1-5; Joel 1,1; Dan 7,12-14; Zef 1,1; Hag 1,1; Sach 1,1; Mal 1,1; Eph 3,4-5; Gal 1,11-12.

† Gott erschien Mose in einem brennenden Dornbusch

„² Dort erschien ihm [Mose] der Engel des HERRN in einer lodernden Flamme, die aus einem Dornbusch schlug. Mose sah nur den brennenden Dornbusch, aber es fiel ihm auf, dass der Busch von der Flamme nicht verzehrt wurde. ³ ‚Das ist doch seltsam', dachte er. ‚Warum verbrennt der Busch nicht? Das muss ich mir aus der Nähe ansehen!' ⁴ Als der HERR

197

sah, dass Mose näher kam, rief er ihn aus dem Busch heraus an: ‚Mose! Mose!‘ ‚Ja‘, antwortete Mose, ‚ich höre!‘ [5] ‚Komm nicht näher!‘, sagte der HERR. ‚Zieh deine Schuhe aus, denn du stehst auf heiligem Boden.‘ [6] Dann sagte er: ‚Ich bin der Gott, den dein Vater verehrt hat, der Gott Abrahams, Isaaks und Jakobs.‘ Da verhüllte Mose sein Gesicht, denn er fürchtete sich, Gott anzusehen“ (Ex 3,2-6).

† Gott erschien den Israeliten in der Gestalt eines Engels

„[20] Der HERR sagte: ‚Ich verspreche euch, ich werde einen Engel vor euch hersenden, der euch unterwegs beschützt und euch sicher in das Land bringt, das ich für euch bestimmt habe. [21] Haltet euch genau an seine Weisungen! Wenn ihr euch gegen ihn auflehnt, wird er euch das nicht vergeben, denn in seiner Person bin ich selbst mitten unter euch. [22] Wenn ihr ihm aufs Wort gehorcht und alles tut, was ich euch durch ihn sage, werde ich eure Feinde niederwerfen und jeden in die Enge treiben, der euch bedrängt“ (Ex 23, 20-22).

📖 *Weitere themenbezogene Stellen dazu: Gen 16,7-11; 21,17; 22,11; 28,12; 31,11; Ex 3,2; 14,19; 22,31; Ri 6,1; 1Kön 13,18; 2Kön 1.3.15; Jes 63,9; Sach 4,1; Mt 1,20.24; 2,19; Lk 1,11.13; 1,28-38; 2,10.*

† Zuletzt offenbarte Gott sich in seinem Sohn

📖 *Siehe dazu Kapitel 14. „Was die Bibel über Jesus offenbartt“.*

29. WIE ALLĀH SICH UNS MENSCHEN OFFENBART

ALLĀH OFFENBART SICH DURCH SEINE ZEICHEN

382 Stellen im Qur'ān erwähnen das arabische Wort *āyāt (pl.)*. *āya (sg.)* kann sowohl „Zeichen" als auch „Vers" bedeuten. Der jeweilige Kontext ist für die Bedeutung maßgebend.

☾ Wer an Allāhs Zeichen glaubt, erhält Vergebung

„[54] Und wenn diejenigen, die an Unsere Zeichen glauben, zu dir kommen, dann sag: Friede sei auf euch! Euer Herr hat Sich Selbst Barmherzigkeit vorgeschrieben: Wer von euch in Unwissenheit Böses tut, aber danach dann bereut und (es) wieder gutmacht, so ist Er Allvergebend und Barmherzig" (al-Anam 6,54).

☾ Wer Allāhs Zeichen verleugnet, erhält die Höllenstrafe

„[56] Diejenigen, die Unsere Zeichen verleugnen, werden Wir gewiß einem Feuer aussetzen. Jedesmal, wenn ihre Haut verbrannt ist, tauschen Wir sie ihnen gegen eine andere Haut aus, damit sie die Strafe kosten. Allah ist Allmächtig und Allweise" (an-Nisa 4,56).

„[39] Diejenigen aber, die ungläubig sind und Unsere Zeichen für Lüge erklären, das sind Insassen des (Höllen)feuers. Ewig werden sie darin bleiben" (al-Baqara 2, 39).

WAS ZÄHLT ZU ALLĀHS ZEICHEN?

☽ Die Schöpfung

„[3] In den Himmeln und auf der Erde sind wahrlich Zeichen für die Gläubigen. [4] Und in eurer Erschaffung und in dem, was Er an Tieren sich ausbreiten läßt, sind Zeichen für Leute, die überzeugt sind. [5] Und (auch in) dem Unterschied von Nacht und Tag und (in) dem, was Allah an Versorgung vom Himmel herabkommen läßt und dann damit die Erde nach ihrem Tod wieder lebendig macht, und im Wechsel der Winde sind Zeichen für Leute, die begreifen. [6] Dies sind Allahs Zeichen, die Wir dir der Wahrheit entsprechend verlesen" (al-Gatiya 45,3-6).

„[20] Es gehört zu Seinen Zeichen, daß Er euch aus Erde erschaffen hat, hierauf wart ihr auf einmal menschliche Wesen, die sich ausbreiten. [21] Und es gehört zu Seinen Zeichen, daß Er euch aus euch selbst Gattinnen erschaffen hat, damit ihr bei ihnen Ruhe findet; und Er hat Zuneigung und Barmherzigkeit zwischen euch gesetzt. Darin sind wahrlich Zeichen für Leute, die nachdenken. [22] Und zu Seinen Zeichen gehört die Erschaffung der Himmel und der Erde" (ar-Rum 30,20-25).

📖 *Siehe auch Sure 2,164; 6,99.*

☽ Der Unterschied zwischen Tag und Nacht, Regen, Wolken und Winde

„[164] In der Schöpfung der Himmel und der Erde; im Unterschied von Nacht und Tag; in den Schiffen, die das Meer befahren mit dem, was den Menschen nützt; darin, daß Allah Wasser vom Himmel herabkommen läßt, und damit dann die Erde nach ihrem Tod wieder lebendig macht und auf ihr allerlei Tiere sich ausbreiten läßt; und im Wechsel der Winde und der Wolken, die zwischen Himmel und Erde dienstbar gemacht sind, sind wahrlich Zeichen für Leute, die begreifen" (al-Baqara 2,164).

☾ Regen und Blitze

„²⁴ Und es gehört zu Seinen Zeichen, daß Er euch den Blitz (als Grund) zur Furcht und zum Begehren sehen läßt und vom Himmel Wasser herabkommen läßt und mit ihm dann die Erde nach ihrem Tod wieder lebendig macht. Darin sind wahrlich Zeichen für Leute, die begreifen" (ar-Rum 30,24).

☾ Winde, die frohen Botschaften vorangehen

„⁴⁶ Und es gehört zu Seinen Zeichen, daß Er die Winde als Verkünder froher Botschaft (voraus)sendet, und damit Er euch etwas von Seiner Barmherzigkeit kosten läßt und damit die Schiffe auf Seinen Befehl fahren und damit ihr nach etwas von Seiner Huld trachtet, und auf daß ihr dankbar sein möget" (ar-Rum 30,46).

☾ Die Schöpfung der Frau aus dem Mann

„²¹ Und es gehört zu Seinen Zeichen, daß Er euch aus euch selbst Gattinnen erschaffen hat, damit ihr bei ihnen Ruhe findet; und Er hat Zuneigung und Barmherzigkeit zwischen euch gesetzt. Darin sind wahrlich Zeichen für Leute, die nachdenken" (ar-Rum 30,21).

☾ Die Verschiedenheit der Sprachen und Hautfarben

„²² Und zu Seinen Zeichen gehört [...] (auch) die Verschiedenheit eurer Sprachen und Farben. Darin sind wahrlich Zeichen für die Wissenden" (ar-Rum 30,22).

☾ Der Schlaf und das Trachten nach Allahs Huld

„²³ Und zu Seinen Zeichen gehört euer Schlaf bei Nacht und Tag und auch euer Trachten nach etwas von Seiner Huld. Darin sind wahrlich Zeichen für Leute, die hören" (ar-Rum 30,23).

☾ 'Īsā und seine Mutter Maryam

„⁹¹ Und (auch) diejenige, die ihre Scham unter Schutz stellte. Da hauchten Wir ihr [Maryam] von Unserem Geist [arab. *rūhanā*] ein und machten sie und ihren Sohn ʿĪsā zu einem Zeichen für die Weltenbewohner" (al-Anbiya 21,91).

☾ Der Qur'ān

„⁹⁹ Und Wir haben zu dir ja (im Qur'ān) klare Zeichen hinabgesandt. Doch nur die Frevler verleugnen sie" (al-Baqara 2,99).

„⁴⁷ Und so haben Wir das Buch zu dir hinabgesandt. Diejenigen, denen Wir die Schrift gaben, glauben daran. Und auch unter diesen da gibt es manche, die daran glauben. Nur die Ungläubigen verleugnen Unsere Zeichen. ⁴⁸ Und du hast vordem kein Buch verlesen und es auch nicht mit deiner rechten Hand niedergeschrieben. Sonst würden wahrlich diejenigen zweifeln, die (es) für falsch erklären. ⁴⁹ Nein! Vielmehr sind es klare Zeichen in den Brüsten derjenigen, denen das Wissen gegeben worden ist. Und nur die Ungerechten verleugnen Unsere Zeichen" (al-Ankabut 29,47-51).

☾ Die Wundertaten von ʿĪsā

„⁴⁹ Und (Er wird ihn [al-Masīḥ ʿĪsā] schicken) als einen Gesandten zu den Kindern Isrāʾīls (, zu denen er sagen wird): ‚Gewiß, ich bin ja mit einem Zeichen von eurem Herrn zu euch gekommen: daß ich euch aus Lehm (etwas) schaffe, (was so aussieht) wie die Gestalt eines Vogels, und dann werde ich ihm einhauchen, und da wird es ein (wirklicher) Vogel sein. Und ich werde mit Allahs Erlaubnis den Blindgeborenen und den Weißgefleckten heilen und werde Tote mit Allahs Erlaubnis wieder lebendig machen. Und ich werde euch kundtun, was ihr eßt und was ihr in euren Häusern aufspeichert. Darin ist wahrlich ein Zeichen für euch, wenn ihr gläubig seid" (Al-i-IImran 3,49).

📖 *Siehe auch Sure 2,73,99,246,259; 3,41,49,97; 5,114; 6,97,99; 7,26,73,103,133.*

WAS BEZWECKEN ALLĀHS ZEICHEN?

☾ Sie sollen Menschen zur Einsicht führen

„[242] So macht Allah euch Seine Zeichen klar, auf daß ihr begreifen möget" (al-Baqara 2,242).

☾ Sie sollen Menschen zum Nachdenken anregen

„[219] [...] So macht Allah euch die Zeichen klar, auf daß ihr nachdenken möget" (al-Baqara 2,219).

☾ Sie sollen Menschen zur Gottesfurcht führen

„[187] [...] So macht Allah den Menschen Seine Zeichen klar, auf daß sie gottesfürchtig werden mögen" (al-Baqara 2,187).

☾ Sie sollen Menschen zur Umkehr führen

„[174] So legen Wir die Zeichen ausführlich dar, – auf daß sie umkehren mögen" (al-Araf 7,174).

ALLĀH OFFENBART SICH IN SEINEN OFFENBARUNGSBÜCHERN

Die Offenbarungen Allāhs an Seine Gesandten und Propheten wurden als Offenbarungsschriften festgehalten. Der Glaube an die offenbarten Bücher ist eins der Glaubensartikel bzw. des *īmān*.

☾ Die Offenbarungsbücher wurden von Allāh eingegeben

„[43] Und Wir haben vor dir nur Männer [gemeint sind Männer die in der Bibel genannt sind] gesandt, denen Wir (Offenbarungen) eingegeben haben. [...] [44] (Wir haben sie gesandt) mit den klaren Beweisen und den Büchern der Weisheit. Und Wir haben zu dir [Muḥammad] die Ermahnung hinabgesandt, damit du den Menschen klar machst, was ihnen offenbart worden ist, und auf daß sie nachdenken mögen" (an-Nahl 16,43-44).

„[163] Gewiß, Wir haben dir [Muḥammad] (Offenbarung) eingegeben, wie Wir Nūḥ und den Propheten nach ihm (Offenbarung) eingegeben haben. Und Wir haben Ibrāhīm, Ismāʿīl, Isḥāq, Yaʿqūb, den Stämmen, ʿĪsā, Ayyūb, Yūnus, Hārūn und Sulaimān (Offenbarung) eingegeben, und Dāwūd haben Wir ein Buch der Weisheit [die Zabūr oder Psalmen] gegeben" (an-Nisa 4,163).

☾ Die Offenbarungen umfassen die Thora, die Zabūr, das Evangelium und den Qur'ān

Die Thora

„[87] Und Wir gaben bereits Mūsā die Schrift und ließen nach ihm die Gesandten folgen" (al-Baqara 2,87).

„[154] Hierauf gaben Wir Mūsā die Schrift als Vollendung (und Belohnung) für das, was er an Gutem getan hatte, als eine ausführliche Darlegung für alles und als Rechtleitung und Barmherzigkeit, auf daß sie an die Begegnung mit ihrem Herrn glauben mögen!" (al-Anam 6,154).

📖 *Weitere āyāt mit Bezug auf die Thora: Suren 23,49-50; 3,48.50; 3,65; 3,93; 5,93; 5,43-45; 5,66; 5,110; 6,91; 7,157; 9,111; 17,2-4; 32,23; 48,49; 61,6; 62,5.*

Die Zabūr (Psalmen)

„[55] [...] Und Wir haben ja einige der Propheten vor anderen bevorzugt. Und Dāwūd haben Wir ein Buch der Weisheit [zaburan] gegeben" (al-Isra 17,55).

📖 *Weitere Stellen mit Bezug auf die Zabūr: Suren 4,163 und 21,105.*

Das Evangelium (Indschīl)

„[46] Und Wir ließen auf ihren Spuren ʿĪsā, den Sohn Maryams, folgen, das zu bestätigen, was von der Thora vor ihm (offenbart) war; und Wir gaben ihm das Evangelium, in dem Rechtleitung und Licht sind, und das zu bestätigen, was von der Thora vor ihm (offenbart) war, und als Rechtleitung und Ermahnung für die Gottesfürchtigen" (al-Maida 5,46).

Das Evangelium in der Bibel ist allerdings kein Buch, sondern die Botschaft, die Jesus durch Wort und Tat verkündigte. Jesus selbst hat kein Buch verfasst. Als Evangelien werden auch die ersten vier neutestamentlichen Bücher bezeichnet.

📖 *Das Evangelium wird auch in folgenden āyāt erwähnt: Suren 3,2.48.65; 5,66-68.110; 7,157; 9,111; 48,29 und 57,27.*

Der Qurʾān

„³ Er hat dir [Mohammad] das Buch mit der Wahrheit offenbart, das zu bestätigen, was vor ihm (offenbart) war" (Al-i-IImran 3,3).

☾ Allāh macht keinen Unterschied zwischen den Offenbarungen

„⁸⁴ Sag: Wir glauben an Allah und (an das,) was auf uns und was auf Ibrāhīm, Ismāʿīl, Ishāq, Yaʿqūb und die Stämme (als Offenbarung) herabgesandt wurde und was Mūsā, ʿĪsā und den Propheten von ihrem Herrn gegeben wurde. Wir machen keinen Unterschied bei jemandem von Ihnen, und wir sind Ihm ergeben" (Al-i-IImran 3,84).

„²⁸⁵ Der Gesandte (Allahs) glaubt an das, was zu ihm von seinem Herrn (als Offenbarung) herabgesandt worden ist, und ebenso die Gläubigen; alle glauben an Allah, Seine Engel, Seine Bücher und Seine Gesandten – Wir machen keinen Unterschied bei jemandem von Seinen Gesandten. Und sie sagen: „Wir hören und gehorchen. (Gewähre uns) Deine Vergebung, unser Herr! Und zu Dir ist der Ausgang" (al-Baqara 2,285).

☾ Spätere Offenbarungen Allāhs bestätigen die früheren

„⁴⁴ Gewiß, Wir haben die Thora hinabgesandt, in der Rechtleitung und Licht sind, womit die Propheten, die sich (Allah) ergeben hatten, für diejenigen, die dem Judentum angehören [...] ⁴⁶ Und Wir ließen auf ihren Spuren ʿĪsā, den Sohn Maryams, folgen, das zu bestätigen, was von der Thora vor ihm (offenbart) war; und Wir gaben ihm das Evangelium, in dem Rechtleitung und Licht sind, und das zu bestätigen, was von der Thora vor ihm (offenbart) war, und als Rechtleitung und Ermahnung für die Gottesfürchti-

gen. [⁴⁷...] ⁴⁸ Und Wir haben zu dir das Buch mit der Wahrheit hinabgesandt, das zu bestätigen, was von dem Buch vor ihm (offenbart) war, und
als Wächter darüber" (al-Maida 5,44-48).

📖 *Weitere āyāt dazu:Suren 2,41.89.97; 3,3; 5,48.*

☾ Allāhs Offenbarungen bestimmen die Religion der jeweiligen Empfänger

„¹³ Er hat euch von der Religion festgelegt [bestimmt], was Er Nūḥ anbefahl und was Wir dir (als Offenbarung) eingegeben haben und was Wir
Ibrāhīm, Mūsā und ʿĪsā anbefahlen: Haltet die (Vorschriften der) Religion
ein und spaltet euch nicht darin (in Gruppen). Den Götzendienern setzt das
schwer zu, wozu du sie aufrufst. Allah erwählt dazu, wen Er will, und leitet
dazu, wer sich (Ihm) reuig zuwendet" (as-Sura 42,13).

📖 *Weiter für das Thema relevante āyāt zum Nachschlagen: Suren 37,114-123; 17,2-4; 21,48;
57,25-27.*

☾ Allāhs Offenbarungen sind vollkommen und unveränderbar

„⁶⁴ Keine Abänderung gibt es für die Worte Allahs" (Yunus 10,64).

„¹¹⁵ Vollkommen ist das Wort deines Herrn in Wahrhaftigkeit und Gerechtigkeit. Es gibt niemanden, der Seine Worte abändern könnte. Und Er ist
der Allhörende und Allwissende" (al-Anam 6,115).

📖 *Weitere āyāt zur Unveränderbarkeit der Offenbarungen Allahs: Suren 6,34; 18,27.*

30. DIE BIBEL: DAS GESCHRIEBENE OFFENBARUNGSWORT GOTTES

DIE GÖTTLICHE QUELLE DER BIBEL

† Die Bibel ist vom Geist Gottes inspiriert

Eingebung oder Inspiration deutet an, dass Gott Seine Mitteilung den Empfängern der Botschaft durch Seinen Heiligen Geist eingeben hat. Die Botschaften wurden in das jeweilige Zeitgeschehen, die Persönlichkeit der Propheten, sowie deren zeitgenössische Denk- und Verständnisweise eingebettet.

„[16] Denn alles, was in der Schrift steht, ist von Gottes Geist eingegeben, und dementsprechend groß ist auch der Nutzen der Schrift: Sie unterrichtet in der Wahrheit, deckt Schuld auf, bringt auf den richtigen Weg und erzieht zu einem Leben nach Gottes Willen" (2Tim 3,16).

„[21] Keine Prophetie hat je ihren Ursprung im Willen eines Menschen gehabt. Vielmehr haben Menschen, vom Heiligen Geist geleitet, im Auftrag Gottes geredet" (2Petr 1,21).

DIE WIRKUNG UND EIGENSCHAFTEN DES WORTES GOTTES

Die Eigenschaften Gottes spiegeln sich zwangsläufig in Seinem Wort wider. So ist Gottes Wort - wie Gott selbst - zuverlässig, wahr, heilig, ewig und voller Gotteskraft.

† Gottes Wort ist Licht und Wegweiser

„¹⁰⁵ Dein Wort leuchtet mir dort, wo ich gehe; es ist ein Licht auf meinem Weg" (Ps 119,105).

„¹⁹ [...] wir haben die Botschaft der Propheten, die durch und durch zuverlässig ist. [...] sie ist wie eine Lampe, die an einem dunklen Ort scheint" (2Petr 1,19).

📖 *Psalm 119 ist ein Loblied des Wortes Gottes als Ratgeber, Wegweisung, Trost, Lebenskraft, kostbarer Schatz und Licht.*

† Das Wort Gottes hat dynamische Wirkungskraft

„⁶ Die Himmel sind durch das Wort des Herrn gemacht, und ihr ganzes Heer durch den Hauch seines Mundes. ⁷⁻⁸ [...] ⁹ Denn er sprach, und es geschah; er gebot, und es stand da." (Ps 33,6.9 SCHL).

„¹² [...] Gottes Wort ist lebendig und voller Kraft. Das schärfste beidseitig geschliffene Schwert ist nicht so scharf wie dieses Wort, das Seele und Geist und Mark und Bein durchdringt und sich als Richter unserer geheimsten Wünsche und Gedanken erweist" (Hebr 4,12).

[Der HERR sagt:] „²⁹ ‚Mein Wort brennt wie Feuer. Es ist wie ein Hammer, der Felsen zerschlägt!'" (Jer 23,29).

📖 *Siehe auch 1Thess 3,13 und Gen 1.*

† Gottes Wort ist Wahrheit

[Kurz vor seiner Kreuzigung betete Jesus mit folgen Worten für seine Jünger:] „Mach sie durch die Wahrheit zu Menschen, die dir geweiht sind. Dein Wort ist die Wahrheit" (Joh 17,17).

„Dein Wort ist durch und durch wahr, und ewig gültig sind alle deine Rechtsurteile. In ihnen zeigt sich deine Gerechtigkeit" (Ps 119,160).

† Gottes Wort ist ewig

„[8] Da sagte die Stimme [Gottes]: ‚Das Gras verdorrt, die Blumen verwelken; aber das Wort unseres Gottes bleibt für immer in Kraft'" (Jes 40,8).

„[89] Auf ewig, o Herr, steht dein Wort fest in den Himmeln; [90] deine Treue währt von Geschlecht zu Geschlecht!" (Ps 119,89-90 SCHL).

📖 *Dazu auch: Mt 24,35; Mt 5,18.*

† Gottes Wort ist rein

„[31] Was für ein wunderbarer Gott! Vollkommen ist sein Weg. Das Wort des Herrn ist rein. Ein schützender Schild ist er für alle, die sich bei ihm bergen" (Ps 18,31).

† Gottes Wort ist zuverlässig

„[4] Denn das Wort des HERRN ist wahrhaftig [od. verlässlich], all sein Tun ist Treue" (Ps 33,4 SCHL).

† Gottes Wort liefert Freude und Trost

„[162] Ich freue mich über dein Wort wie einer, der große Beute findet" (Ps 119,162 SCHL).

„[16] Dein Wort ward meine Speise, sooft ich's empfing, und dein Wort ist meines Herzens Freude und Trost; denn ich bin ja nach deinem Namen genannt, Herr, Gott Zebaoth" (Jer 15,16).

31. DER QUR'ĀN: DIE OFFENBARUNG ALLĀHS IN ARABISCHER SPRACHE

Der Qur'ān ist laut Überlieferung „die Richtschnur der Muslime. Er ist der vollkommene Kodex ihres täglichen Lebens - wirtschaftlich, politisch, religiös, gesellschaftlich und moralisch. Er ist eine Offenbarung des Allmächtigen mit den exakten Worten, welche darin enthalten sind" (Mishkatu'l-Masabih, Band 3, S. 663: Übersetzung d. Verf.).

DIE OFFENBARUNG DES QUR'ĀN

☾ Muḥammad empfing den Qur'ān als göttliche Offenbarung

„[2] Nicht in die Irre geht euer Gefährte [Muḥammad], und auch nicht einem Irrtum ist er erlegen, [3] und er redet nicht aus (eigener) Neigung. [4] Es ist nur eine Offenbarung, die eingegeben wird. [5] Belehrt hat ihn der Besitzer starker Kräfte, [6] der (geistige) Macht besitzt. So stand Er da [7] und war am obersten Gesichtskreis. [8] Hierauf kam er näher und stieg herunter, [9] so daß er (nur) zwei Bogenlängen entfernt war oder noch näher. [10] Da gab Er Seinem Diener (als Offenbarung) ein, was Er eingab. [11] Nicht hat sein Herz erlogen, was es sah. [12] Wollt ihr denn mit ihm streiten über das, was er sieht?" (an-Nagm 53,2-12).

„[20] Dies sind wahrlich die Worte eines edlen Gesandten, [20] Besitzer von Kraft und beim Herrn des Thrones in Ansehen, [21] dem man dort gehorcht und (der) vertrauenswürdig (ist). [22] Und euer Gefährte ist kein Besessener. [23] Er hat ihn ja am deutlichen Gesichtskreis gesehen, [24] und er hält nicht aus Geiz das Verborgene zurück. 25 Und es sind nicht die Worte eines ge-steinigten Satans" (at-Takwir 81,20-22).

„110 Sag: Gewiß, ich bin ja nur ein menschliches Wesen gleich euch; mir wird (als Offenbarung) eingegeben, daß euer Gott ein Einziger Gott ist" (al-Kahf 18,110).

„37 Dieser Qur'ān kann unmöglich ohne Allah ersonnen werden. Sondern (er ist) die Bestätigung dessen, was vor ihm war, und die ausführliche Dar-legung des Buches, an dem es keinen Zweifel gibt, vom Herrn der Welten-bewohner. 38 Oder sagen sie: ‚Er [Muḥammad] hat ihn ersonnen' Sag: Dann bringt eine Sūra bei, die ihm gleich ist, und ruft an, wen ihr könnt, anstatt Allahs, wenn ihr wahrhaftig seid" (Yunus 10,37-38).

☾ Die Eingebung geschah durch den Geist Allāhs

„192 Und er ist ganz sicher eine Offenbarung des Herrn der Weltenbewoh-ner; 193 mit dem der vertrauenswürdige Geist herabgekommen ist 194 auf dein [Muḥammads] Herz" (as-Suara 26,192-194).

„52 Und ebenso haben Wir dir Geist von Unserem Befehl [arab. *rūḥanmin amrinā*] (als Offenbarung) eingegeben" (as-Sura 42,52).

„97 Sag: Wer (auch immer) Ǧibrīl feind ist, so hat er ihn doch (den Qur'ān) mit Allahs Erlaubnis in dein Herz offenbart, das zu bestätigen, was vor ihm (offenbart) war, und als Rechtleitung und frohe Botschaft für die Gläubi-gen" (al-Baqara 2,97).

📖 *Siehe auch Sure 17,85.*

☾ Die Offenbarung des Qur'ān galt zunächst den Arabern

„44 Hätten Wir ihn zu einem fremdsprachigen Qur'ān gemacht, hätten sie sicherlich gesagt: ‚Wären doch seine Zeichen ausführlich dargelegt worden! Wie, ein fremdsprachiger (Qur'ān) und ein Araber?' Sag: Er ist für diejeni-gen, die glauben, eine Rechtleitung und eine Heilung. Und diejenigen, die nicht glauben, haben Schwerhörigkeit in ihren Ohren, und er ist für sie (wie) Blindheit. Diese sind, als würde ihnen von einem fernen Ort aus zugerufen" (Fussilat 41,44).

„3 Wir haben es ja zu einem arabischen Qur'ān gemacht, auf daß ihr begreifen möget; 4 und gewiß, er ist in der Urschrift des Buches bei Uns wahrlich erhaben und weise" (az-Zuhruf 43,3-4).

„4 Und Wir haben keinen Gesandten gesandt, außer in der Sprache seines Volkes, damit er ihnen (die Botschaft) klar macht" (Ibrahim 14,4).

📖 *Siehe auch Suren 20,113; 42,2.4.7-8; 26,192-201.*

☾ Die Offenbarung geschah in Abschnitten und Abständen

Die Offenbarung des Qur'ān geschah über eine Zeitspanne von über 22 Jahren, teilweise in Mekka und teilweise in Medina.

„106 Einen Qur'ān haben Wir (offenbart, den Wir in Abschnitte) unterteilt (haben), damit du ihn den Menschen in Abständen vorträgst; und Wir haben ihn wahrlich nach und nach offenbart" (al-Isra 6,106).

„114 Erhaben ist Allah, der König, der Wahre! Und übereile dich nicht mit dem Qur'ān, bevor dir seine Offenbarung vollständig eingegeben worden ist. Und sag: Mein Herr, lasse mich an Wissen zunehmen" (Ta-Ha 20,114).

Die erste Offenbarung des Qur'ān geschah im Monat Ramaḍān

„185 Der Monat Ramaḍān (ist es), in dem der Qur'ān [nur die erste Offenbarung] als Rechtleitung für die Menschen herabgesandt worden ist" (al-Baqara 2,185).

WOZU DER QUR'ĀN DIENT

☾ Der Qur'ān bestätigt die vor ihm offenbarten Schriften

„92 Und dies ist ein Buch, das Wir hinabgesandt haben, ein gesegnetes, das bestätigend, was vor ihm war, und damit du die Mutter der Städte [Mekka] und diejenigen rings umher (Wohnenden) warnst. Diejenigen, die an das Jenseits glauben, glauben (auch) daran, und sie halten ihr Gebet ein" (al-Anam 6,92).

„12 Und vor ihm (war) die Schrift Mūsās als Vorbild und Barmherzigkeit. Und dies ist ein bestätigendes Buch in arabischer Sprache, um diejenigen, die Unrecht tun, zu warnen, und als frohe Botschaft für die Gutes Tuenden" (al-Ahqaf 46,12).

📖 *Weitere zum Thema empfohlene āyāt: Suren 2,41; 2,101; 3,2-3; 3,50; 4,47; 4,163; 5,44.48; 5,68; 35,31; 46,30.*

☾ Der Qur'ān dient als Warnung

„2 Bei dem deutlichen Buch! 3 Wir haben es wahrlich in einer gesegneten Nacht herabgesandt – Wir haben ja (die Menschen) immer wieder gewarnt –, 4 in der jede weise Angelegenheit einzeln entschieden wird 5 als eine Angelegenheit von Uns aus – Wir haben ja immer wieder (Warner) gesandt –, 6 als eine Barmherzigkeit von deinem Herrn – gewiß, Er ist der Allhörende und Allwissende –" (ad-Duhan 44,2-6).

„27 Es ist nur eine Ermahnung für die Weltenbewohner, 28 für jemanden von euch, der sich recht verhalten will. 29 Und ihr könnt nicht wollen, außer daß Allah will, (Er), der Herr der Weltenbewohner" (at-Takwir 81,27-29).

📖 *Dazu auch Suren 18,1-4; 20,1-3; 27,1-2; 12,111; 36,69-70.*

☾ Der Qur'ān will Gottesfurcht erwecken

„108 Sag: Mir wird (als Offenbarung) nur eingegeben, daß euer Gott nur ein einziger Gott ist. Werdet ihr nun (Allah) ergeben sein?" (al-Anbiya 21,108).

214

„²⁷ Und Wir haben ja den Menschen in diesem Qur'ān allerlei Gleichnisse geprägt, auf daß sie bedenken mögen –, ²⁸ (in diesem) arabischen Qur'ān, an dem nichts Krummes ist, – auf daß sie gottesfürchtig werden mögen. ²⁹ Allah prägt als Gleichnis dasjenige von einem Mann, in dem sich (mehrere) Herren (als Eigentümer) teilen, die sich miteinander nicht vertragen, und einem Mann, der nur einem Herrn gehört. Sind die beiden im Gleichnis etwa gleich? (Alles) Lob gehört Allah! Aber die meisten von ihnen wissen nicht" (az-Zumar 39,27-29).

☾ Der Qur'ān gibt Rechtleitung und festigt den Glauben

„⁵² Wir haben ihnen ja ein Buch gebracht, das Wir mit Wissen ausführlich dargelegt haben, als Rechtleitung und Barmherzigkeit für Leute, die glauben" (al-Araf 7,52).

„²³ Allah hat die beste Botschaft offenbart, ein Buch mit gleichartigen, sich wiederholenden (Versen), vor dem die Haut derjenigen, die ihren Herrn fürchten, erschauert. Hierauf werden ihre Haut und ihr Herz weich (und neigen sich) zu Allahs Gedenken hin. Das ist Allahs Rechtleitung. Er leitet damit recht, wen Er will. Und wen Allah in die Irre gehen läßt der hat niemanden, der ihn rechtleitet" (az-Zumar 39,23).

„⁹ Gewiß, dieser Qur'ān leitet zu dem, was richtiger ist, und verkündet den Gläubigen, die rechtschaffene Werke tun, daß es für sie großen Lohn geben wird" (al-Isra 17,9).

📖 *Siehe auch Sure 16,64.*

☾ Der Qur'ān bringt Menschen ins Licht

„¹ Alif-Lām-Rā. Dies ist ein Buch, das Wir zu dir hinabgesandt haben, damit du die Menschen mit der Erlaubnis ihres Herrn aus den Finsternissen hinaus ins Licht bringst, auf den Weg des Allmächtigen und Lobenswürdigen, ² (den Weg) Allahs, Dessen ist, was in den Himmeln und was auf der Erde. Und wehe den Ungläubigen vor einer strengen Strafe!" (Ibrahim 14,1-2).

☾ Der Qur'ān bezweckt das Nachsinnen über die Zeichen Gottes

„²⁹ (Dies ist) ein gesegnetes Buch, das Wir zu dir hinabgesandt haben, damit sie über seine Zeichen [*āyāt*] nachsinnen und damit diejenigen bedenken, die Verstand besitzen" (Sad 38,29).

📖 *Vgl. Kap. 26. „Zeichen (āyāt) und Offenbarungen Allahs".*

ATTRIBUTE DES QUR'ĀN

☾ Der Qur'ān ist ehrwürdig

„⁷⁷ Das ist wahrlich ein ehrwürdiger Qur'ān ⁷⁸ in einem wohlverwahrten Buch, ⁷⁹ das nur diejenigen berühren (dürfen), die vollkommen gereinigt sind" (al-Waqia 56,77-79).

„¹⁰ Wir haben ja ein Buch zu euch hinabgesandt, in dem eure Ehre liegt. Begreift ihr denn nicht?" (al-Anbiya 21,10).

☾ Der Qur'ān ist deutlich

„¹ Alif-Lām-Rā. Dies sind die Zeichen des Buches und eines deutlichen Qur'āns. ² Vielleicht werden diejenigen, die ungläubig sind, wünschen, Muslime gewesen zu sein" (al-Higr 15,1-2).

☾ Der Qur'ān ist ruhmvoll

„²¹ Nein! Vielmehr ist es ein ruhmvoller Qur'ān ²² auf einer wohlbehüteten Tafel" (al-Burug 85,21-22).

☾ Der Qur'ān ist gesegnet

„¹⁵⁵ Und dies ist ein Buch, das Wir (als Offenbarung) hinabgesandt haben, ein gesegnetes (Buch). So folgt ihm und seid gottesfürchtig, auf daß ihr Erbarmen finden möget!" (al-Anam 6,155).

216

☾ Der Qur'ān ist nicht änderbar

„[115] Vollkommen ist das Wort deines Herrn in Wahrhaftigkeit und Gerechtigkeit. Es gibt niemanden, der Seine Worte abändern könnte. Und Er ist der Allhörende und Allwissende" (al-Anam 6,115).

☾ Der Qur'ān rechtfertigt zustande gekommene inhaltliche Abänderungen

Aufgehobene oder vergessene Verse

„[106] Was Wir an Versen aufheben oder in Vergessenheit geraten lassen – Wir bringen bessere oder gleichwertige dafür. Weißt du denn nicht, daß Allah zu allem die Macht hat?" (al-Baqara 2,106).

Ausgetauschte Verse

„[101] Und wenn Wir einen Vers anstelle eines (anderen) Verses austauschen – und Allah weiß sehr wohl, was Er offenbart –, sagen sie: „Du ersinnst nur Lügen." Aber nein! Die meisten von ihnen wissen nicht. [102] Sag: Offenbart hat ihn der Heilige Geist von deinem Herrn mit der Wahrheit, um diejenigen, die glauben, zu festigen, und als Rechtleitung und frohe Botschaft für die (Allah) Ergebenen" (an-Nahl 16,101-102).

Gelöschte Verse

„[39] Allah löscht aus, was Er will, und läßt bestehen; und bei Ihm ist der Kern des Buches" (ar-Rad 13,39).

Von Satan dazwischengeworfene Verse

„[52] Und Wir sandten vor dir keinen Gesandten oder Propheten, ohne daß ihm, wenn er etwas wünschte, der Satan in seinen Wunsch etwas dazwischen geworfen hätte. Aber Allah hebt auf, was der Satan dazwischenwirft. Hierauf legt Allah Seine Zeichen eindeutig fest. Und Allah ist Allwissend und Allweise. [53] (Das ist so,) damit Er das, was der Satan dazwischenwirft, zu einer Versuchung für diejenigen macht, in deren Herzen Krankheit ist und deren Herzen verhärtet sind" (al-Hagg 22,52-53).

☾ Abrogierte (geänderte) Verse

In der islamischen Theologie heben bei widersprüchlichen Aussagen zweier āyāt der später offenbarte Vers (*nāsich*) den vorherigen (*mansūch*) auf.

📖 *Anhang III. geht näher auf das Konzept der Abrogation ein und präsentiert einige Beispiele dazu.*

32. INDIZIEN FÜR DIE BIBEL ALS GÖTTLICHE OFFENBARUNG

Viele Male und auf vielfältige Weise benutzte Gott seine alttestamentlichen Propheten als sein Sprachrohr (vgl. Hebr 1,1). Sie formulierten in der Zukunft liegende Ereignisse oft mit detaillierten Angaben, die sich manchmal erst Jahrhunderte später unmissverständlich erfüllten. Die Vorhersagen und Erfüllung dieser historischen Begebenheiten sind ein starkes Indiz für den göttlichen Ursprung der Bibel.

ERFÜLLTE PROPHEZEIUNGEN BEZEUGEN DIE GLAUBWÜRDIGKEIT GOTTES

„[9] ,Denkt an das, was ich früher getan habe!', sagt der HERR. ,Ich allein bin Gott und sonst keiner, niemand ist mir gleich. [10] Ich kündige an, was geschehen wird, lange bevor es eintrifft. Und das sage ich euch: Wenn ich etwas plane, dann wird es auch ausgeführt. Alles, was ich mir vornehme, das tue ich auch'" (Jes 46,9-10).

„[9] Was ich [der HERR, der mächtige und helfende Gott!] früher vorausgesagt habe, ist eingetroffen. Nun kündige ich Neues an. Ich sage es euch im Voraus, noch ehe es eintrifft" (Jes 42,9).

„[3] ,Von jeher hatte ich [Gott, der HERR] euch angekündigt, was geschehen würde; den Propheten hatte ich mein Wort in den Mund gelegt und ihr konntet es hören. Dann habe ich ganz plötzlich gehandelt und alles traf ein.

⁴ Ich wusste, dass ihr starrsinnig seid; euer Nacken ist unbeugsam wie Eisen und eure Stirn so hart wie Stahl. ⁵ Deshalb habe ich euch das alles im Voraus angekündigt, damit ihr nicht sagen könnt: ›Das hat mein Götze getan; mein Götzenbild aus Holz und Metall hat das angeordnet.‹ ⁶ Ihr habt alles gehört und ihr seht: Es ist eingetroffen. Wollt ihr das nicht zugeben und öffentlich verkünden?'" (Jes 48,3-6).

Im Gegensatz zu Gott sind die Götter der Völker machtlos

„²¹ Der HERR, der König Israels, sagt zu den Göttern der Völker: ,Stellt euch auf zum Prozess! Bringt eure Beweise vor! ²² Lasst uns hören, was ihr vollbracht habt! Erzählt es uns, wir lassen uns gerne belehren. Oder sagt uns voraus, was ihr in Zukunft vollbringen wollt! Dann werden wir euch glauben, wenn es eintrifft. ²³ Sagt doch irgendetwas voraus, etwas Gutes oder etwas Schlimmes, dann werden wir alle erkennen, dass ihr Götter seid, und werden Respekt vor euch haben! ²⁴ Aber ihr seid ja nichts und könnt auch nichts. Wer euch liebt, ist mir verhasst'" (Jes 41,21-24).

📖 *Weitere themabezogene Stellen: Jes 43,9-12; 44,6-8 u. 45,20-24.*

VORHERSAGEN ÜBER ISRAEL, DIE SICH ERFÜLLT HABEN

† Einmalige weltgeschichtliche Geschehen mit Bezug auf Israel

Durch Mose [ca. 1520 - 1400 V. Chr.] kündigt Gott dem Volk Israel großen Segen an, wenn es sich im Gehorsam an Gottes Bund hält (Dtn 28,1-15). Im Falle ihres Unglaubens und Götzendienstes kündigte er Unheil und Tod an (Dtn 28,16-68). Gott prophezeite die Zerstörung Jerusalems und seines Tempels, sowie die Zerstreuung der Juden über viele Länder und ihre spätere Rückkehr in ihr Land, an. Die Geschichte des jüdischen Volks bezeugt die Erfüllung dieser Prophetie, die kein anderes Volk je betroffen hat.

Die Verbannung Israels in das babylonische Exil

„[1] Weiter sagte Mose: ,Wenn ihr auf den HERRN, euren Gott, hört und alle seine Gebote, die ich euch heute verkünde, sorgfältig befolgt, wird er euch hoch über alle Völker der Erde erheben" (Dtn 28.1).

„[15] Wenn ihr aber nicht auf den HERRN, euren Gott, hört und seine Gebote und Weisungen, die ich euch heute verkünde, nicht befolgt, wird nicht sein Segen, sondern sein Fluch über euch kommen" (Dtn 28,15).

Die Zerstreuung der Juden über viele Länder

„[1] ,Ich habe euch klar und deutlich gesagt, dass Gehorsam euch Segen bringt, Ungehorsam aber Verderben. Wenn ihr und eure Nachkommen nun trotzdem die Gebote des HERRN missachtet und zur Strafe vom HERRN, eurem Gott, unter fremde Völker zerstreut werdet, kommt ihr vielleicht dort zur zur Besinnung, [2] kehrt zum HERRN, eurem Gott, zurück, werdet ihm gehorsam und befolgt mit ganzem Herzen und mit allen Kräften seine Gebote, die ich euch heute verkündet habe" (Dtn 30,1-2).

Die Rückkehr der Juden aus der Zerstreuung

Das geschah, wie die Geschichte bezeugt, in allen Einzelheiten ab 1945.

„[3] Dann [wenn ihr zu Gott zurückkehrt] wird der HERR, euer Gott, Erbarmen mit euch [den Israeliten] haben. Er wird alles für euch wieder zum Guten wenden und euch aus den Völkern, unter die er euch zerstreut hat, herausholen. [4] Selbst wenn er euch bis ans äußerste Ende der Welt verstoßen hat, wird er euch von dort zurückholen [5] und euch in das Land bringen, das euren Vorfahren gehört hat" (Dtn 30,3-6).

„[24] Denn ich will euch aus den Völkern herausholen und euch aus allen Ländern sammeln und wieder in euer Land bringen, [25] und ich will reines Wasser über euch sprengen, dass ihr rein werdet; von all eurer Unreinheit und von allen euren Götzen will ich euch reinigen. [26] Und ich will euch ein neues Herz und einen neuen Geist in euch geben und will das steinerne Herz aus eurem Fleisch wegnehmen und euch ein fleischernes Herz geben.

[27] Ich will meinen Geist in euch geben und will solche Leute aus euch machen, die in meinen Geboten wandeln und meine Rechte halten und danach tun. [28] Und ihr sollt wohnen im Lande, das ich euren Vätern gegeben habe, und sollt mein Volk sein, und ich will euer Gott sein" (Hes 36,24-28).

📖 *Siehe dazu auch Hes 36,20-36; 37,21-23.28; Jer 31,8-12; 32,37-42.*

PROPHETIEN ÜBER DEN MESSIAS UND IHRE ERFÜLLUNGEN

† Die Ansage eines ewigen Herrschers aus dem Haus Davids

„[7] [...] ,So spricht der HERR Zebaoth [der Herrscher der Welt]: [...] [8-10] [...] [11] Wenn aber deine [Davids] Tage um sind, dass du zu deinen Vätern hingehst, so will ich dir einen Nachkommen, einen deiner Söhne, erwecken; dem will ich sein Königtum bestätigen. [12] [...] ich will seinen Thron bestätigen ewiglich. [13] Ich will sein Vater sein, und er soll mein Sohn sein. Und ich will meine Gnade nicht von ihm wenden, [...] [14] sondern ich will ihn einsetzen in mein Haus und in mein Königtum ewiglich, dass sein Thron beständig sei ewiglich. [13] Ich will sein Vater sein und er soll mein Sohn sein. Ich will ihm niemals meine Liebe entziehen, wie ich sie deinem Vorgänger entzogen habe, [14] sondern ich werde ihn für immer in meinem Haus und in meiner Königsherrschaft bestätigen. Sein Thron wird für alle Zeiten bestehen'" (1Chr 17,7.11-14 LUT17).

→ Die Erfüllung der Vorhersage

Der Stammbaum Jesu wird in Mt 1,1-16 detailliert aufgeführt und führt zurück zu Abraham und David und in Vers 17 zusammengefasst:

„[17] So sind es nun von Abraham bis zu David insgesamt vierzehn Generationen und von David bis zur Wegführung nach Babylon vierzehn Generationen und von der Wegführung nach Babylon bis zu Christus vierzehn Generationen" (Mt 1,17 SCHL).

† Vorhersage des Zeitpunkts der Erscheinung des Messias

Folgende Prophezeiung erhielt Daniel, während sich die Juden in einer 70 Jahre andauernde Gefangenschaft in Babylonien befanden:

„[20] Während ich [Daniel] so vor dem HERRN meine Schuld und die Schuld meines Volkes bekannte und meinen Gott für seinen heiligen Berg, den Ort seines Heiligtums, anflehte [21] kam schon der Engel Gabriel [...] [22] Er öffnete mir das Verständnis für das Prophetenwort [das Daniel in den Heiligen Schriften - nach einem Wort des HERRN an Jeremia (Vers 2)], über das ich nachgedacht hatte, und sagte zu mir: ,Daniel, ich will dir helfen, den Sinn jenes Wortes zu verstehen. [[23]...] [24] Nicht siebzig Jahre, sondern siebzig Jahrwochen müssen nach Gottes Plan vergehen, bis er das Schicksal deines Volkes und der Heiligen Stadt wendet Dann erst ist die Auflehnung gebüßt und die Schuld vergeben. Dann bringt Gott alles für immer in Ordnung. Dann lässt er das Prophetenwort in Erfüllung gehen und der Tempel wird von neuem geweiht. [25] Gib Acht, damit du es verstehst: Von dem Zeitpunkt an, als das Wort erging, dass Jerusalem wieder aufgebaut werden soll, vergehen sieben Jahrwochen bis zu dem Zeitpunkt, an dem in Jerusalem von neuem ein Oberhaupt durch Salbung eingesetzt wird" (Dan 9,20-25 um 605 - 539 v. Chr.).

Nach 2.Chr. 36,22-23 und Esra 1,1-5, erließ der Perserkönigs Kyros, der das babylonische Reich erobert hatte, mündlich und schriftlich den Erlass, den Tempel in Jerusalem wieder aufzubauen und die noch im Exil in Babylon lebenden Juden nach Juda zurückkehren zu lassen. Der Wiederaufbau Jerusalems und des Tempels geschah unter der Führung des Priesters Esra und des Statthalters Nehemia. Sie kamen jeweils in den Jahren 457 und 445 v. Chr. nach Jerusalem zurück, um Jerusalem, die Stadtmauer und den Tempel wiederaufzubauen.

„[25] [...] Dann wird Jerusalem 62 Jahrwochen hindurch wieder aufgebaut und befestigt sein und dabei schwere Zeiten erleben" (Dan 9,25).

Diese zweite Periode ist von der Besetzung Israels durch die Römer gekennzeichnet und bringt uns bis zur Zeit der Taufe des Messias, dem Zeitpunkt, als Jesus öffentlich zu wirken begann (27 n. Chr.)

> „[26] Nach Ablauf dieser Zeit wird ein Gesalbter getötet werden; die Stadt und der Tempel werden durch das Heer eines fremden Herrschers verwüstet, über das jedoch die Vernichtung wie eine Flut hereinbricht; und bis zum Ende wird es Krieg und Verwüstung geben, wie es in Gottes Plan vorgesehen ist" (Dan 9,26).

Wie in der Prophezeiung Daniels vorhergesagt, wurde Jesus während der 70. Jahrwoche gekreuzigt. Jerusalem wurde nach einem vierjährigen Krieg von den Römern (70 n. Chr.) unter deren Heerführer Titus erobert. Der Tempel wurde zerstört, Jerusalem abgebrannt und die Juden wurden ihres Landes verwiesen - bis sie nach dem letzten Weltkrieg, zumindest teilweise, zurückkehrten.

† Vorhersage der Geburt durch eine Jungfrau

> „[14] Deshalb wird der Herr euch von sich aus ein Zeichen geben: Die junge Frau [hebr. 'almah bedeutet „eine junge Frau mit unbefleckter Reputation" bzw. eine Jungfrau] wird schwanger werden und einen Sohn zur Welt bringen, den wird sie Immanuël (Gott steht uns bei) nennen" (Jes 7,14 um 750 - 695 v. Chr.).

→ Erfüllung der Jungfrauengeburt

📖 *Finde in Kap. 14 „Die übernatürliche Geburt Jesu".*

† Vorhersage der Geburtsstadt Bethlehem

Folgende Prophezeiung wurde dem Propheten Micha mehr als 700 vor Jesu Geburt eingegeben:

> „[1] Und du, Bethlehem-Ephrata, du bist zwar gering unter den Hauptorten von Juda; aber aus dir soll mir hervorkommen, der Herrscher über Israel

werden soll, dessen Hervorgehen von Anfang, von den Tagen der Ewigkeit her gewesen ist" (Micha 5,1 um 745-725 v. Chr. SCHL).

→ Die Erfüllung dieser Prophetie:

„¹ Als nun Jesus geboren war in Bethlehem in Judäa, in den Tagen des Königs Herodes, siehe, da kamen Weise aus dem Morgenland nach Jerusalem, ² die sprachen: Wo ist der neugeborene König der Juden? Denn wir haben seinen Stern im Morgenland gesehen und sind gekommen, um ihn anzubeten! ³ Als das der König Herodes hörte, erschrak er, und ganz Jerusalem mit ihm. ⁴ Und er rief alle obersten Priester und Schriftgelehrten des Volkes zusammen und erfragte von ihnen, wo der Christus geboren werden sollte. ⁵ Sie aber sagten ihm: In Bethlehem in Judäa; denn so steht es geschrieben durch den Propheten: ⁶ »Und du, Bethlehem im Land Juda, bist keineswegs die geringste unter den Fürstenstädten Judas; denn aus dir wird ein Herrscher hervorgehen, der mein Volk Israel weiden soll«." (Mt 2,1-5 SCHL).

📖 *Siehe auch Lk 2,1.*

† Vorhersage über den Eintritt des Königs auf einem Eselfohlen in Jerusalem

Der Prophet Sacharja lebte zur Regierungszeit des Perserkönigs Darius I (um 520 - 480 v. Chr.). Er weissagte:

„⁹ Freue dich, du Zionsstadt! Jubelt laut, ihr Leute von Jerusalem! Seht, euer König kommt zu euch! Er ist gerecht vor Gott, und er bringt die Rettung. Er ist demütig und reitet auf einem Fohlen, dem männlichen Jungtier einer Eselin" (Sach 9,9 NeÜ bibel.heute).

→ Erfüllung der Vorhersage Sacharjas:

„¹ Als sie nicht mehr weit von Jerusalem entfernt waren [...], schickte Jesus zwei Jünger voraus. ² Er gab ihnen folgende Anweisung: ‚Geht in das Dorf, das ihr vor euch seht. Gleich beim Ortseingang werdet ihr eine Eselin finden, die angebunden ist, und bei ihr ein Fohlen. Bindet sie beide los und führt sie zu mir. ³ Und sollte jemand etwas zu euch sagen, dann antwortet:

›Der Herr braucht die Tiere.‹ Dann wird man sie sofort mit euch gehen lassen.' 4 Das geschah, weil sich erfüllen sollte, was durch den Propheten vorausgesagt worden war:

5 ›Sagt der Tochter Zion: Dein König kommt zu dir. Er ist sanftmütig, und er reitet auf einem Esel, auf einem Fohlen, dem Jungen eines Lasttiers.‹

6 Die beiden Jünger machten sich auf den Weg und führten alles so aus, wie Jesus es ihnen aufgetragen hatte. 7 Sie brachten die Eselin und das Fohlen, legten ihre Mäntel über die Tiere, und Jesus setzte sich darauf. 8 Scharen von Menschen breiteten ihre Mäntel auf dem Weg aus; andere hieben Zweige von den Bäumen ab und legten sie auf den Weg. 9 Vor und hinter Jesus drängten sich die Menschen und riefen: ‚Gepriesen sei der Sohn Davids! ›Gesegnet sei er, der im Namen des Herrn kommt!‹ Gepriesen sei Gott in der Höhe!'" (Mt 21,1-9).

📖 *Siehe auch Mk 11,1-11.*

† Vorhersage über den Verrat Jesu mit dreißig Silberstücken

„12 Ich sagte zu ihnen: ‚Wenn ihr wollt, gebt mir jetzt meinen Lohn, wenn nicht, verzichte ich darauf.' Da zählten sie mir 30 Silberstücke ab und gaben sie mir. 13 Darauf sagte der HERR zu mir: ‚Diese stolze Summe bin ich ihnen also wert! Wirf das Silber dem Schmelzer hin!' Ich nahm die 30 Silberstücke und warf sie im Tempel dem Mann hin, der das Gold und das Silber einschmilzt" (Sach 11,12-13: um 520 - 480 v. Chr.).

→ Erfüllung der Vorhersage dieses Verrats:

„14 Danach ging einer der Zwölf, Judas Iskariot, zu den führenden Priestern 15 und sagte: ‚Was gebt ihr mir, wenn ich dafür sorge, dass ihr Jesus in eure Gewalt bringen könnt?' Sie zahlten ihm dreißig Silberstücke" (Mt 26,14-15).

„3 Als Judas sah, dass sein Verrat zur Verurteilung Jesu geführt hatte, bereute er seine Tat. Er brachte den führenden Priestern und den Ältesten die dreißig Silberstücke zurück 4 und sagte: ‚Ich habe gesündigt, ich habe einen unschuldigen Menschen verraten.' – ,Was geht uns das an?', erwiderten sie. ,Das ist deine Sache!' ⁵ Da nahm Judas das Geld und warf es in den Tempel. Danach ging er weg und erhängte sich" (Mt 27,3-6).

📖 *Siehe dazu auch Mk 14,10-11.*

† Vorhersage der Misshandlungen des Messias

„⁶ Ich habe meinen Rücken hingehalten, wenn sie mich schlugen, und mein Kinn, wenn sie mir die Barthaare ausrissen. Ich habe mich von ihnen beschimpfen lassen und mein Gesicht nicht bedeckt, wenn sie mich anspuckten. Sie meinen, ich hätte damit mein Unrecht eingestanden; ⁷ aber der HERR, der mächtige Gott, steht auf meiner Seite. Deshalb mache ich mein Gesicht hart wie einen Kieselstein und halte alles aus. Ich weiß, dass ich nicht unterliegen werde. ⁸ Ich habe einen Helfer, der meine Unschuld beweisen wird; er ist schon unterwegs. Wer wagt es, mich anzuklagen? Er soll mit mir vor den Richter treten! Wer will etwas gegen mich vorbringen? Er soll kommen!" (Jes 50,6-8: um 750 - 685 v. Chr.)

König David verfasste folgende Prophezeiung über die Kreuzigung Jesu ca. 1000 Jahre vor ihrer Erfüllung:

„² Mein Gott, mein Gott, warum hast du mich verlassen? [...] ³⁻⁶ [...] ⁷ Ich aber bin ein Wurm und kein Mensch, ein Spott der Leute und verachtet vom Volk. ⁸ Alle, die mich sehen, spotten über mich; sie reißen den Mund auf und schütteln den Kopf: ⁹⁻¹⁴ [...] ¹⁵ Ich bin ausgeschüttet wie Wasser, und alle meine Gebeine sind ausgerenkt. Mein Herz ist geworden wie Wachs, zerschmolzen in meinem Innern. ¹⁶ eine Kraft ist vertrocknet wie eine Scherbe, und meine Zunge klebt an meinem Gaumen, [...] ¹⁷ Denn Hunde umringen mich, eine Rotte von Übeltätern umgibt mich; sie haben meine Hände und meine Füße durchgraben. ¹⁸ Ich kann alle meine Gebeine zählen; sie schauen her und sehen mich [schadenfroh] an. ¹⁹ Sie teilen meine Kleider unter sich und werfen das Los über mein Gewand. ²⁰ Du aber, o Herr, sei nicht ferne! O meine Stärke, eile mir zu Hilfe!" (Auszüge aus Ps 22,2-20 SCHL).

„⁴ Fürwahr, er trug unsre Krankheit und lud auf sich unsre Schmerzen. Wir aber hielten ihn für den, der geplagt und von Gott geschlagen und gemartert wäre. ⁵ Aber er ist um unsrer Missetat willen verwundet und um unsrer Sünde willen zerschlagen. Die Strafe liegt auf ihm, auf dass wir Frieden hätten, und durch seine Wunden sind wir geheilt" (Jes 53,4-5 LUT17).

➔ Erfüllung dieser qualvollen Leiden und der Hinrichtung Jesu

„²⁶ Daraufhin gab Pilatus ihnen Barabbas frei. Jesus hingegen ließ er auspeitschen und übergab ihn den Soldaten zur Kreuzigung. ²⁷ Die Soldaten des Gouverneurs brachten Jesus ins Prätorium und versammelten die ganze Mannschaft um ihn. ²⁸ Sie zogen ihn aus und hängten ihm einen scharlachroten Mantel um, ²⁹ flochten aus Dornenzweigen eine Krone, setzten sie ihm auf den Kopf und drückten ihm einen Stock in die rechte Hand. Dann knieten sie vor ihm nieder, verspotteten ihn und riefen: »Es lebe der König der Juden!« ³⁰ Sie spuckten ihn an, nahmen den Stock und schlugen ihm damit auf den Kopf. ³¹ Nachdem sie so ihren Spott mit ihm getrieben hatten, zogen sie ihm den Mantel aus und legten ihm seine eigenen Kleider wieder an. Dann führten sie ihn ab, um ihn zu kreuzigen" (Mt 27,26-31).

„³³ Um zwölf Uhr mittags brach über das ganze Land eine Finsternis herein, die bis drei Uhr nachmittags dauerte. ³⁴ Um drei Uhr schrie Jesus laut: ,Eloi, Eloi, lema sabachtani?' (Das bedeutet: ,Mein Gott, mein Gott, warum hast du mich verlassen?' ³⁵ Einige der Umstehenden sagten, als sie das hörten: »Seht doch, er ruft Elia!« ³⁶ [...] ³⁷ Jesus aber stieß einen lauten Schrei aus; dann starb er" (Mk 15,33-35.37)

²⁸ Jesus wusste, dass nun alles vollbracht war. Und weil sich das, was in der Schrift vorausgesagt war, bis ins Letzte erfüllen sollte, sagte er: ,Ich habe Durst!' ²⁹ Da tauchten die Soldaten einen Schwamm in ein Gefäß mit Weinessig, das dort stand, steckten ihn auf einen Ysopstängel und hielten ihn Jesus an den Mund. ³⁰ Nachdem er ein wenig von dem Essig genommen hatte, sagte er: ,Es ist vollbracht.' Dann neigte er den Kopf und starb" (Joh 19,28-30).

„[23] Die Soldaten, die Jesus gekreuzigt hatten, nahmen seine Kleider und teilten sie unter sich auf; sie waren zu viert. Beim Untergewand stellten sie fest, dass es von oben bis unten durchgehend gewebt war, ohne jede Naht. [24] ,Das zerschneiden wir nicht', sagten sie zueinander. ,Wir lassen das Los entscheiden, wer es bekommt.' So sollte sich erfüllen, was in der Schrift vorausgesagt war: ›Sie haben meine Kleider unter sich verteilt; um mein Gewand haben sie das Los geworfen.‹ Genau das taten die Soldaten" (Joh 19,23-24).

📖 *Über die Leidensgeschichte bzw. Passionsgeschichte Jesu wird ausführlich in folgenden Kapiteln der Evangelien berichtet: Mt 26-27, Mk 14-15, Lk 22-23 und Joh 18-19.*

† Vorhersage der Auferstehung des Messias von den Toten

„[10] Du gibst mich nicht dem Totenreich preis, dein treuer Diener wird die Verwesung nicht sehen" (Ps 16,10 NeÜ bibel.heute).

„[9] Sie begruben ihn zwischen Verbrechern, mitten unter den Ausgestoßenen, obwohl er kein Unrecht getan hatte und nie ein unwahres Wort aus seinem Mund gekommen war. [10] Aber der HERR wollte ihn leiden lassen und zerschlagen. Weil er sein Leben als Opfer für die Schuld der anderen dahingab, wird er wieder zum Leben erweckt und wird Nachkommen haben. Durch ihn wird der HERR das Werk vollbringen, an dem er Freude hat" (Jes 53,9-10).

→ Erfüllung der vorhergesagten Auferstehung

📖 *Siehe dazu Kap 14. Was die Bibel über Jesus offenbart.*

📖 *Weitere Stellen bezüglich der Auferstehung Jesu: Lk 24,1-11; Apg 2,23-36; 13,33-37; 1Kor 15,4-6.*

† Vorhersage der Himmelfahrt des Messias

„[1] Ein Psalm Davids. Der Herr sprach zu meinem Herrn: Setze dich zu meiner Rechten, bis ich deine Feinde hinlege als Schemel für deine Füße!!" (Ps 110,1 SCHL).

→ **Erfüllung der vorhergesagten Himmelfahrt:**

„⁵¹ Und während er [Jesus] sie segnete, wurde er von ihnen weggenommen und zum Himmel emporgehoben" (Lk 24,51).

📖 *Siehe auch Apg 1,9-11.*

AUGENZEUGEN BELEGTEN DAS LEBEN UND STERBEN JESU

„¹⁶ Denn wir haben uns nicht etwa auf klug ausgedachte Geschichten gestützt, als wir euch ankündigten, dass Jesus Christus, unser Herr, wiederkommen und seine Macht offenbaren wird. Nein, wir haben seine majestätische Größe mit eigenen Augen gesehen. ¹⁷ Wir waren nämlich dabei, als er von Gott, dem Vater, geehrt wurde und in himmlischem Glanz erschien; wir waren dabei, als die Stimme der höchsten Majestät zu ihm sprach und Folgendes verkündete: ‚Dies ist mein geliebter Sohn; an ihm habe ich Freude.' ¹⁸ Wir selbst haben die Stimme gehört, als wir mit ihm auf dem heiligen Berg waren – diese Stimme, die vom Himmel kam'" (2Petr 1,16-18).

„³ Zu dieser Botschaft, die ich so an euch weitergegeben habe, wie ich selbst sie empfing, gehören folgende entscheidenden Punkte: Christus ist – in Übereinstimmung mit den Aussagen der [prophetischen] Schrift – für unsere Sünden gestorben. ⁴ Er wurde begraben, und drei Tage danach hat Gott ihn von den Toten auferweckt – auch das in Übereinstimmung mit der Schrift [dem AT]. ⁵ Als der Auferstandene hat er sich zunächst Petrus gezeigt und dann dem ganzen Kreis der Zwölf. ⁶ Später zeigte er sich mehr als fünfhundert von seinen Nachfolgern auf einmal; einige sind inzwischen gestorben, aber die meisten leben noch. ⁷ Danach zeigte er sich Jakobus und dann allen Aposteln. ⁸ Als Letztem von allen hat er sich auch mir [dem Apostel Paulus] gezeigt" (1Kor 15,3-7).

33. INDIZIEN FÜR DEN QUR'ĀN ALS OFFENBARUNG ALLĀHS

☾ Der Qur'ān selbst ist der Beweis

„[37] Dieser Qur'ān kann unmöglich ohne Allah ersonnen werden. Sondern (er ist) die Bestätigung dessen, was vor ihm war, und die ausführliche Darlegung des Buches, an dem es keinen Zweifel gibt, vom Herrn der Weltenbewohner" (Yunus 10,37).

„[82] Denken sie denn nicht sorgfältig über den Qur'ān nach? Wenn er von jemand anderem wäre als von Allah, würden sie in ihm wahrlich viel Widerspruch finden" (an-Nisa 4,82).

„[88] Sag: Wenn sich die Menschen und die Ǧinn zusammentäten, um etwas beizubringen, was diesem Qur'ān gleich wäre, sie brächten nicht seinesgleichen bei, auch wenn sie einander Beistand leisten würden" (al-Isra 17,88).

☾ Das Indiz einer erfüllten Prophezeiung Muḥammads

Der Kaiser von Persien, Chosrau II (590-628 v. Chr.), der auch Parwez genannt wurde, hatte (615-616 n. Chr.) Teile von Syrien und Ägyptens erobert. In diese Zeit fällt die Offenbarung der 30. Sure:

„[2] Die Römer sind besiegt worden [3] im nächstliegenden Land. Aber sie werden nach ihrer Niederlage (selbst) siegen, [4] in einigen Jahren. Allah gehört der Befehl vorher und nachher. An jenem Tag werden die Gläubigen froh sein [5] über Allahs Hilfe. Er hilft, wem Er will, und Er ist der Allmächtige und Barmherzige" (ar-Rum 30,2-5).

→ Die Erfüllung dieser Prophetie

Die Niederlage Persiens geschah nach historischen Quellen in der Schlacht bei Ninive (heute Mosul) im Dezember 627, zwölf Jahre nach der Vorhersage. Es ist interessant zu wissen, dass die erwähnte Niederlage der Römer (Byzantiner) durch die Perser in Syrien unter Khusran Parvis (615 n. Chr.) geschah. Die Perser sollten jedoch bald von den Römern wieder besiegt werden – „in einigen Jahren", wie der Qur'ān vorhersagte. Im Lichte dieser Voraussage schloss Abu Bekr mit dem Quraischiten Ubai-ibn-Khalaf eine Wette um zehn Kamele ein, dass diese Prophezeiung innerhalb von drei Jahren erfüllt werden würde. Muḥammad stellte aber klar, dass es sich um eine Zeitspanne zwischen drei und neun Jahren beziehen wurde.

34. UNREGELMÄßIGKEITEN ZWISCHEN BIBEL UND QUR'ĀN

Erzählungen biblischer Ereignisse im Qur'ān weichen oft stark von der biblischen Berichterstattung ab. Zum Zweck dieses Buchs werden hier nur einige Beispiele aufgeführt.

Abweichungen in der Geschichte des Noach/Nūḥ

In der biblischen Berichterstattung wurde Noach mitsamt seiner Frau, seinen drei Söhnen und seinen drei Schwiegertöchtern vor dem Ertrinken in der Sintflut gerettet:

> „⁵ Der HERR sah, dass die Menschen auf der Erde völlig verdorben waren. Alles, was aus ihrem Herzen kam, ihr ganzes Denken und Planen, war durch und durch böse. ⁶ [...] ⁷ Er sagte: ‚Ich will die Menschen wieder von der Erde ausrotten – und nicht nur die Menschen, sondern auch die Tiere auf der Erde, von den größten bis zu den kleinsten, und auch die Vögel in der Luft. [...] ' ⁸ Noach war der Einzige, der vor den Augen des HERRN bestehen konnte. ⁹⁻¹³ [...] ¹⁴ Bau dir ein Schiff, eine Arche [...] ¹⁵⁻¹⁷ [...] ¹⁸ Mit dir aber schließe ich meinen Bund. Ich verspreche dir: Du sollst gerettet werden. Geh mit deiner Frau, deinen Söhnen und deinen Schwiegertöchtern in die Arche! '" (Gen 6,5.7-8.14.18).

Nachdem Noach mitsamt seiner Frau, seinen drei Söhnen und Schwiegertöchtern die fertige Arche gebaut hatte, schloss Gott die Tür hinten ihnen und den Tieren zu und es regnete unerlässlich für 40 Tage und Nächte. Die Sintflut überschwemmte die Erde für 150 Tage (vgl. Gen 7,24 u. 8,3). Nach 55

Tagen war das Wasser soweit versiegt, dass Noach mit seiner Familie die Arche auf trockenen Boden verlassen konnten.

📖 *Die volle Geschichte von Noach und seiner Familie steht in Gen 6 bis 9.*

In der Wiedergabe der Geschichte von Nūḥ im Qur'ān ertrinkt sein Sohn, der sich weigerte in die Arche einzusteigen und sich auf einen Berg retten wollte:

„³⁶ Und Nūḥ wurde (als Offenbarung) eingegeben: ‚Niemand aus deinem Volk wird glauben außer denen, die bereits geglaubt haben. So sei nicht bekümmert wegen dessen, was sie getan haben. ³⁷ Und verfertige das Schiff vor Unseren Augen und nach Unserer Eingebung. Und sprich Mich nicht an zugunsten derer, die Unrecht getan haben; sie werden ertränkt werden.‘ ³⁸ Er verfertigte das Schiff, wobei jedesmal, wenn eine führende Schar aus seinem Volk an ihm vorbeikam, sie über ihn spotteten. Er sagte: ‚Wenn ihr über uns spottet, werden auch wir über euch spotten, so wie ihr (jetzt über uns) spottet. ³⁹ [...] ⁴⁰ (So ging es,) bis nun Unser Befehl kam und der Ofen brodelte; Wir sagten: ‚Lade darin von jeder (Art) zwei, ein Paar, und deine Angehörigen außer demjenigen, gegen den das Wort vorher ergangen ist, und diejenigen, die glauben!‘ Mit ihm glaubten aber nur wenige. ⁴¹ Und er sagte: ‚Steigt hinein! Im Namen Allahs erfolge seine Fahrt und seine Landung. Mein Herr ist fürwahr Allvergebend und Barmherzig.‘ ⁴² Es fuhr mit ihnen dahin inmitten von Wogen wie Berge. Nūḥ rief seinem Sohn zu, der sich abseits hielt: ‚O mein lieber Sohn, steig mit uns ein und sei nicht mit den Ungläubigen!‘ ⁴³ Er sagte: ‚Ich werde auf einem Berg Zuflucht suchen, der mich vor dem Wasser schützt.‘ Er sagte: ‚Es gibt heute nichts, das vor dem Befehl Allahs schützen könnte, außer für den, dessen Er Sich erbarmt.‘ Die Wogen trennten sie beide, und so gehörte er zu denjenigen, die ertränkt wurden. ⁴⁴ [...] ⁴⁵ Und Nūḥ rief zu seinem Herrn. Er sagte: ‚Mein Herr, mein Sohn gehört zu meinen Angehörigen, und Dein Versprechen ist die Wahrheit, und Du bist der Weiseste derer, die richten.‘ ⁴⁶ Er sagte: ‚O Nūḥ, er gehört nicht zu deinen Angehörigen. Er ist eine Tat, die nicht rechtschaffen ist. So bitte Mich nicht um etwas, wovon du kein Wissen hast! Ich ermahne dich, nicht zu den Toren zu gehören‘" (Hud 11,36-46).

234

Abweichungen in der zeitlichen Einordnung von Mose/Mūsā, Pharao/Firʿaun und Haman/Hāmān

Im Qur'ān werden Mūsā und Hāmān als Zeitgenossen eingeordnet:

„[39] Und (erwähne weiterhin) Qārūn und Fir'aun [der zur Zeit von Mose herrschte] und Hāmān. Mūsā kam ja zu ihnen mit den klaren Beweisen. Aber sie verhielten sich hochmütig auf der Erde; doch konnten sie (Uns) nicht zuvorkommen" (al-Ankabut 29,39).

Nach biblischem Bericht ereignete sich der Auszug der Israeliten aus Ägypten 430 Jahre, nachdem Josef seine Familie nach Ägypten gebracht hatte. Dies geschah unter der Führung von Mose und gegen den Willen des Pharao, der die Israeliten versklavt hatte. Haman jedoch lebte zur Zeit des persischen Königs Xerxes I und somit ca. 1000 Jahre nach Mose:

„[40] Vierhundertunddreißig Jahre lang hatten die Israeliten in Ägypten gelebt. [41] Nach Ablauf dieser Zeit, an dem genannten Tag, zog das Volk des HERRN [unter der Führung von Mose] in geordneten Scharen aus Ägypten aus" (Ex 12,40).

„[1] Einige Zeit später erhob König Xerxes [der nach Est 1,1 „über das Perserreich herrschte, ein Reich aus 127 Provinzen, das von Indien bis Äthiopien reichte"] Haman, den Sohn von Hammedata, einen Nachkommen von Agag, zu seinem ersten Minister" (Est 3,1).

Diskrepanz in Bezug auf Abrahams/Ibrāhīms Vater

Die Bibel spricht von Terach als Vater von Abraham:

„[27] Hier ist die Liste der Nachkommen Terachs: Seine Söhne waren Abram, Nahor und Haran. Haran zeugte Lot" (Gen 11,27).

Der Qur'ān, hingegen, weist auf Āzar als Vater von Ibrāhīm:

235

„⁷⁴ Und als Ibrāhīm zu seinem Vater Āzar sagte: „Nimmst du (denn) Götzenbilder zu Göttern? Gewiß, ich sehe dich und dein Volk in deutlichem Irrtum" (al-Anam 6,74).

Verwirrung in Bezug auf die Identitäten von Amram/'Imrān, Mirjam/Maryam und Maria, der Mutter Jesu

Amram war nach biblischen Berichten der Vater von Moses, Aaron und Mirjam:

> „⁵⁸⁻⁵⁹ Kehat war der Vater Amrams [ca. 1600 v. Chr.]. Dieser Amram heiratete Jochebed, die ebenfalls dem Stamm Levi angehörte und noch in Ägypten geboren worden war. Sie gebar Amram zwei Söhne: Aaron und Mose, und dazu eine Tochter Mirjam" (Num 26,58.59).

📖 *Siehe auch Ex 6,20 und Num 26,58-59.*

Im Qur'ān ist Maryam, die Tochter von 'Imrān und Schwester von Hārūn (Aaron), auch die Mutter Jesu, obwohl mehr als 1450 Jahre zwischen Amram/'Imrān und der Geburt Jesu liegen:

> „²⁷ Dann kam sie mit ihm zu ihrem Volk, ihn (mit sich) tragend. Sie sagten: „O Maryam, du hast da ja etwas Unerhörtes begangen. ²⁸ O Schwester Hārūns, dein Vater war doch kein sündiger Mann, noch war deine Mutter eine Hure" (Miryam 19,27-28).

> „¹² Und (auch von) Maryam, 'Imrāns Tochter, die ihre Scham unter Schutz stellte, worauf Wir in sie von Unserem Geist einhauchten. Und sie hielt die Worte ihres Herrn und Seine Bücher für wahr und gehörte zu den (Allah) demütig Ergebenen" (at-Tahrim 66,12).

Wesentliche Diskrepanzen über die Identität und das Leben von Jesus/'Īsā

Der Bibel nach ist Jesus der von Gott erwählte Messias, Retter der Welt und der menschgewordene Sohn Gottes „in dem die ganze Fülle von Gottes Wesen in leiblicher Gestalt wohnt" (Kol 2,9).

Der Qur'ān, hingegen, gibt 'Īsā al Masīḥ die Stellung eines der Gesandten und Propheten Allāhs, der den Juden die Indschīl bzw. das Evangelium vermittelte. Jesus als den „Sohn Gottes" lehnt der Qur'ān vehement ab. Ebenso lehnt der Qur'ān die Kreuzigung und Auferstehung Jesu als Lüge ab.

📖 *Vergleiche dazu Kap. 14. „Was die Bibel über Jesus offenbart" und Kap. 17. „Was der Qur'ān n über al-Masīḥ 'Īsā bezeugt".*

35. WAS DIE BIBEL ÜBER STERBEN UND TOD KUNDTUT

† Es gibt einen biologischen und einen geistlichen Tod

Biologisches Sterben gehört zum irdischen Dasein

„27 Sterben müssen alle Menschen; aber sie sterben nur einmal, und darauf folgt das Gericht" (Hebr 9,27).

Geistlicher Tod ist eine Folge der Sünde

„23 Denn der Lohn, den die Sünde zahlt, ist der Tod; aber das Geschenk, das Gott uns in seiner Gnade macht, ist das ewige Leben in Jesus Christus, unserem Herrn" (Röm 6,23).

„14 Wenn jemand in Versuchung gerät, ist es seine eigene Begierde, die ihn reizt und in die Falle lockt. 15 Nachdem die Begierde dann schwanger geworden ist, bringt sie die Sünde zur Welt; die Sünde aber, wenn sie ausgewachsen ist, gebiert den Tod" (Jak 1,14-15).

📖 *Siehe dazu auch Kol 2,13; Eph 2,1.*

† Jesus entmachtete den Tod

„14 Weil nun aber alle diese Kinder [Menschen, die Gottes Rettungsangebot annehmen] Geschöpfe aus Fleisch und Blut sind, ist auch er [Jesus] ein Mensch von Fleisch und Blut geworden. So konnte er durch den Tod den entmachten, der mit Hilfe des Todes seine Macht ausübt, nämlich den Teufel, [15] und konnte die, deren ganzes Leben von der Angst vor dem Tod beherrscht war, aus ihrer Sklaverei befreien" (Hebr 2,14-15).

„[56] Der Stachel, der uns den Tod bringt, ist die Sünde, und dass die Sünde solche Macht hat, liegt am Gesetz. [57] Gott aber sei Dank! Durch Jesus Christus, unseren Herrn, schenkt er uns den Sieg!" (1 Kor 15,56-57).

„[2] Denn wenn du mit Jesus Christus verbunden bist, bist du nicht mehr unter dem Gesetz der Sünde und des Todes; das Gesetz des Geistes, der lebendig macht, hat dich davon befreit" (Röm 8,2).

✝ Jesu Auferstehung gewährt Gläubigen ein Leben nach dem Tod

„[20] [...] Christus ist von den Toten auferstanden! Er ist der Erste, den Gott auferweckt hat, und seine Auferstehung gibt uns die Gewähr, dass auch die, die im Glauben an ihn gestorben sind, auferstehen werden" (1 Kor 15,20).

Sowie im AT als auch im NT werden Auferstehungsgeschichten von vereinzelten Toten erwähnt. Diese Toten kehrten in ihre irdischen Körper zurück und mussten danach wieder sterben. Jesus war der Erste, der nach Seiner Auferstehung einen neuen „Auferstehungsleib" erhielt, der weder dem Verfall ausgesetzt noch an irdische Verhältnisse gebunden ist (vgl. Voorhoeve, 2017).

✝ Der zweite Tod

📖 *Finde in Kap. 37. „Alle gottfeindlichen Mächte und Gewalten trifft der zweite Tod".*

36. WAS DER QUR'ĀN ÜBER STERBEN UND TOD KUNDTUT

☾ Allāh ist der Urheber von allem Leben und Sterben

„158 [...] Dem die Herrschaft der Himmel und der Erde gehört. Es gibt keinen Gott außer Ihm. Er macht lebendig und läßt sterben. [...]" (al-Araf 7,158).

„116 Allah hat die Herrschaft über die Himmel und die Erde. Er macht lebendig und läßt sterben. Ihr habt außer Allah weder Schutzherrn noch Helfer" (at-Tauba 9,116).

„145 Keiner Seele ist es möglich zu sterben, außer mit Allahs Erlaubnis (und) nach einer befristeten Vorbestimmung. [...]" (al-i-IImran 3,145).

📖 *Weitere Stellen zum Nachschlagen: Sure 3,156; 10,56; 15,23; 22,66; 23,80; 26,81; 30,40; 40,68; 44,8; 45,26; 50,43; 53,44; 57,43; 80,21.*

☾ Jeder wird den Tod kosten

„185 Jede Seele wird den Tod kosten. Und erst am Tag der Auferstehung wird euch euer Lohn in vollem Maß zukommen. Wer dann dem (Höllen)feuer entrückt und in den (Paradies)garten eingelassen wird, der hat fürwahr einen Erfolg erzielt. Und das diesseitige Leben ist nur trügerischer Genuß" (al-i-IImran 3,185).

☾ Der Engel des Todes ruft Menschen zum Sterben ab

„[11] Sag: Abberufen wird euch der Engel des Todes, der mit euch betraut ist, hierauf werdet ihr zu eurem Herrn zurückgebracht. [12] Könntest du nur sehen, wenn die Übeltäter vor ihrem Herrn die Köpfe hängenlassen: ‚Unser Herr, jetzt haben wir gesehen und gehört. Bringe uns zurück, so wollen wir rechtschaffen handeln. Gewiß, wir sind nun überzeugt!' [13] Und wenn Wir gewollt hätten, hätten Wir jeder Seele ihre Rechtleitung gegeben. Aber (nun) ist das Wort von Mir unvermeidlich fällig geworden: ‚Ganz gewiß werde Ich die Hölle mit den Ǧinn und den Menschen allesamt füllen'" (as-Saǧda 32,11-13).

☾ Wie es Ungläubigen beim Sterben ergeht

Sie werden von Engeln geschlagen und verbrannt

„[50] Und wenn du sehen würdest, wenn die Engel diejenigen abberufen, die ungläubig sind, wobei sie sie ins Gesicht und auf den Rücken schlagen und (sagen): ‚Kostet die Strafe des Brennens! [51] Dies (geschieht) wegen dessen, was eure Hände vorausgeschickt haben, und deshalb, weil Allah keiner ist, der den Menschen Unrecht zufügt'" (al-Anfal 8,50-51).

Sie erhalten keine Linderung ihrer schmerzhaften Höllenstrafe

„[161] Diejenigen aber, die ungläubig sind und als Ungläubige sterben, auf ihnen liegt der Fluch Allahs und der Engel und der Menschen allesamt, [162] ewig darin zu bleiben. Die Strafe soll ihnen nicht erleichtert noch soll ihnen Aufschub gewährt werden" (al-Baqara 2,161.162).

„[91] Gewiß, diejenigen, die ungläubig geworden sind und als Ungläubige sterben, [...]. Für jene wird es schmerzhafte Strafe geben; und sie werden keine Helfer haben" (al-i-IImran 3,91).

„[97] Diejenigen, die die Engel abberufen, während sie sich selbst Unrecht tun, (zu jenen) sagen sie: ‚Worin habt ihr euch befunden?' Sie sagen: Wir waren Unterdrückte im Lande.' Sie (die Engel) sagen: ‚War Allahs Erde nicht weit, so daß ihr darauf hättet auswandern können?' Jene aber, – ihr Zufluchtsort wird die Hölle sein, und (wie) böse ist der Ausgang!" (an-Nisa 4,97).

📖 *Weitere Stellen zum Nachschlagen: 4,18; 17,71-72; 35,36; 47,34.*

37. WAS DIE BIBEL ÜBER DIE ENDZEIT UND WIEDERKUNFT JESU KUNDTUT

Der Kreis schließt sich

Die Bibel beginnt mit Gott und Seiner perfekten Schöpfung. Sie endet und mit Gott und Seiner Neuschöpfung. Dazwischen liegt die Geschichte der Menschheit. Bei der Erstschöpfung schuf Gott Mann und Frau nach Seinem Bild und als Sein Gegenüber. Aber dann - durch ihre freie Entscheidung - ließen sie sich Ungehorsam gegen Gott verführen. Sünde machte ihren Einzug in die Welt und nahm ihren zerstörerischen Lauf. Der Mensch, mitsamt der gesamten Schöpfung, unterlag von da an ihrem Fluch, der schlussendlich zum Tod führt (vgl. Gen 3). Der heilige Gott, dessen Wesen auch Liebe ist, setzte aber durch die Menschwerdung, den Opfertod und die Auferstehung Jesu Seinen von Anfang an geplanten perfekten Rettungsplan um. Durch diesen Plan wurde Satan entmachtet und der Fluch der Sünde gelöst. Dem Menschen steht nun der Weg zur Versöhnung und zum Frieden mit Gott offen. Der Weg zu dem ursprünglichen, ungetrübten Verhältnis zu dem ewigen und heiligen Gott wird allen ermöglicht. Allen, die Gottes Rettungsangebot annehmen und sich wieder unter Seine Herrschaft stellen, steht die Ewigkeit in Seiner Gegenwart und das Teilhaben an Seiner Herrlichkeit, Seiner Freude und Seinem Frieden offen. Diese Ewigkeit beginnt nach der Wiederkunft Jesu und dem Endgericht Gottes, nämlich dann, wenn Jesus „allen gottfeindlichen Mächten, Kräften und Gewalten ein Ende bereitet hat; dann ist das Ziel erreicht" (1Kor 15,24).

Somit schließt sich der Kreis von Ewigkeit zu Ewigkeit.

DIE WIEDERKUNFT JESU

† Ankündigungen der Wiederkunft Jesu

Jesus selbst sprach wiederholt mit seinen Jüngern über die Endzeit und seine Wiederkunft:

„ [1] ‚Lasst euch durch nichts ´in eurem Glauben` erschüttern!`, ´sagte Jesus zu seinen Jüngern.` ‚Vertraut auf Gott und vertraut auf mich! [2] Im Haus meines Vaters gibt es viele Wohnungen. Wenn es nicht so wäre, hätte ich dann etwa zu euch gesagt, dass ich dorthin gehe, um einen Platz für euch vorzubereiten? [3] Und wenn ich einen Platz für euch vorbereitet habe, werde ich wieder kommen und euch zu mir holen, damit auch ihr dort seid, wo ich bin"" (Joh 14,1-3).

Nach Seiner Auferstehung verweilte Jesus noch vierzig Tage auf der Erde, zeigte sich seinen Jüngern als der Lebendige und sprach mit ihnen über das Reich Gottes. Er versicherte ihnen, dass sie nach seiner Rückkehr zum himmlischen Vater die Kraft des Heiligen Geistes empfangen würden. Dann wurde er vor ihren Augen vom Ölberg auf in den Himmel emporgehoben (vgl. Apg 1,2-3). Während die Jünger ihm nachschauten, standen plötzlich zwei Männer in weißen Gewändern vor ihnen und sagten:

„[11] ‚Ihr Männer von Galiläa`, sagten sie [zwei Männer in leuchtend weißen Gewändern], ‚warum steht ihr hier und starrt zum Himmel hinauf? Dieser Jesus, der aus eurer Mitte in den Himmel genommen worden ist, wird wiederkommen, und zwar auf dieselbe Weise, wie ihr ihn habt gehen sehen"" (Apg 1,11).

📖 *Siehe auch 1Kor 15,23-25.*

† Der genaue Zeitpunkt seiner Wiederkunft ist unkalkulierbar

[Jesus sagte zu seinen Jüngern]: „[37] Bei der Wiederkunft des Menschensohnes [Jesus] wird es wie in den Tagen Noahs sein. [38] Damals vor der großen Flut aßen und tranken die Menschen, sie heirateten und wurden verheiratet

– bis zu dem Tag, an dem Noah in die Arche ging. [39] Sie merkten nichts, bis die Flut hereinbrach und sie alle hinwegraffte. So wird es auch bei der Wiederkunft des Menschensohnes sein [...]' [43] ‚Ihr könnt gewiss sein: Ein Hausherr, der wüsste, zu welchem Zeitpunkt in der Nacht der Dieb kommt, würde wach bleiben und nicht zulassen, dass in sein Haus eingebrochen wird. [44] Darum haltet auch ihr euch ständig bereit; denn der Menschensohn kommt zu einem Zeitpunkt, an dem ihr nicht damit rechnet'" (Mt 24,37-39.43-44).

„[2] Ihr selbst wisst ganz genau, dass jener große Tag, der Tag des Herrn, so unerwartet kommen wird wie ein Dieb in der Nacht" (1 Thess 5,2).

„[10] Der Tag des Herrn wird kommen, und er kommt so unerwartet wie ein Dieb. An jenem Tag wird der Himmel mit gewaltigem Krachen vergehen, die Gestirne werden im Feuer verglühen, und über die Erde und alles, was auf ihr getan wurde, wird das Urteil gesprochen werden" (2 Petr 3,10).

† Zeichen, die auf ein näherndes Ende hindeuten

Vor dem Wiederkommen Jesu erscheint der Antichrist (ad-Dadschdschāl), der eine Zeit des Schreckens und der Angst mit sich bringen wird.

Zunehmende Gesetzlosigkeit, Kriege, Naturkatastrophen, Verfolgungen und Glaubensabfall

„[3] Später, als Jesus auf dem Ölberg saß und mit seinen Jüngern allein war, wandten sie sich an ihn und baten: ‚Sag uns doch: Wann wird das geschehen, und welches Zeichen wird deine Wiederkunft und das Ende der Welt ankündigen?' [4] ‚Gebt Acht, dass euch niemand irreführt!', erwiderte Jesus. [5] ‚Denn viele werden unter meinem Namen auftreten; sie werden behaupten, sie seien der Messias, und werden viele irreführen. [6] Ihr werdet von Kriegen hören; ihr werdet hören, dass Kriegsgefahr droht. Lasst euch dadurch nicht erschrecken. Es muss so kommen, aber das Ende ist es noch nicht. [7] Ein Volk wird sich gegen das andere erheben und ein Reich gegen das andere. Hungersnöte und Erdbeben werden bald diese Gegend heimsuchen und bald jene. [8] Doch das alles ist erst der Anfang, es ist wie der Beginn von

Geburtswehen. [9] Man wird euch verraten, verfolgen und töten. Um meines Namens willen werdet ihr von allen Völkern gehasst werden. [10] Viele werden vom Glauben abfallen; sie werden einander verraten, sie werden einander hassen. [11] Falsche Propheten werden in großer Zahl auftreten und viele irreführen. [12] Und weil die Gesetzlosigkeit überhand nehmen wird, wird bei den meisten die Liebe erkalten. [13] Wer aber bis ans Ende standhaft bleibt, wird gerettet. [14] Die Botschaft vom Reich Gottes wird in der ganzen Welt verkündet werden, damit alle Völker sie hören. Dann erst kommt das Ende" (Mt 24,3-14).

„[1] ‚Ich sage euch diese Dinge, damit ihr euch durch nichts vom Glauben abbringen lasst. [2] Man wird euch aus den Synagogen ausschließen. Ja, es kommt eine Zeit, wo jeder, der euch tötet, meint, Gott damit einen Dienst zu erweisen. [3] Das alles werden sie deshalb tun, weil sie weder den Vater noch mich kennen'" (Joh 16,1-3).

Die Kräfte des Himmels geraten aus dem Gleichgewicht

„[25] An Sonne, Mond und Sternen werden Zeichen zu sehen sein, und die Völker auf der Erde werden in Angst und Schrecken geraten und weder aus noch ein wissen vor den tobenden Wellen des Meeres. [26] Die Menschen werden vergehen vor Angst und vor banger Erwartung dessen, was noch alles über die Erde kommen wird; denn sogar ‚die Kräfte des Himmels werden aus dem Gleichgewicht geraten'. [27] Und dann werden sie den Menschensohn mit großer Macht und Herrlichkeit auf einer Wolke kommen sehen" (Lk 21,25-27).

„[11] Wartet auf den großen Tag Gottes; verhaltet euch so, dass er bald anbrechen kann! Sein Kommen bedeutet zwar, dass der Himmel in Brand geraten und vergehen wird und dass die Gestirne im Feuer zerschmelzen. [13] Doch wir warten auf den neuen Himmel und die neue Erde, die Gott versprochen hat – die neue Welt, in der Gerechtigkeit regiert" (2Petr 3,11-12).

Siehe auch Mt 24,29.

† Jesus erscheint allen Völkern

„[30] Und dann wird das Zeichen des Menschensohnes am Himmel erscheinen, und alle Völker der Erde werden jammern und klagen; sie werden den Menschensohn mit großer Macht und Herrlichkeit auf den Wolken des Himmels kommen sehen. [31] Er wird seine Engel mit mächtigem Posaunenschall aussenden, und sie werden seine Auserwählten aus allen Himmelsrichtungen zusammenbringen, von einem Ende des Himmels bis zum anderen"" (Mt 24,30-31).

„[7] Und er [Jesus] wird wiederkommen! Auf den Wolken wird er kommen, und alle werden ihn sehen, auch die, die ihn durchbohrt haben. Sein Anblick wird alle Völker der Erde in Schrecken und Trauer versetzen. Ja, amen, so wird es sein" (Offb 1,7).

📖 *Vergleiche auch Lk 21,5-36; Mt 13,41-43; Mk 13,24-27; Lk 17,22-37.*

† Er erscheint als der ewige Herrscher aller Völker und Nationen

„[13] Danach sah ich [Daniel] in meiner Vision einen, der aussah wie der Sohn eines Menschen. Er kam mit den Wolken heran und wurde vor den Thron des Uralten [Bezeichnung des ewigen Gottes] geführt. [14] Der verlieh ihm Macht, Ehre und Herrschaft, und die Menschen aller Nationen, Völker und Sprachen unterwarfen sich ihm. Seine Macht ist ewig und unvergänglich, seine Herrschaft wird niemals aufhören" (Offb 22,12-13).

† Er erscheint als Retter der Seinen mit seinem Lohn

[In Bezug auf eine endzeitliche Vision schrieb der Prophet Daniel etwa 536 v. Chr.]: „[1] Es wird eine Zeit der Not und Bedrängnis sein, wie es sie seit Menschengedenken nicht gegeben hat. Aber dein Volk wird gerettet werden, alle, deren Namen im Buch Gottes geschrieben stehen. [2] Viele, die in der Erde schlafen, werden erwachen, die einen zu ewigem Leben, die andern zu ewiger Schmach und Schande. [3] Die Einsichtigen werden leuchten wie der taghelle Himmel, und alle, die anderen den rechten Weg gezeigt haben, werden glänzen wie die Sterne für ewige Zeiten"" (Dan 12,1-3).

„¹² ‚Ja, ich komme bald‘, sagt Jesus, ‚und bringe jedem den Lohn mit, den er für sein Tun verdient hat. ¹³ Ich bin das A und das O, der Erste und der Letzte, der Ursprung und das Ziel aller Dinge‘" (Offb 22,12-13).

📖 *Weitere Stellen über die Wiederkunft Jesu: Mt 24, 29-30; Mt 13,41-43.*

WAS GLÄUBIGE BEI DER WIEDERKUNFT JESU ERWARTET

† Sie werden zu Jesus emporgehoben

„¹⁶ Der Herr selbst wird vom Himmel herabkommen, ein lauter Befehl wird ertönen, und auch die Stimme eines Engelfürsten und der Schall der Posaune Gottes werden zu hören sein. Daraufhin werden zuerst die Menschen auferstehen, die im Glauben an Christus gestorben sind. ¹⁷ Danach werden wir – die Gläubigen, die zu diesem Zeitpunkt noch am Leben sind – mit ihnen zusammen in den Wolken emporgehoben, dem Herrn entgegen, und dann werden wir alle für immer bei ihm sein" (1Thess 4,16-17).

† Sie erhalten sie einen neuen, unvergänglichen Körper

„⁴² Entsprechend verhält es sich mit der Auferstehung der Toten. Der menschliche Körper ist wie ein Samenkorn, das in die Erde gelegt wird. Erst ist er vergänglich, aber wenn er dann auferweckt wird, ist er unvergänglich. ⁴³ Erst ist er unansehnlich, dann aber erfüllt von Gottes Herrlichkeit. Erst ist er schwach, dann voller Kraft. ⁴⁴ In die Erde gelegt wird ein irdischer Körper. Auferweckt wird ein Körper, der durch Gottes Geist erneuert ist. Genauso, wie es einen irdischen Körper gibt, gibt es auch einen durch Gottes Geist erneuerten Körper" (1Kor 15,42-44).

📖 *Siehe auch 1Kor 15,51-55.*

DAS ENDGERICHT UND DIE VERNICHTUNG ALLER UNGERECHTIGKEIT

Das göttliche Gericht bedeutet der Vollzug von Gerechtigkeit. Das Endgericht ist die endgültige Abrechnung und Beseitigung aller Ungerechtigkeit.

Alles Böse und alle Gottlosigkeit wird abgesondert und vernichtet werden. Jesus verbildlichte die Absonderung der Gerechten von den Gottlosen durch folgendes Gleichnis vom Fischernetz:

„[47] Mit dem Himmelreich ist es auch wie mit einem Netz, das auf dem See ausgeworfen wird und mit dem man Fische aller Art fängt. [48] Wenn es voll ist, ziehen die Fischer es ans Ufer, setzen sich hin und lesen die Fische aus. Die guten legen sie in Körbe, aber die ungenießbaren werfen sie weg. [49] So wird es auch am Ende der Welt sein. Die Engel werden kommen und die Bösen aussondern; sie werden sie von den Gerechten trennen [50] und in den Feuerofen werfen, dorthin, wo es nichts gibt als lautes Jammern und angstvolles Zittern und Beben" (Mt 13, 47-50).

✝ Jeder Mensch muss sich vor Gott verantworten

„[10] Denn wir alle müssen einmal vor dem Richterstuhl von Christus erscheinen, wo alles offengelegt wird, und dann wird jeder den Lohn für das erhalten, was er während seines Lebens in diesem Körper getan hat, ob es nun gut war oder böse" (2Kor 5,10).

„[8] [...] Er [Jesus] wird die zur Rechenschaft ziehen, die Gott eben nicht als Gott anerkennen und nicht bereit sind, das Evangelium von Jesus, unserem Herrn, anzunehmen. [9] Die Strafe, die diese Menschen erhalten, wird ewiges Verderben sein, sodass sie für immer vom Herrn und von seiner Macht und Herrlichkeit getrennt sind" (2.Thess 1,8-9).

„[11] Nun sah ich einen großen weißen Thron, und ich sah den, der auf dem Thron saß. Himmel und Erde flohen vor ihm, weil sie seine Gegenwart nicht ertragen konnten; sie verschwanden, ohne eine Spur zu hinterlassen. [12] Ich sah die Toten vor dem Thron stehen, vom Kleinsten bis zum Größten. Es wurden Bücher aufgeschlagen, in denen stand, was jeder getan hatte, und aufgrund dieser Eintragungen wurden die Toten gerichtet; jeder empfing das Urteil, das seinen Taten entsprach. Und noch ein anderes Buch wurde geöffnet: das Buch des Lebens. [13] Das Meer gab seine Toten heraus, und auch der Tod und das Totenreich gaben ihre Toten heraus. Bei

251

jedem Einzelnen entsprach das Urteil dem, was er getan hatte. [14] [...] [15] Und wenn jemand nicht im Buch des Lebens eingetragen war, wurde er ebenfalls in den Feuersee geworfen" (Offb 20,11-15).

† Der zukünftige von Gott eingesetzte Richter ist Jesus

„[31] ,Er [Gott] hat nämlich einen Tag festgesetzt, an dem er durch einen von ihm bestimmten Mann über die ganze Menschheit Gericht halten und über alle ein gerechtes Urteil sprechen wird. Diesen Mann [Jesus] hat er vor aller Welt als den künftigen Richter bestätigt, indem er ihn von den Toten auferweckt hat'" (Apg 17,31).

„[42] Und er [Jesus] gab uns den Auftrag, dem ganzen Volk mit allem Nachdruck zu verkünden und zu bezeugen, dass er der von Gott eingesetzte Richter ist, der über die Lebenden und über die Toten das Urteil sprechen wird. [43] Schon die Propheten haben von ihm geredet. Durch ihn, so bezeugen sie alle übereinstimmend, bekommt jeder die Vergebung seiner Sünden – jeder, der an ihn glaubt" (Apg 10,42.43).

📖 *Siehe dazu auch Joh 5,22-23.27.*

KRITERIEN VON GOTTES GERECHTEM URTEIL

† Der aktive Glaube an Jesus

„[24] Ich [Jesus] versichere euch: Wer auf mein Wort hört und dem glaubt, der mich gesandt hat, der hat das ewige Leben. Auf ihn kommt keine Verurteilung mehr zu; er hat den Schritt vom Tod ins Leben getan" (Joh 5,24).

„[16] Gott hat der Welt seine Liebe dadurch gezeigt, dass er seinen einzigen Sohn für sie hergab, damit jeder, der an ihn glaubt, das ewige Leben hat und nicht verloren geht. [17] Gott hat seinen Sohn nicht in die Welt gesandt, um sie zu verurteilen, sondern um sie durch ihn zu retten. [18] Wer an ihn glaubt, wird nicht verurteilt. Wer aber nicht glaubt, ist damit schon verurteilt; denn der, an dessen Namen er nicht geglaubt hat, ist Gottes eigener Sohn" (Joh 3,16-18).

📖 *Siehe dazu auch 1.Thess 5, 9-10.*

† Ein Leben nach Gottes Wahrheit und Maßstäben

„²¹ Nicht jeder, der zu mir [Jesus] sagt: ‚Herr, Herr!‘, wird ins Himmelreich kommen, sondern nur der, der den Willen meines Vaters im Himmel tut. ²² Viele werden an jenem Tag zu mir sagen: ‚Herr, Herr! Haben wir nicht in deinem Namen prophetisch geredet, in deinem Namen Dämonen ausgetrieben und in deinem Namen viele Wunder getan?‘ ²³ Dann werde ich zu ihnen sagen: ‚Ich habe euch nie gekannt. Geht weg von mir, ihr mit eurem gesetzlosen Treiben!‘" (Mt 7,21-23).

📖 *Vgl. dazu auch Mt 25,31-46; Joh 3,19-21..*

ALLE GOTTFEINDLICHEN MÄCHTE TRIFFT DER ZWEITE TOD

„¹⁰ Der Teufel, der sie [die Völker der ganzen Erde zum Abfall von Gott (vgl. V.8)] verführt hatte, wurde in den Feuer- und Schwefelsee geworfen, in dem sich schon das Tier und der falsche Prophet [die zwei Komponenten der satanischen Dreieinigkeit (vgl. Offb 13)] befanden. Dort werden sie Tag und Nacht Qualen erleiden – für immer und ewig" (Offb 20,10).

Satan, auch als Drache bezeichnet, gibt nach Offb 13 einem „Tier aus dem Wasser" politische Macht über alle Völker der Erde und einem „Tier aus der Erde" Macht als falscher Prophet Wundertaten zu tun, um alle Völker zum Abfall von Gott zu bringen. Schlussendlich verbündet Satan sich mit seinen Komplizen zum endgültigen Kampf gegen Gott (vgl. Offb 16), wird aber von Jesus besiegt. Der ewige Feuersee führt zur endgültigen Entmachtung Satans, seiner Komplizen und seiner Anhänger (vgl. Glo. Die Bibel, 2014: Artikel 10).

„²⁶ Der letzte Feind ist der Tod, aber auch ihm wird schließlich ein Ende bereitet" (1Kor 15,26).

„¹⁴ Der Tod und das Totenreich wurden in den Feuersee geworfen; der Feuersee ist der zweite Tod. ¹⁵ Und wenn jemand nicht im Buch des Lebens eingetragen war, wurde er ebenfalls in den Feuersee geworfen" (Offb 20,14.15).

„⁸ Schlimm jedoch wird es denen ergehen, die sich feige zurückziehen und den Glauben verraten, deren Leben in meinen Augen verabscheuungswürdig ist, die andere umbringen, sich sexueller Ausschweifung hingeben, okkulte Praktiken ausüben oder Götzen anbeten. Auf sie und auf alle, die es mit der Lüge halten, wartet der See aus Feuer und brennendem Schwefel, und das bedeutet: Auf sie wartet der zweite Tod" (Offb 21,8).

DER BEGINN VON GOTTES EWIGEM HIMMELREICH

Dem Endgericht folgt der Beginn von Gottes ewigem Reich, das sich durch Gerechtigkeit, Frieden und Freude auszeichnet. Eine Vision des Himmelreichs erlebte der Apostel Johannes. Er versuchte in Worte und Bilder zu fassen, was außerhalb der menschlichen Wirklich liegt und somit ja unfassbar ist:

„¹ Danach sah ich einen neuen Himmel und eine neue Erde. Der frühere Himmel und die frühere Erde waren vergangen; auch das Meer gab es nicht mehr. ² Ich sah die heilige Stadt, das neue Jerusalem, von Gott aus dem Himmel herabkommen, schön wie eine Braut, die sich für ihren Bräutigam geschmückt hat. ³ Und vom Thron her hörte ich eine mächtige Stimme rufen: ‚Seht, die Wohnung Gottes ist jetzt bei den Menschen! Gott wird in ihrer Mitte wohnen; sie werden sein Volk sein – ein Volk aus vielen Völkern, und er selbst, ihr Gott, wird immer bei ihnen sein. ⁴ Er wird alle ihre Tränen abwischen. Es wird keinen Tod mehr geben, kein Leid und keine Schmerzen, und es werden keine Angstschreie mehr zu hören sein. Denn was früher war, ist vergangen.' ⁵ Daraufhin sagte der, der auf dem Thron saß: ‚Seht, ich mache alles neu.' Und er befahl mir: ‚Schreibe die Worte auf, die du eben gehört hast! Denn sie sind wahr und zuverlässig.' ⁶ Dann sagte er zu mir: ‚Nun ist alles erfüllt. Ich bin das A und das O, der Ursprung und das Ziel aller Dinge. Wer Durst hat, dem werde ich umsonst von dem Wasser zu trinken geben, das aus der Quelle des Lebens fließt. ⁷ Das alles wird das Erbe dessen sein, der siegreich aus dem [Lebens-]Kampf hervorgeht, und ich werde sein Gott sein, und er wird mein Sohn sein" (Offb 21,1-7).

„22 Einen Tempel sah ich nicht in der Stadt [dem neuen Jerusalem]. Der Herr selbst, der allmächtige Gott, ist ihr Tempel, er und das Lamm [Jesus]. 23 Auch sind weder Sonne noch Mond nötig, um der Stadt Licht zu geben. Sie wird von der Herrlichkeit Gottes erhellt; das Licht, das ihr leuchtet, ist das Lamm. 24 Die Völker werden in dem Licht leben, das von der Stadt ausgeht, und von überall auf der Erde werden die Könige kommen und ihren Reichtum in die Stadt bringen. 25 Die Tore der Stadt werden den ganzen Tag geöffnet sein; mehr noch: Weil es dort keine Nacht gibt, werden sie überhaupt nie geschlossen. 26 Die herrlichsten Schätze und Kostbarkeiten der Völker werden in die Stadt gebracht. 27 Aber etwas Unreines wird dort niemals Einlass finden. Wer Dinge tut, die Gott verabscheut, und sich in seinem Handeln von der Lüge leiten lässt, darf nicht hineingehen. Zutritt haben nur die, die im Lebensbuch des Lammes [Jesus] eingetragen sind" (Offb 21,22-27).

Die Schöpfung des neuen Himmels und der neuen Erde findet nach dem Gericht über Satan, den Tod, das Totenreich und der Toten statt. Alles Böse und Unreine ist dann für immer beseitigt.

38. WAS DER QUR'ĀN ÜBER DEN JÜNGSTEN TAG KUNDTUT

„Abu Huraira berichtete, dass er den Gesandten Allahs, Allahs Segen und Heil auf ihm, folgendes sagen hörte: ,Allah wird (am Tag der Auferstehung) die Erde in den Griff nehmen, die Himmel mit Seiner Rechten zusammenrollen und sprechen: ›Ich bin der König! Wo sind die Könige der Erde?‹‘“ (Sahīh al-Buchārī, Kapitel 58/Hadithnr. 4812).

Glaube an den Jüngsten Tag (*bil-yawmi l-āhiri*) zählt zu den sechs Glaubensartikeln des Islam. Glaube an den Jüngsten Tag beinhaltet Glaube an den Tag der Auferstehung und des Jüngsten Gerichts (der Tag der Entscheidung).

☾ Der Tag der Auferstehung (*yawmu l-qiyāmati*) ist der Tag der Entscheidung

„[17] Gewiß, diejenigen, die glauben, und diejenigen, die dem Judentum angehören, und die Sābier und die Christen und die Māǧūs und diejenigen, die Götzendiener sind – gewiß, Allah wird am Tag der Auferstehung zwischen ihnen entscheiden; Allah ist ja über alles Zeuge“ (al-Hagg 22,17).

☾ Apokalyptische Naturkatastrophen leiten den jüngsten Tag ein

„[6] Er [der Mensch] fragt: ,Wann wird bloß der Tag der Auferstehung sein?‘ [7] Wenn dann der Blick verwirrt ist [8] und der Mond sich verfinstert [9] und Sonne und Mond zusammengebracht werden, [10] wird der Mensch an jenem Tag sagen: ,Wohin soll die Flucht sein?‘ [11] Keineswegs! (Es gibt) keine Zuflucht. [12] Zu deinem Herrn wird an jenem Tag der Weg zum Aufenthaltsort (führen). [13] Dem Menschen wird an jenem Tag kundgetan, was er vorausgeschickt und zurückgestellt hat" (al-Qiyama 75,6-13).

„Wenn der Himmel sich spaltet [2] und auf seinen Herrn hört – und es ist ja rechtens für ihn –, [3] und wenn die Erde ausgedehnt wird [4] und herauswirft, was in ihr ist, und sich entleert [5] und auf ihren Herrn hört – und es ist ja rechtens für sie\. [6] O du Mensch, du mühst dich hart zu deinem Herrn hin, und so wirst du Ihm begegnen" (al-Insiqaq 84, 1-6).

„[1] Wenn der Himmel zerbricht [2] und wenn die Sterne sich zerstreuen [3] und wenn die Meere gesprengt werden [4] und wenn die Gräber durchwühlt werden, [5] wird eine (jede) Seele erfahren, was sie vorausgeschickt und zurückgestellt hat" (al-Infitar 82,1-5).

„[13] Wenn ins Horn ein (einziges) Mal geblasen wird [14] und Erde und Berge gehoben und dann mit einem einzigen Schlag zu Staub eingeebnet werden, [15] an jenem Tag dann trifft (die Stunde) ein, die eintreffen wird, [16] und der Himmel spaltet sich, so daß er an jenem Tag brüchig wird," (al-Haqqa 39, 13-16).

📖 *Weitere apokalyptische Beschreibungen: Suren 81 und 99.*

☾ Der Tag der Auferstehung kommt zweifelsfrei

„[87] Allah – es gibt keinen Gott außer Ihm. Er wird euch ganz gewiß zum Tag der Auferstehung versammeln, an dem es keinen Zweifel gibt. Und wer ist wahrhaftiger als Allah in der Aussage?" (an-Nisa 4,87).

„[66] Der Mensch sagt: ‚Werde ich, wenn ich erst einmal gestorben bin, wirklich wieder lebendig hervorgebracht werden?' [67] Gedenkt der Mensch denn nicht, daß Wir ihn zuvor erschaffen haben, da er (noch) nichts war? [68] Bei deinem Herrn, Wir werden sie ganz gewiß versammeln, (sie) und die Satane. Hierauf werden Wir sie ganz gewiß rings um die Hölle herum auf den Knien herbeibringen. [69] Hierauf werden Wir aus jedem Lager ganz gewiß denjenigen herausnehmen, der sich dem Allerbarmer am heftigsten widersetzt hat. [70] Dann wissen Wir wahrlich am besten über diejenigen Bescheid, die es am ehesten verdienen, ihr ausgesetzt zu sein. [71] Und es gibt keinen unter euch, der nicht daran vorbeigehen würde. Dies obliegt deinem Herrn unabänderlich beschlossen. [72] Hierauf erretten Wir diejenigen, die gottesfürchtig waren, und lassen die Ungerechten in ihr auf den Knien zurück" (Maryam 19,66-72).

📖 *Siehe auch Sure 6,12.*

☾ Nur Allāhs Erbarmen bietet beim Tag der Entscheidung Schutz

„[40] Gewiß, der Tag der Entscheidung ist ihrer aller festgesetzte Zeit, [41] der Tag, an dem kein Schutzherr seinem Schützling etwas nützen kann und ihnen keine Hilfe zuteil wird, [42] außer demjenigen, dessen Allah sich erbarmt. Er ist ja der Allmächtige und Barmherzige" (ad-Duhan 44,40-42).

DIE ABRECHNUNG ALLER TATEN

☾ Jeder wird einzeln gerichtet

„[93] Niemand in den Himmeln und auf der Erde wird zum Allerbarmer anders denn als Diener kommen (können). [94] Er hat sie erfaßt und sie genau gezählt. [95] Und sie alle werden zu Ihm am Tag der Auferstehung einzeln kommen. [96] Gewiß, denjenigen, die glauben und rechtschaffene Werke tun, wird der Allerbarmer Liebe bereiten" (Maryam 19,93-96).

☾ Jeder Mensch erhält ein persönliches Buch der Abrechnung

„[13] Jedem Menschen haben Wir sein Vorzeichen an seinem Hals befestigt. Und am Tag der Auferstehung bringen Wir ihm ein Buch heraus, das er aufgeschlagen vorfinden wird: [14] ‚Lies dein Buch! Du selbst genügst heute als Abrechner über dich'" (al-Isra17,13-14).

„[49] Und das Buch wird hingelegt. Dann siehst du die Übeltäter besorgt wegen dessen, was darin steht. Sie sagen: ‚O wehe uns! Was ist mit diesem Buch? Es läßt nichts aus, weder klein noch groß, ohne es zu erfassen.' Sie finden (alles), was sie taten, gegenwärtig, und dein Herr tut niemandem Unrecht" (al-Kahf 18,49).

„[7] Was nun jemanden angeht, dem dann sein Buch in seine Rechte gegeben wird, [8] der wird einer leichten Abrechnung unterzogen, [9] und er wird erfreut zu seinen Angehörigen zurückkehren. [10] Was aber jemanden angeht, dem sein Buch hinter seinem Rücken gegeben wird, [11] der wird nach Vernichtung rufen [12] und der Feuerglut ausgesetzt sein" (al-Insiqaq 84,7-12).

📖 *Weitere Stellen zum Thema: 54, 52-55; 69,18-20.*

☾ Gute und schlechte Taten werden in Waagschalen gemessen

„[47] Und Wir stellen die gerechten Waagen für den Tag der Auferstehung auf. So wird keiner Seele um irgend etwas Unrecht zugefügt; und wäre es auch das Gewicht eines Senfkorns, Wir bringen es bei. Und Wir genügen als Berechner" (al-Anbiya 21,47).

„[102] Wessen Waagschalen schwer sein werden, das sind diejenigen, denen es wohl ergeht. [103] Wessen Waagschalen aber leicht sein werden, das sind diejenigen, die ihre Seelen verloren haben; in der Hölle werden sie ewig bleiben" (al-Muminun 23,102.103).

📖 *Siehe auch Sure 7,8-9, 42,17; 101,6-11.*

Als gute Tat zählt nach der Überlieferung von Riyadhu s-Salihin auch die Intension einer guten oder schlechten Tat, egal ob diese durchgeführt wurde oder nicht. Muḥammad soll folgende Aussage gemacht haben:

„,Allah hat die guten und die schlechten Taten niedergeschrieben.' Dann erklärte er dies: ,Wer etwas Gutes beabsichtigt und es nicht durchführen konnte, dem hat Allah dies bei Sich als volle gute Tat angerechnet. Hat er es durchführen können, dann rechnet Allah ihm dies bei Sich als zehn gute Taten, bis zum siebenhundertfachen und bis zum vielfachen (davon), an. Und wer etwas Schlechtes beabsichtigt, es aber nicht durchgeführt hat, dem wird dies als vollendete gute Tat bei Allah, dem Erhabenen, angerechnet.

Hat er diese schlechte Tat jedoch ausgeführt, so rechnet Allah ihm dies als eine einzige schlechte Tat an"ʼ (Riyadhu s-Salihin, Hadith Nr. 11, Buch 1, Kapitel 1).

Siehe auch Kap. 36. „Gute Taten werden in Waagschalen gemessen".

☾ Sterben als Märtyrer und Opfer für Allāh tilgen alle schlechte Taten

„¹⁹⁵ Da erhörte sie ihr Herr: ‚Ich lasse kein Werk eines (Gutes) Tuenden von euch verlorengehen, sei es von Mann oder Frau; die einen von euch sind von den anderen. Denen also, die ausgewandert und aus ihren Wohnstätten vertrieben worden sind und denen auf Meinem Weg Leid zugefügt worden ist, und die gekämpft haben und getötet worden sind, werde Ich ganz gewiß ihre bösen Taten tilgen und sie ganz gewiß in Gärten eingehen lassen, durcheilt von Bächen, als Belohnung von Allah.ʻ Und Allah – bei Ihm ist die schöne Belohnung" (Al-i-IImran 3,195).

Siehe auch Suren 3,169-170 und 2,262.

☾ Unglaube oder Abfall vom Glauben tilgen alle guten Werke

„¹⁰⁵ Das sind diejenigen, die die Zeichen ihres Herrn und die Begegnung mit Ihm leugnen. So werden ihre Werke hinfällig, und so werden Wir ihnen am Tag der Auferstehung kein Gewicht beimessen. ¹⁰⁶ Das ist ihr Lohn – die Hölle – dafür, daß sie ungläubig waren und sich über Meine Zeichen und Meine Gesandten lustig machten" (al-Kahf 18,105-106).

„³⁶ Gewiß, wenn diejenigen, die ungläubig sind, alles hätten, was auf der Erde ist, und noch einmal das Gleiche dazu, um sich damit von der Strafe des Tages der Auferstehung loszukaufen, würde es nicht von ihnen angenommen werden, und für sie gibt es schmerzhafte Strafe" (al-Maida 5,36).

Weitere für das Thema relevante Suren: 57,25, 55:26; 5,9; 29,7; 4,173; 4,122-124; 2,261-262.

DIE STRAFE DES EWIGEN HÖLLENFEUERS

☾ Wer zum Höllenfeuer verdammt wird

Die Satane

„⁵ Wir haben ja den untersten Himmel mit Lampen geschmückt und haben sie zu Wurfgeschossen gegen die Satane gemacht. Und bereitet haben Wir für sie die Strafe der Feuerglut" (al-Mulk 67,5).

Für die Hölle erschaffene Ǧinn und Menschen

„¹⁷⁹ Wir haben ja schon viele von den Ǧinn [Dschinn] und den Menschen für die Hölle erschaffen. Sie haben Herzen, mit denen sie nicht verstehen; sie haben Augen, mit denen sie nicht sehen; und sie haben Ohren, mit denen sie nicht hören. Jene sind wie das Vieh. Aber nein! Sie irren noch weiter ab. Jene sind (überhaupt) die Unachtsamen" (al-Araf 7,179).

„¹³ Und wenn Wir gewollt hätten, hätten Wir jeder Seele ihre Rechtleitung gegeben. Aber (nun) ist das Wort von Mir unvermeidlich fällig geworden: „Ganz gewiß werde Ich die Hölle mit den Ǧinn und den Menschen allesamt füllen" (as-Sagda 32,13).

Ǧinn, die Menschen verführt haben

„¹²⁸ Und an dem Tag, da Er sie alle versammelt (wird Er sagen): ‚O Gesellschaft der Ǧinn! Viele Menschen habt ihr (verführt).' Und ihre Schützlinge unter den Menschen sagen: ‚Unser Herr, wir haben voneinander (den Vorteil) genossen und haben (nun) unsere Frist erreicht, die Du uns gesetzt hast.' Er wird sagen: ‚Das (Höllen)feuer ist euer Aufenthalt, ewig darin zu bleiben, außer Allah will es (anders).' Gewiß, dein Herr ist Allweise und Allwissend" (al-Anam 6,128).

Ungläubige, vom Glauben Abgefallene und Leugner Allahs und seiner Zeichen

„³⁹ Diejenigen aber, die ungläubig sind und Unsere Zeichen für Lüge erklären, das sind Insassen des (Höllen)feuers. Ewig werden sie darin bleiben" (al-Baqara 2,39).

„⁶ Gewiß, diejenigen unter den Leuten der Schrift und den Götzendienern, die ungläubig sind, werden im Feuer der Hölle sein, ewig darin zu bleiben. Das sind die schlechtesten Geschöpfe" (al-Bayyina 98,6).

„⁴⁰ Gewiß, denjenigen, die Unsere Zeichen für Lüge erklären und sich ihnen gegenüber hochmütig verhalten, werden die Tore des Himmels nicht geöffnet, und sie werden nicht in den (Paradies)garten eingehen, bis ein Kamel durch ein Nadelöhr geht. So vergelten Wir den Übeltätern" (al-Araf 7,40).

„¹⁵ Was aber die (vom rechten Weg) Abschweifenden angeht, so werden sie Brennholz für die Hölle sein" (al-Ginn 72,15).

Weitere Stellen: 2,90;2,161-162; 2,174; 3,12; 4,96; 5,72; 22,72; 3,10; 3,116.131.151; 18,100.102; 35,36; 39,32; 98,6.

Wer am Genuss des diesseitigen Lebens hängt

„³⁸ O die ihr glaubt, was ist mit euch, daß, wenn zu euch gesagt wird: „Rückt aus [im Sinne von ‚ausmarschieren'] auf Allahs Weg!", ihr euch schwer zur Erde sinken laßt? Seid ihr mit dem diesseitigen Leben mehr zufrieden als mit dem Jenseits? Aber der Genuß des diesseitigen Lebens wird im Jenseits nur gering (erscheinen). ³⁹ Wenn ihr nicht ausrückt, wird Er euch mit schmerzhafter Strafe strafen und euch durch ein anderes Volk ersetzen, und ihr (könnt) Ihm keinerlei Schaden zufügen. Allah hat zu allem die Macht" (at-Tauba 9,38-39).

„¹⁸ Wer immer das schnell Eintreffende will, dem gewähren Wir darin schnell, was Wir wollen – demjenigen, den Wir wollen; hierauf haben Wir für ihn die Hölle bestimmt, der er ausgesetzt sein wird, mit Vorwürfen behaftet und verstoßen" (al-Isra 17,18).

„[1] Wehe jedem Stichler und Nörgler, [2] der Besitz zusammenträgt und ihn zählt und immer wieder zählt, [3] wobei er meint, daß sein Besitz ihn ewig leben ließe! [4] Keineswegs! Er wird ganz gewiß in al-Huṭama geworfen werden. [5] Was läßt dich wissen, was al-Huṭama ist? [6] (Sie ist) Allahs entfachtes Feuer, [7] das Einblick in die Herzen gewinnt. [8] Gewiß, es wird sie einschließen [9] in langgestreckten Säulen" (al-Humaza 104,1-9).

Wer Allāh einen Partner zugesellt

„[39] Das ist etwas von dem, was dir dein Herr an Weisheit (als Offenbarung) eingegeben hat. Und setze neben Allah keinen anderen Gott, sonst wirst du in die Hölle geworfen, getadelt und verstoßen" (al-Isra 17,39).

Wer sich Allāh und Muḥammad widersetzt

„[14] Wer sich aber Allah und Seinem Gesandten widersetzt und Seine Grenzen überschreitet, den läßt Er in ein Feuer eingehen, ewig darin zu bleiben; und für ihn gibt es schmachvolle Strafe" (an-Nisa 4,14).

„[115] Wer aber dem Gesandten entgegenwirkt, nachdem ihm die Rechtleitung klargeworden ist, und einem anderen Weg als dem der Gläubigen folgt, werden Wir dem zukehren, dem er sich zugekehrt hat, und ihn der Hölle aussetzen, und (wie) böse ist der Ausgang!" (an-Nisa 4,115).

📖 *Weitere Suren zum Thema: 9,63; 58,22; 72,23.*

Wer gegen Allāh und seinen Gesandten Krieg führt

„[33] Der Lohn derjenigen, die Krieg führen gegen Allah und Seinen Gesandten und sich bemühen, auf der Erde Unheil zu stiften, ist indessen (der), daß sie allesamt getötet oder gekreuzigt werden, oder daß ihnen Hände und Füße wechselseitig abgehackt werden, oder daß sie aus dem Land verbannt werden. Das ist für sie eine Schande im Diesseits, und im Jenseits gibt es für sie gewaltige Strafe" (al-Maida 5,33).

Heuchler

„⁶ Und (damit) Er die Heuchler und Heuchlerinnen und die Götzendiener und Götzendienerinnen strafe, die von Allah die böse Erwartung hegen. Gegen sie wird die böse Schicksalswendung sein. Allah zürnt ihnen, verflucht sie und bereitet ihnen die Hölle – (wie) böse ist der Ausgang!" (al-Fath 48,6).

📖 *Dazu auch Suren 4,140.145; 9,68; 66,9.*

Übeltäter

„⁷⁴ Gewiß, die Übeltäter (hingegen) werden in der Strafe der Hölle ewig bleiben. ⁷⁵ Sie wird ihnen nicht herabgesetzt, und sie werden darin ganz verzweifelt sein. ⁷⁶ Nicht Wir haben ihnen Unrecht getan, sondern sie sind es, die Unrecht getan haben. ⁷⁷ Und sie rufen: ‚O Mālik, dein Herr soll unserem Leben ein Ende setzen.' Er sagt: ‚Gewiß, ihr werdet (hier) bleiben'" (az-Zuhruf 43,74-77).

„⁹⁷ Diejenigen, die die Engel abberufen, während sie sich selbst Unrecht tun, (zu jenen) sagen sie: ‚Worin habt ihr euch befunden?' Sie sagen: ‚Wir waren Unterdrückte im Lande.' Sie (die Engel) sagen: ‚War Allahs Erde nicht weit, so daß ihr darauf hättet auswandern können?' Jene aber, – ihr Zufluchtsort wird die Hölle sein, und (wie) böse ist der Ausgang!" (an-Nisa 4,97).

„⁵⁷ Diejenigen, die Allah und Seinem Gesandten Leid zufügen, verflucht Allah im Diesseits und Jenseits, und für sie hat Er schmachvolle Strafe bereitet" (al-Ahzab 33,57).

📖 *Siehe auch Sure 20,74.*

Lügner und Hochmütige

„⁶⁰ Und am Tag der Auferstehung siehst du diejenigen, die gegen Allah gelogen haben; ihre Gesichter sind schwarz geworden. Ist nicht in der Hölle ein Aufenthaltsort für die Hochmütigen?" (az-Zumar 39,60).

„⁶⁰ Euer Herr sagt: ‚Ruft Mich an, so erhöre Ich euch. Gewiß, diejenigen, die sich aus Hochmut weigern, Mir zu dienen, werden in die Hölle gedemütigt eingehen‘" (Gafir 40,60).

„⁷³ Dann wird zu ihnen gesagt werden: [...] ⁷⁶‚Betretet (nun) die Tore der Hölle, ewig darin zu bleiben.‘ Schlimm ist der Aufenthaltsort der Hochmütigen!" (Gafir 40,73.76).

Wer absichtlich einen Gläubigen tötet

„⁹³ Und wer einen Gläubigen vorsätzlich tötet, dessen Lohn ist die Hölle, ewig darin zu bleiben" (an-Nisa 4,93).

☾ Beschreibungen des Höllenfeuers

Die Hölle ist ein qualvoller Ort der Hitze und des ewigen Durstes

„³¹ [...] Wir haben als Wächter des (Höllen)feuers nur Engel eingesetzt, und Wir haben ihre Zahl nur zu einer Versuchung gemacht" (al-Muddattir 74,31).

„⁴¹ Und die Gefährten der linken Seite – was sind die Gefährten der linken Seite? ⁴² (Sie sind) in Glutwind und heißem Wasser ⁴³ und (in) Schatten aus schwarzem Qualm, ⁴⁴ (der) weder kühl noch trefflich (ist). [...] ⁵¹ Hierauf werdet ihr ja, ihr irregehenden Leugner, ⁵² wahrlich von Zaqqūm-Bäumen [einem verfluchten Baum] essen ⁵³ und euch dann davon die Bäuche füllen ⁵⁴ und dann darauf heißes Wasser trinken; ⁵⁵ trinken werdet ihr dann, wie ewig Durstige trinken. ⁵⁶ Das ist ihre gastliche Aufnahme am Tag des Gerichts" (al-Waqia 56,41-56).

„³⁵ [...] am Tag, da im Feuer der Hölle darüber heiß gemacht wird und damit ihre Stirnen, ihre Seiten und ihre Rücken gebrandmarkt werden: Dies ist, was ihr für euch selbst gehortet habt. Nun kostet, was ihr zu horten pflegtet!" (At-Tauba 9,35).

„[24] [...] hütet euch vor dem (Höllen)feuer, dessen Brennstoff Menschen und Steine sind. Es ist für die Ungläubigen bereitet" (al-Baqara 2,24).

„[19] [...] Für diejenigen nun, die ungläubig sind, werden Gewänder aus Feuer zugeschnitten; über ihre Köpfe wird heißes Wasser gegossen. [20] Dadurch wird zum Schmelzen gebracht, was sie in ihrem Bauch haben, und ebenso die Haut. [21] Und für sie gibt es Keulen aus Eisen. [22] Jedesmal, wenn sie vor Kummer aus ihm herauskommen wollen, werden sie dahin zurückgebracht, und (es wird zu ihnen gesagt): ‚Kostet die Strafe des Brennens!'" (al-Hagg 22,19-22).

DER LOHN DES EWIGEN PARADIESGARTENS

☾ Wer ins Paradies kommt

Gläubige und rechtschaffene Männer und Frauen

„[58] Denjenigen, die glauben und rechtschaffene Werke tun, werden Wir im (Paradies)garten ganz gewiß Obergemächer zuweisen, durcheilt von Bächen; ewig darin zu bleiben. Wie trefflich ist der Lohn derjenigen, die (gut) handeln, [59] die standhaft sind und sich auf ihren Herrn verlassen" (al-Ankabut 29,58.59).

„[124] Wer aber, sei es Mann oder Frau, etwas an rechtschaffenen Werken tut, und dabei gläubig ist, jene werden in den (Paradies)garten eingehen, und es wird ihnen nicht ein Dattelkerngrübchen Unrecht zugefügt" (an-Nisa 4,124).

📖 *Weitere Stellen dazu: Suren 2,27; 4,57; 5,9; 43,68-70; 98,7-8.*

Gläubige und rechtschaffene Juden und Christen

„[62] Gewiß, diejenigen, die glauben, und diejenigen, die dem Judentum angehören, und die Christen und die Sābier – wer immer an Allah und den Jüngsten Tag glaubt und rechtschaffen handelt, – die haben ihren Lohn bei ihrem Herrn, und keine Furcht soll sie überkommen, noch werden sie traurig sein" (al-Baqara 2,62).

📖 *3,113-115.199; 5,69.82-85.*

Gottesfürchtige, Fromme und Wahrhaftige

„⁵ Gewiß, die Frommen trinken aus einem Becher, dessen Beimischung Kampfer ist, ⁶ aus einer Quelle, aus der Allahs Diener trinken, die sie sprudelnd hervorströmen lassen. ⁷ Sie erfüllen das Gelübde und fürchten einen Tag, dessen Übel sich wie im Flug ausbreitet, ⁸ und sie geben – obwohl man sie liebt – Speise zu essen einem Armen, einer Waisen und einem Gefangenen: ⁹ ‚Wir speisen euch nur um Allahs Angesicht willen. Wir wollen von euch weder Belohnung noch Dank. ¹⁰ Wir fürchten ja von unserem Herrn einen Tag, der düster blicken läßt, einen unheilvollen.' ¹¹ So bewahrt sie Allah vor dem Übel jenes Tages und wird ihnen strahlendes Glück und Freude darbieten" (al-Insan 76,5-11).

„¹¹⁹ Allah wird sagen: ‚Dies ist der Tag, an dem den Wahrhaftigen ihre Wahrhaftigkeit nützt.' Für sie sind Gärten, durcheilt von Bächen, ewig und auf immer darin zu bleiben. Allah hat Wohlgefallen an ihnen, und sie haben Wohlgefallen an Ihm. Das ist der großartige Erfolg" (al-Maida 5,119).

„⁴¹ Gewiß, die Gottesfürchtigen werden sich in Schatten und an Quellen befinden ⁴² und bei Früchten von dem, was sie begehren. ⁴³ – ‚Eßt und trinkt als wohlbekömmlich für das, was ihr zu tun pflegtet.' ⁴⁴ Gewiß, so vergelten Wir den Rechtschaffenen" (al-MurSalāt 77,41-44).

📖 *Zum Nachschlagen auch Suren 22,23-24; 4,57; 32,19; 78,31.*

Wer sich auf Allāhs Weg abmüht

„¹⁰⁹ Ist derjenige, der seinen Bau auf Furcht vor Allah und (Sein) Wohlgefallen gegründet hat, besser oder der, der seinen Bau auf den Rand eines abstürzenden Hanges gegründet hat, so daß er mit ihm ins Feuer der Hölle abstürzt? Und Allah leitet das ungerechte Volk nicht recht. ¹¹⁰ [...] ¹¹¹ Allah hat von den Gläubigen ihre eigene Person und ihren Besitz dafür erkauft, daß ihnen der (Paradies)garten gehört: Sie kämpfen auf Allahs Weg, und so töten sie und werden getötet. (Das ist) ein für Ihn bindendes Versprechen in Wahrheit in der Thora, dem Evangelium und dem Qur'ān. Und wer ist treuer in (der Einhaltung) seiner Abmachung als Allah? So freut euch über das Kaufgeschäft, das ihr abgeschlossen habt, denn das ist der großartige Erfolg!" (At-Tauba 9,110-111).

📖 *Vgl. auch Sure 4,95-96; 9,20-22.*

☾ Die Brücke zwischen Paradies und Höllenfeuer

Sahīh al-Buchārī erwähnt in seiner Überlieferung die Aussage Muhammads über eine Brücke zwischen Paradies und Höllenfeuer, in der alle irdischen Beschwerden und aller Groll abgeschüttelt werden. Diese Brücke wird als der „Weg zu seiner [des Gläubigen] Wohnstätte ins Paradies" bezeichnet und ist die Voraussetzung für das Eintreten in das Paradies (vgl. Sahīh al-Buchārī, Kapitel 74/Hadithnr. 6535). Der Qur'ān weist nur in einem *āya* darauf hin:

„[43] Und Wir nehmen weg, was in ihren Brüsten an Groll ist. Unter ihnen strömen Flüsse. Und sie sagen: ,(Alles) Lob gehört Allah, Der uns hierher geleitet hat! Wir hätten unmöglich die Rechtleitung gefunden, wenn uns Allah nicht rechtgeleitet hätte. Die Gesandten unseres Herrn sind wirklich mit der Wahrheit gekommen.' Und es wird ihnen zugerufen: ,Siehe, das ist der (Paradies)garten. Er ist euch zum Erbe gegeben worden für das, was ihr zu tun pflegtet'" (al-Araf 7,43).

☾ Beschreibung des Paradiesgartens

Es sind Gärten der Wonne, wo alle menschlichen Gelüste befriedigt werden

„[11] [...] diejenigen, die (Allah) nahegestellt sein werden, [12] in den Gärten der Wonne. [13-14] [...] [15] auf (mit Gold) durchwobenen Liegen [16] lehnen sie sich darauf einander gegenüber. [17] Unter ihnen gehen ewig junge Knaben umher [18] mit Trinkschalen und Krügen und einem Becher aus einem Quell –, [19] von ihm bekommen sie weder Kopfschmerzen noch werden sie dadurch benommen, – [20] und (mit) Früchten von dem, was sie sich auswählen, [21] und Fleisch von Geflügel von dem, was sie begehren. [22] Und (darin sind) Hūrīs–mit schönen, großen Augen, [23] gleich wohlverwahrten Perlen. [24] (Dies) als Lohn für das, was sie zu tun pflegten. [25] Weder hören sie darin unbedachte Rede noch Anklage der Sünde, [26] sondern nur den Ausspruch: ,Frieden! Frieden!' [27] Und die Gefährten der rechten Seite – was sind die Gefährten von der rechten Seite? [28] Sie sind) unter dornenlosen Sidr-Bäumen [29] und dichtgeschichteten Mimosen [30] und langgestrecktem Schatten, [31] (an) sich ergießendem Wasser, [32] (bei) vielen Früchten, [33] die weder unterbrochen noch verwehrt sind, [34] und (auf) erhöhten Ruhebetten. [35] Wir haben sie derart entstehen lassen [36] und sie zu Jungfrauen gemacht, [37] liebevoll und gleichaltrig" (al-Waqia 56,11.12.15-37).

„[17] Die Gottesfürchtigen aber werden in Gärten und Wonne sein. [18] Sie lassen es sich wohl sein an dem, was ihnen ihr Herr gibt. Und ihr Herr bewahrt sie vor der Strafe des Höllenbrandes. [19] ,Eßt und trinkt als wohlbekömmlich für das, was ihr zu tun pflegtet, [20] indem ihr euch auf (voreinander)gereihten Liegen lehnt.' Und Wir geben ihnen als Gattinnen Hūrīs mit schönen, großen Augen. [21] Und denjenigen, die glauben und denen ihre Nachkommenschaft im Glauben nachfolgt, lassen Wir ihre Nachkommenschaft sich (ihnen) anschließen. [...] [22] Und Wir versorgen sie reichlich mit Früchten und Fleisch von dem, was sie begehren. [23] Sie greifen darin miteinander nach einem Becher, in dem nichts darin ist, was zu unbedachter Rede verleitet und zu keiner Versündigung. [24] Und unter ihnen gehen Jünglinge umher, die zu ihnen gehören, als wären sie wohlverwahrte Perlen" (at-Tur 52,17-24).

„[32] [...] umfriedete Gärten und Rebstöcke [33] und prächtige, gleichaltrige (weibliche Wesen) [34] und ein (stets) voller Becher. [35] Weder hören sie darin unbedachte Rede noch Lüge" (an-Naba 32-34).

„[11] So bewahrt sie Allah vor dem Übel jenes Tages und wird ihnen strahlendes Glück und Freude darbieten [12] und ihnen vergelten, daß sie standhaft gewesen sind, mit einem Garten und mit Seide, [13] worin sie sich auf überdachten Liegen lehnen, und worin sie weder (heiße) Sonne noch bittere

Kälte wahrnehmen werden. [14] Nahe über ihnen sind seine Schatten, und seine Früchte sind ihnen (zum Pflücken) sehr gefügig gemacht. [15] Herumgereicht werden ihnen Gefäße aus Silber und Trinkschalen, die (wie) aus Glas sind, [16] Gläser aus Silber, die sie im rechten Maß bemessen. [17] Und zu trinken gegeben wird ihnen darin ein Becher, dessen Beimischung Ingwer ist, [18] aus einer Quelle darin, die Salsabīl genannt wird. [19] Und unter ihnen gehen ewig junge Knaben umher. Wenn du sie siehst, hältst du sie für ausgestreute Perlen. [20] Und wenn du dort hinsiehst, wirst du Wonne und ein großes Reich sehen. [21] Auf ihnen werden grüne Gewänder aus Seidenbrokat sein und schwerer Brokat, und geschmückt werden sie sein mit Armreifen aus Silber. Und zu trinken wird ihr Herr ihnen ein reines Getränk geben" (al-Insan 76,11-21).

Folgende Suren enthalten weitere Beschreibungen des Paradieses: Sure 38,49-53; 44,51-56.

TEIL 3

Erklärung wesentlicher Glaubensbegriffe, die in der Bibel und im Qurʾān unterschiedlich verstanden werden

39. DAS BIBLISCHE GLAUBENSVERSTÄNDNIS

Glaube wird in der Bibel und im Islam sehr unterschiedlich gesehen. Somit kann ein Christ seine Auffassung vom Glauben nicht auf den Qur'ān übertragen, ebenso wenig wie ein Muslim die Bibel mit seinem Glaubensverständnis interpretieren kann.

† Glaube beansprucht das Herz und den Verstand

Glaube wird in Hebräer 11,1 folgendermaßen definiert:

> „Was ist denn der Glaube? Er ist ein Rechnen mit der Erfüllung dessen, worauf man hofft, ein Überzeugtsein von der Wirklichkeit unsichtbarer Dinge" (NGÜ).

Oder nach anderer Übersetzung:

> „Es ist aber der Glaube eine feste Zuversicht dessen, was man hofft, und ein Nichtzweifeln an dem, was man nicht sieht" (LUT17).

So betrachtet, beansprucht der Glaube das Herz (Vertrauen, Zuversicht) und den Verstand (Überzeugtheit, Nichtzweifeln). Der zuversichtliche Glaube folgt der Erkenntnis und der Überzeugung von der Wirklichkeit einer unsichtbaren Welt. Etwas für wahr zu halten, ist aus biblischer Sicht kein wahrer Glaube.

Glaube an Gott ist somit zunächst die innere Überzeugung seiner Existenz. Mehr, der Glaube orientiert und formt sich an Gottes Wort:

„⁶ Wer zu Gott kommen will, muss glauben, dass es ihn gibt und dass er die belohnt, die ihn aufrichtig suchen" (Hebr 11,6).

Aber erst dann, wenn Menschen Gott in seinem Wesen erkennen, nämlich dass er gerecht, gut, unwandelbar, treu und voller Erbarmen ist, können sie entscheiden, ob sie Gott auch in in den Höhen und Tiefen des Lebens vertrauen wollen. Der Glaube ist daher kein blindes Vertrauen auf einen unberechenbaren oder unbekannten Gott in der Ferne.

Wie dieser Glaube von den Vorvätern des Glaubens wie Noah, Abraham, Isaak, Jakob, Josef, Mose, Rahab, David und vielen anderen Gläubigen praktisch umgesetzt wurde, berichtet schon das Alte Testament. Es wird auszugsweise noch einmal im Kapitel 11 im Hebräerbrief als unser Model dargestellt.

† Glaube ist ein aktives auf Gottvertrauen gegründetes Handeln

Glaube ist dem hebräischen Verständnis des Wortes nach ein Handeln. Folgende Erzählung aus dem Lukas Evangelium verdeutlich, wie Glaube sich in Handeln umsetzt:

„¹ Eines Tages stand Jesus am See Gennesaret; eine große Menschenmenge drängte sich um ihn und wollte das Wort Gottes hören. ² Da sah er zwei Boote am Ufer liegen. Die Fischer waren ausgestiegen und reinigten ihre Netze. ³ Jesus stieg in das Boot, das Simon gehörte, und bat ihn, ein Stück weit auf den See hinauszufahren. So konnte er im Boot sitzen und von dort aus zu den Menschen sprechen. ⁴ Als er aufgehört hatte zu reden, wandte er sich an Simon und sagte: ,Fahrt jetzt weiter hinaus auf den See; werft dort eure Netze zum Fang aus!' ⁵ Simon antwortete: ,Meister, wir haben uns die ganze Nacht abgemüht und haben nichts gefangen. Aber weil du es sagst [genauer: ,auf dein Wort hin'], will ich die Netze auswerfen.' ⁶ Das taten sie dann auch, und sie fingen eine solche Menge Fische, dass ihre Netze zu reißen begannen" (Lk 5,1-6).

Hier wird ein Glaubenshandeln veranschaulicht, das auf Gottvertrauen beruht und bereit ist, auf Gottes Wort hin Risiken einzugehen. Weil Gott es sagt, handelt der Glaubende.

Glaube wird also als aktive Handlung verstanden, und Zweifeln ist nach hebräischem Verständnis ein passives Nichts-Tun:

„[26] Als sie ihn auf dem Wasser gehen sahen, wurden sie von Furcht gepackt. ‚Es ist ein Gespenst!‘, riefen sie und schrien vor Angst. [27] Aber Jesus sprach sie sofort an. ‚Erschreckt nicht!‘, rief er. ‚Ich bin's. Ihr braucht euch nicht zu fürchten.‘ [28] Da sagte Petrus: ‚Herr, wenn du es bist, dann befiehl mir, auf dem Wasser zu dir zu kommen!‘ – [29] ‚Komm!‘, sagte Jesus. Petrus stieg aus dem Boot und ging auf dem Wasser auf Jesus zu. [30] Doch als er merkte, wie heftig der Sturm war, fürchtete er sich. Er begann zu sinken. ‚Herr‘, schrie er, ‚rette mich!‘ [31] Sofort streckte Jesus seine Hand aus und hielt ihn fest. ‚Du Kleingläubiger‘, sagte er, ‚warum hast du gezweifelt?‘“ (Mt 14,26-31).

Als Jesus fragte: „Warum hast du gezweifelt?“ geht es eigentlich darum, warum Petrus denn aufgehört habe zu glauben! Petrus wird also dazu ermahnt, nicht aufzuhören, sondern dran zu bleiben und nicht passiv zu werden.

Nach der Kreuzigung, Auferstehung und Himmelfahrt Jesu hatte sich eine neue Situation ergeben. Jesu Jünger wurden verfolgt, eingesperrt und vor den hohen Rat geführt mit der Anklage:

„[28] ‚Haben wir euch nicht strengstens verboten, jemals wieder unter Berufung auf diesen Namen zu lehren?‘, sagte er [der Hohepriester]. ‚Und was macht ihr? Ganz Jerusalem ist inzwischen von eurer Lehre erfüllt! Ihr wollt uns wohl für den Tod dieses Menschen verantwortlich machen?‘“ (Apg 5,28).

Der aktive Glaube der Apostel handelt im Gottvertrauen gegen menschliche Verordnungen, die im Widerspruch mit dem göttlichen Auftrag stehen:

„²⁹ Petrus und die anderen Apostel erwiderten: ‚Gott muss man mehr gehorchen als den Menschen'" (Apg 5,29).

Auch im Buch Daniel im AT lesen wir über den aktiven Glauben von drei jüdischen Männern im Babylonischen Reich. Der derzeitige babylonische König Nebukadnezzar fertigte ein 30 Meter hohes goldenes Standbild an. Er befahl allen Menschen aus allen Nationen, Völkern und Sprachen in seinem Reich, sich bei der Einweihung vor dieses Standbild niederzuwerfen und es anzubeten. Die drei gottesfürchtigen Männer weigerten sich dies zu tun:

„¹³ Nebukadnezzar tobte vor Wut [...] ¹⁴ und er fuhr sie an: ‚[...] Ihr wollt meinem Gott nicht die Ehre geben und sein goldenes Standbild nicht anbeten? ¹⁵ Wir werden es ja sehen! Wenn jetzt die Hörner, Flöten und Pfeifen, die Harfen, Lauten, Dudelsäcke und alle anderen Instrumente ertönen und ihr euch augenblicklich niederwerft und das Standbild anbetet, das ich habe machen lassen, dann soll die Sache erledigt sein. Wenn ihr es aber nicht tut, werdet ihr sofort in den glühenden Ofen geworfen. Welcher Gott sollte euch dann vor mir schützen?'
¹⁶ Schadrach, Meschach und Abed-Nego erwiderten dem König: ‚Wir haben es nicht nötig, dir etwas darauf zu antworten. ¹⁷ **Unser Gott, dem wir gehorchen, kann uns zwar aus dem glühenden Ofen und aus deiner Gewalt retten; ¹⁸ aber auch wenn er das nicht tut: Deinen Gott werden wir niemals verehren und das goldene Standbild, das du errichtet hast, werden wir nicht anbeten**'" (Dan 3,13-18: Herv. der Verf.).

40. DAS ISLAMISCHE GLAUBENSVERSTÄNDNIS

☾ Glaube basiert auf den sechs Glaubensartikeln

Im Islam ist Glaube (*īmān*) ein Festhalten an den sechs Glaubensartikeln: den Glauben an Allāh, Seinen Engeln, Seinen Offenbarungen, Seinen Gesandten, die Vorherbestimmung und den jüngsten Tag. Fünf von ihnen werden direkt im Qur'ān formuliert:

> „[136] O die ihr glaubt, glaubt an Allah und Seinen Gesandten und das Buch, das Er Seinem Gesandten offenbart und die Schrift, die Er zuvor herabgesandt hat. Wer Allah, Seine Engel, Seine Schriften, Seine Gesandten und den Jüngsten Tag verleugnet, der ist fürwahr weit abgeirrt" (an-Nisa 4,136).

Der Glauben an die Vorherbestimmung (*qadar*) wird in keiner **āyāt** direkt als Glaubensartikel erwähnt. Allerdings soll Muḥammad dem Engel Gabriel, als dieser ihn über den Glauben fragte, geantwortet haben:

> „Es ist, dass du an Allah glaubst, an Seine Engel, an Seine Bücher, an Seine Gesandten und an den Jüngsten Tag, und dass du an die Vorherbestimmung glaubst, mit ihrem Guten und ihrem Schlechten" (Muslim Hadith Nr. 8).

📖 *Anhang II. befasst sich mit dem Konzept der Vorbestimmung alles Geschehens im Islam.*

☾ Das Einhalten der der fünf Säulen des Islam bestätigt den Glauben

Ein Muslim wird sich ernsthaft bemühen, seinen Glauben durch entsprechende Handlungen auszuleben. Er bestätigt seinen Glauben durch das Einhalten der „fünf Säulen des Islam".

1. *Schahāda* (DMG *aš-šahāda*)ist das Bekenntnis des Glaubens: „Allah allein ist Gott und Mohammed ist der Gesandte Allahs" (diese Formulierung wird auch *kalima* oder *namaaz* genannt).
2. *Salāt* (DMG *ṣalāh, ṣalāt*) ist das Einhalten der fünf täglichen, vorgeschriebenen Gebete.
3. *Zakāt* ist die Pflicht Gaben an Bedürftige und zur Verbreitung des Islam zu opfern.
4. *Saum* (DMG *ṣaum*) ist Auflage des Fastens von Sonnenaufgang bis Sonnenuntergang während des Ramadan (DMG *ramaḍān*). Es darf darin weder gegessen noch getrunken werden (mit festgelegten Ausnahmen).
5. Der *Hadsch* (DMG *Ḥaǧǧ*) ist die Auflage einmal im Leben in einem jährlich vorgeschriebenen Zeitabschnitt die Pilgerreise zur Kaaba (DMG *al-Kaʿba*) in Mekka vorzunehmen.

In seiner Hadithensammlung erweitert Sahīh al-Buchārī den Glaubensinhalt etwas. Als Muḥammad gefragt wurde, was Glaube sei, antwortete er:

„Der Glaube (*īmān*) ist, dass du an Allah, an Seine Engel, an die Begegnung mit Ihm, an Seine Gesandten und an die Auferstehung glaubst.' Der Mann fragte weiter: ,Was ist Islam?' Der Prophet sagte: ,Islam ist, dass du Allah anbetest, Ihm nichts beigesellst, das Gebet verrichtest, die vorgeschriebene Zakah entrichtest und im Ramadan fastest" (Sahīh al-Buchārī, Kapitel 2/ Hadith Nr. 10).

☾ Glaube an Allāh und seinen Gesandten ist eine gute Tat

Muḥammad antwortet laut Überlieferung auf die Frage nach der besten Tat: „Der Glaube an Allah und Seinen Gesandten." Er wurde nach einer weiteren besten Tat gefragt, worauf er antwortete: „Der Jihad auf dem Weg Allahs." Als er wiederum wurde er nach einer weiteren besten Tat gefragt wurde, antwortete er: „Hadsch mabrur [eine segensreiche, nach Vorschrift ausgeführte Pilgerfahrt]" (Saḥīḥ al-Buchārī, Kapitel 2/ Hadith Nr. 26).

41. DAS BIBLISCHE GEBETSVERSTÄNDNIS

† Gebet ist die dankbare Anbetung des allmächtigen Gott

> „[1] Kommt, laßt uns dem Herrn zujubeln
> und jauchzen dem Fels unsres Heils!
> [2] Laßt uns ihm begegnen mit Lobgesang
> und mit Psalmen ihm zujauchzen!
> [3] Denn der Herr ist ein großer Gott
> und ein großer König über alle Götter.
> [4] In seiner Hand sind die Tiefen der Erde,
> und die Gipfel der Berge gehören ihm.
> [5] Sein ist das Meer, denn er hat es gemacht,
> und seine Hände haben das Festland bereitet.
> [6] Kommt, laßt uns anbeten und uns beugen,
> laßt uns niederfallen vor dem Herrn, unserem Schöpfer!
> [7] Denn er ist unser Gott, und wir sind das Volk seiner Weide
> und die Schafe seiner Hand" (Ps 95,1-7 SCHL).

Gebet in der Bibel stellt die allertiefste Art der Hinwendung zu Gott dar. Der Glaubende tritt gleichsam entblößt, manchmal auch beschämt, doch mit ganzer Hingabe, bewusst vor den Gott, dem allein Anbetung gebührt und der allein Schuld vergeben kann.

† Gebet ist eine Einladung Gottes, bei ihm Hilfe zu suchen

[Gott, der Herr, spricht:] „[15] und rufe mich an am Tag der Not, so will ich dich erretten, und du sollst mich ehren!" (Ps 50,15 SCHL).

„¹² Ihr werdet kommen und zu mir beten, ihr werdet rufen und ich werde euch erhören" (Jer 29,12).

† Die Herzenseinstellung ist vor Gott ist maßgebend

„¹⁴ [Wenn] dann mein Volk, über das mein Name genannt ist, sich demütigt, dass sie beten und mein Angesicht suchen und sich von ihren bösen Wegen bekehren, so will ich vom Himmel her hören und ihre Sünde vergeben und ihr Land heilen" (2Chr 7,14).

„¹⁸ Der Herr ist nahe allen, die ihn anrufen, allen, die ihn in Wahrheit anrufen" (Ps 145,18 SCHL).

„⁵ ‚Und wenn ihr betet, macht es nicht wie die Heuchler, die sich zum Gebet gern in die Synagogen und an die Straßenecken stellen, um von den Leuten gesehen zu werden. Ich sage euch: Sie haben ihren Lohn damit schon erhalten. 6 Wenn du beten willst, geh in dein Zimmer, schließ die Tür, und dann bete zu deinem Vater, der ʼauchʻ im Verborgenen ʼgegenwärtigʻ ist; und dein Vater, der ins Verborgene sieht, wird dich belohnen'" (Mt 6,5-6).

† Gebet äußert völlige Anhängigkeit von Gott

Das Gebet ist gleichsam eine Audienz mit dem gnädigen Gott, um sich Seine Hilfe und Gnade zu erbitten:

„¹⁶ Wir wollen also voll Zuversicht vor den Thron unseres gnädigen Gottes treten, damit er uns sein Erbarmen schenkt und uns seine Gnade erfahren lässt und wir zur rechten Zeit die Hilfe bekommen, die wir brauchen" (Hebr 4,16).

Die Zuversicht auf Gottes Gnade, Beistand und Wegweisung beruht dabei auf Jesus, der aufgrund seiner Menschwerdung die menschliche Schwachheit versteht und aufgrund seines Todes am Kreuz die menschliche Schuld zu vergeben vermag. Sie begründet sich aber auch in Gottes Wesen, Seinem perfekten Plan und Seinen Versprechen, die Er in Seinem Wort offenbart. Somit ist das vertrauensvolle Gebet auch mit Hören auf Gott durch das Lesen in Seinem offenbarten Wort verbunden.

„[3] Ich rufe zu Gott, dem Allerhöchsten, zu Gott, der meine Sache hinausführt. [4] Er wird mir vom Himmel Rettung senden, [...] Gott wird seine Gnade und Wahrheit senden." (Ps 57,3-4 SCHL).

† Gebet umschließt Anbetung, Fürbitte und Dank

Bibelgläubige Christen erbitten Gottes Schutz und Sein Weggeleit, nicht nur für sich selbst, sondern auch für all ihre Lieben. Sie schließt auch die manchmal nicht so liebenswerten Mitmenschen ein, damit auch sie Gott erkennen mögen. Die Bibel ermutigt die Gläubigen durch Fürbitte für ihre Mitmenschen und auch für Regierungen ihre gottgegebene Aufgabe wahrzunehmen:

„[1] [...] mit Bitten, Flehen und Danken für alle Menschen einzutreten, [2] insbesondere für die Regierenden und alle, die eine hohe Stellung einnehmen, damit wir ungestört und in Frieden ein Leben führen können, durch das Gott in jeder Hinsicht geehrt wird und das in allen Belangen glaubwürdig ist. [3] In dieser Weise zu beten ist gut und gefällt Gott, unserem Retter, [4] denn er will, dass alle Menschen gerettet werden und dass sie die Wahrheit erkennen" (1Tim 2,1-4).

Alles und alle können vor Gott gebracht werden, dem nichts und niemand verborgen ist und vor dem alles offen und ungeschützt vor den Augen liegt (vgl. Hebr 4,13).

📖 *Was Jesus über das Gebet lehrte und ein Gebetsmodell, das er hinterließ, finden Sie in Kap 16. „Göttliche Wahrheiten, die Jesus offenlegte" unter der Überschrift „Ungeheucheltes Beten".*

42. DAS ISLAMISCHE GEBETSVERSTÄNDNIS

Das Gebet, das fünf Mal am Tag vorgeschrieben ist, ist eins der fünf Säulen des Islam, das befolgt werden muss. Für Muslime bedeutet das Gebet weitgehend die Befolgung der vorgeschriebenen liturgischen Gebete. Ein Muezzin ruft zur festgesetzten Gebetszeit (*al waqt*) in arabischer Sprache die Gläubigen mit dem *al-aḏān* (Gebetsruf) zum *ṣalāt* (dem rituellen Gebet) auf. Vor jedem *ṣalāt* ist es obligatorisch sich einer *wuḍū'* oder *ghusl* (vorgeschriebenen rituellen Waschung) zu unterziehen:

„⁶ O die ihr glaubt, wenn ihr euch zum Gebet aufstellt, dann wascht euch das Gesicht und die Hände bis zu den Ellbogen und streicht euch über den Kopf und (wascht euch) die Füße bis zu den Knöcheln. Und wenn ihr im Zustand der Unreinheit seid, dann reinigt euch. Und wenn ihr krank seid oder auf einer Reise oder jemand von euch vom Abort kommt oder ihr Frauen berührt habt und dann kein Wasser findet, so wendet euch dem guten Erdboden zu und streicht euch damit über das Gesicht und die Hände. Allah will euch keine Bedrängnis auferlegen, sondern Er will euch reinigen und Seine Gunst an euch vollenden, auf daß ihr dankbar sein möget" (Sure 5,6).

Anschließend werden die vorgeschriebenen Gebete mit vorgeschriebenen Gebetshaltungen in arabischer Sprache verrichtet. Dabei muss nach Sure 2,144 auch die vorgeschriebene *qibla* (Gebetsrichtung) eingehalten werden. Das findet, zumindest bei dem Mittagsgebet am Freitag, meistens in der Moschee statt, ansonsten wo immer man sich gerade befindet. Das ist verbindlich für alle Muslime, die die Pubertät erreicht haben. Ausgenommen sind Kranke und geistig Behinderte, Reisende auf einer langen Reise, Schwangere und stillende Mütter. Versäumte Gebete sollen nachgeholt werden.

Salāt, Rak'at und Fard

Ein *ṣalāt*-Gebet setzt sich aus *rak'at* oder Gebetseinheiten zusammen. Die Anzahl der *rak'at* in den *fard* bzw. Pflichtgebeten richtet sich nach der Tageszeit, an dem es gebetet wird:

- Zwischen Morgendämmerung und Sonnenaufgang (2 rak'at)
- Mittags (4 rak'at)
- Nachmittags (4 rak'at)
- Vom Sonnenuntergang bis verschwinden der Abendröte (3 rak'at)
- Nachts   (4 rak'at)

Jeder *rak'a* muss die erste Sure (al-Fataha) enthalten, ohne die ein Gebet nicht gültig ist. Muḥammad äußerte laut Überlieferung, dass „kein Gebet für denjenigen [zählt], der die Eröffnende Sura des Koran (Al-Fatiha) nicht rezitiert hat'" (Sahīh Muslim, Hadithnr. 595/Kapitel 5).

Auch die vorgegebenen Gebetszeiten der *fard*-Gebete müssen eingehalten werden. Den Pflichtgebeten können während der fünf Gebetszeiten noch weitere freiwillige *sunna*-Gebete voran- oder nachgestellt werden.

Die vorgeschriebenen Gebetszeiten wurden von Muḥammad genau beschrieben:

„Mittagsgebet, wenn die Sonne senkrecht steht, so dass der Schatten des Mannes genauso groß wie er ist. Nachmittagsgebet, wenn die Sonne noch keine gelbe Farbe hat, Abendgebet, wenn die Abendröte noch nicht weg ist, Nachtgebet, bis zur Mitte der Nacht, und Frühgebet, vom ersten Morgenlicht, bis vor dem Aufgehen der Sonne. Wenn die Sonne gerade aufgeht, dann bete nicht, denn sie geht zwischen den Hörnern des Satans auf" (Sahīh Muslim, Hadith Nr. 612).

Von der Eröffnung des Gebets bis zum Ende darf nichts gesagt oder getan werden, das nicht zum Gebet gehört, sonst wird das Gebet ungültig. Ungültig wird das Gebet auch, wenn eine Pflicht des Gebets absichtlich ausgelassen wird. Beim irrtümlichen Auslassen oder Hinzufügen des vorgeschriebenen Gebets wird diese Unachtsamkeit durch zusätzliche Niederwerfungen ausgeglichen (vgl. New Muslim Guide).

☾ Das Duʿāʾ-Gebet

Der Islam kennt auch das freie Bitt- oder Dankgebet, das *Duʿā-Gebet*, in dem persönliche Anliegen vor Allah gebracht werden. Dieses ist an keine Tages- oder Nachtzeit gebunden.

43. GERECHTIGKEIT, GESETZ, SCHULD UND SÜHNE AUS BIBLISCHER SICHT

Obwohl diese Schlüsselkonzepte schon in mehreren Kapiteln beleuchtet wurden, greifen wir sie aufgrund der wesentlichen Unterschiedliche zwischen der biblischen und islamischen Auffassung hier noch einmal auf.

† Gerechtigkeit reflektiert das Wesen Gottes

> „⁷ Denn der Herr ist gerecht, er liebt Gerechtigkeit; die Aufrichtigen werden sein Angesicht schauen." (Ps 11,7 SCHL).

† Gottes Gesetz bildet die Richtschnur für gerechtes Handeln

Der Maßstab für die göttliche Gerechtigkeit ist im Gesetz Gottes verankert. Wer Gottes Gesetz bricht, verstößt gegen Gottes Wesen und dem, was in Gottes Augen Recht ist. Damit macht er sich schuldig. Die Bibel weist darauf hin, dass kein Mensch vor Gott gerecht ist.

> „³ Gott schaut vom Himmel auf die Menschenkinder, um zu sehen, ob es einen Verständigen gibt, einen, der nach Gott fragt. ⁴ Sie sind alle abgewichen, allesamt verdorben; es gibt keinen, der Gutes tut, auch nicht einen einzigen!" (Ps 53, 3-4 SCHL)

📖 *Siehe. auch Röm 3,10.*

Auf dem Gesetz ruht das ethische und moralische Verhalten einer jeglichen Gemeinschaft. Ein Gesetzgeber geht davon aus, dass es Menschen in jeder vorgegebenen Gesellschaft gibt, die bereit und sogar bereitwillig sind, aus egoistischen und asozialen Gründen gegen das Gemeinwohl zu handeln. Das Gesetz formuliert, was in diesem Kontext recht und was unrecht ist. Somit ist das Gesetz das Fundament jeder zivilisierten, kulturellen Gesellschaft, ohne welches unweigerlich eine Anarchie herrscht. Das Gesetz Gottes in der Bibel hat dieselbe Funktion. Es ist die göttliche Richtlinie für die Handelsweise des Menschen und definiert, was nach der göttlichen Perspektive recht und unrecht, gut und böse ist.

† Schuld und Sühne

Leonardo da Vinci, der berühmte italienische Maler und Erfinder, sagte sehr richtig: „Wer das Böse nicht bestraft, befiehlt, dass es getan werde" (Vinci, 1452-1519). Wenn Gott Sünde übersähe, stände Er im Widerspruch zu sich selbst und wäre nicht mehr gerecht. Alle Unreinheit und Gesetzeslosigkeit steht im direkten Widerspruch zu Gott selbst, der die Wahrheit ist. Gott kann nicht gleichzeitig gerecht sein und Ungerechtigkeit straffrei lassen. Dann bliebe nicht nur das Böse unbestraft und somit toleriert, sondern alles Leid, das durch das Böse erlitten wurde, bliebe auch ungesühnt.

Auch kleinste Übertretungen des göttlichen Gesetzes verstoßen gegen Gottes Wesen. Er ist Licht ist und bei ihm gibt es nicht die geringste Spur von Finsternis (vgl. 1Joh 1,5).

† Grundlage für eine gerechte Sündenvergebung

Gott offenbart in der Bibel einen göttlichen Weg, der seine Gerechtigkeit mit seiner Liebe vereint und die Tür zur Sündenvergebung öffnet:

> „Aber Gott hat - unabhängig vom Menschen - seine Gerechtigkeit in dem vollständigen Gericht und der Beiseitesetzung der Sünde und des Zustandes, mit dem die Sünde im Menschen verbunden ist, offenbart" (Bibelkommentare.de, Bibel-Lexikon: Gerechtigkeit, 2004-2017).

Der Grundpfeiler der Gnade und Vergebung Gottes beruht auf der Beisetzung der Sünde. Die Basis für den Freispruch eines Gesetzesübertreters beruht darauf, dass ein Anderer, der schuldfrei ist, den Preis für die begangene Schuld bezahlt. Begnadigung ist immer ein unverdientes Geschenk.

Das AT verbildlichte den Juden schon das Konzept eines stellvertretenden Schuldopfers. Der reumütige Gesetzesbrecher konnte seine verdiente Strafe - gleichsam juristisch - auf ein auserwähltes Tier seiner Herde abwälzen. Das Tieropfer an sich konnte allerdings keine Sünde sühnen: „Das Blut von Stieren und Böcken ist eben nicht imstande, Sünden wegzunehmen" (Hebr 10,4). Es war lediglich ein Bild und Symbol für den angekündigten Retter. Dieser vermochte aufgrund Seiner eigenen Sündlosigkeit die Sünden der Menschheit aller Generationen, durch Seinen stellvertretenden Opfertod, auch rückwirkend, sühnen.

Johannes der Täufer erkannte Jesus als diesen Retter. Als er Jesus auf sich zukommen sah, wies er auf ihn und bekundete: „Seht, hier ist das Opferlamm Gottes, das die Sünde der ganzen Welt wegnimmt!" (Joh 1,29).

Nach Jesu Tod am Kreuz war kein weiteres Opfer mehr erforderlich.

„[10] Und weil Jesus Christus den Willen Gottes erfüllt und seinen eigenen Leib als Opfer dargebracht hat, sind wir jetzt ein für alle Mal geheiligt [*heil gemacht*] [11-13] [...] [14] Denn mit diesem einen Opfer hat er alle, die sich von ihm heiligen lassen, völlig und für immer von ihrer Schuld befreit" (Hebr 10,10.14).

† Voraussetzungen für eine Begnadigung

Die Begnadigung von Schuld erfolgt nicht gänzlich bedingungslos. Erstens benötigt sie die Erkenntnis und das Bekenntnis der eigenen Schuldigkeit vor Gott:

„[8] Wenn wir behaupten, ohne Sünde zu sein, betrügen wir uns selbst und verschließen uns der Wahrheit. [9] Doch wenn wir unsere Sünden bekennen, erweist Gott sich als treu und gerecht: Er vergibt uns unsere Sünden und reinigt uns von allem Unrecht, das wir begangen haben. [10] Wenn wir behaupten, wir hätten nicht gesündigt, machen wir Gott zum Lügner und geben seinem Wort keinen Raum in unserem Leben" (1Joh 1,8-10).

Zweitens erfordert sie den zuversichtlichen Glauben, dass Jesus wahrhaftig der von Gott beauftragte Retter der Welt ist, der die Strafe unserer Schuld stellvertretend auf sich nahm.

> „[1] Nachdem wir nun aufgrund des Glaubens für gerecht erklärt worden sind, haben wir Frieden mit Gott durch Jesus Christus, unseren Herrn. [2] Durch ihn haben wir freien Zugang zu der Gnade bekommen, die jetzt die Grundlage unseres Lebens ist, und im Glauben nehmen wir das auch in Anspruch" (Röm 5,1-2).

Dem zuversichtlichen Glauben muss die aktive Glaubenshandlung folgen (vgl. Kap. 38), nämlich die bewusste Abkehr von Sünde und ihren Reizen, um ein Gott wohlgefälliges Leben zu führen.

> „[12] Euer vergängliches Leben darf also nicht mehr von der Sünde beherrscht werden, die euch dazu bringen will, euren Begierden zu gehorchen. [13] Stellt euch nicht mehr der Sünde zur Verfügung, und lasst euch in keinem Bereich eures Lebens mehr zu Werkzeugen des Unrechts machen. Denkt vielmehr daran, dass ihr ohne Christus tot wart und dass Gott euch lebendig gemacht hat, und stellt euch ihm als Werkzeuge der Gerechtigkeit zur Verfügung, ohne ihm irgendeinen Bereich eures Lebens vorzuenthalten. [14] Dann wird nämlich die Sünde ihre Macht nicht mehr über euch ausüben" (Röm 6,12-14).

† Gericht und Strafe

Die häufige Anklage, wie ein Gott der Liebe Menschen in die Hölle werfen kann, ist in der Bibel unbegründet. Gott selbst verdammt keinen Menschen. Im Gegenteil. Jesus selbst bezeugt dies mit seinen eigenen Worten:

> „[17] Gott hat seinen Sohn nicht in die Welt gesandt, um sie zu verurteilen, sondern um sie durch ihn zu retten. [18] Wer an ihn glaubt, wird nicht verurteilt. Wer aber nicht glaubt, ist damit schon verurteilt; denn der, an dessen Namen er nicht geglaubt hat, ist Gottes eigener Sohn. [19] So vollzieht sich das Gericht an den Menschen. Das Licht ist in die Welt gekommen, und die

Menschen liebten die Finsternis mehr als das Licht, weil ihr Tun böse war. [20] Denn jeder, der Böses tut, hasst das Licht; er tritt nicht ins Licht, damit sein Tun nicht aufgedeckt wird. [21] Wer sich jedoch bei dem, was er tut, nach der Wahrheit richtet, der tritt ins Licht, und es wird offenbar, dass sein Tun in Gott gegründet ist" (Joh 3,17-21).

44. GERECHTIGKEIT, GESETZ, SCHULD UND SÜHNE AUS ISLAMISCHER SICHT

☾ Die Gerechtigkeit Allāhs

Es gibt keine *āyāt* im Qur'ān mit der direkten Aussage, dass Allāh gerecht sei. Allerdings ist einer der Namen Allāhs, in der von islamischen Klerikern erstellte Liste der 99 Namen oder Attribute Allāhs, „der Gerechte" (*al-ʿadl*). *Al-ʿadl* bedeutet auch „der Ausgleichende" (eslam.de, 2006-2015). Es beinhaltet auch alles, was geradlinig und korrekt ist. Die Wortwurzel besteht aus den drei Konsonanten *ayn dāl lām* (ع د ل). Der Qur'ān enthält 28 *āyāt* mit Wörtern, die von dieser Wortwurzel abgeleitet werden. Keines diese Verse beziehen sich allerdings auf Allāh.

☾ Die Gerechtigkeit des Menschen

Gerechtigkeit ist das Einhalten der religiösen Pflichten

📖 *Kap. 11 geht ausführlich auf die religiösen Verpflichtungen ein.*

Sure 2,177 verdeutlicht dies:

„¹⁷⁷ Nicht darin besteht die Güte [das hier verwendete arab. Wort *l-bira* (Akk.) bedeutet „die Gerechtigkeit"], daß ihr eure Gesichter gegen Osten oder Westen wendet. Güte [Gerechtigkeit] ist vielmehr, daß man an Allah, den Jüngsten Tag, die Engel, die Bücher und die Propheten glaubt und vom Besitz – obwohl man ihn liebt – der Verwandtschaft, den Waisen, den Armen, dem Sohn des Weges, den Bettlern und für (den Loskauf von) Sklaven hergibt, das Gebet verrichtet und die Abgabe entrichtet; und diejenigen, die ihre Verpflichtung einhalten, wenn sie eine eingegangen sind, und diejenigen, die standhaft bleiben in Not, Leid und in Kriegszeiten, das sind diejenigen, die wahrhaftig sind, und das sind die Gottesfürchtigen."

Im Gegensatz zur Bibel ist Gerechtigkeit im Qur'ān also nicht der Zustand der Sünd- oder Schuldlosigkeit. Gerechtigkeit bedeutet vielmehr das Festhalten an den islamischen Glaubensartikeln und das Einhalten aller religiösen Verpflichtungen.

Gerechtigkeit ist Gottesfurcht

„[189] [...] Frömmigkeit [arab. *l-biru* bedeutet „Gerechtigkeit"] besteht vielmehr darin, daß man gottesfürchtig ist. So kommt durch die Türen in die Häuser und fürchtet Allah, auf daß es euch wohl ergehen möge!" (Sure 2,189).

Ungerechtigkeit bedeutet andere Götter neben Allāh zu stellen

Laut Überlieferung reagierten die Gefährten Muḥammads auf den Vers

„Diejenigen, die glauben und ihren Glauben nicht mit Ungerechtigkeit verdecken, die haben (das Recht auf) Sicherheit, und sie sind rechtgeleitet" (al-Ana 6,82)

mit der Frage, wer von ihnen denn ohne Ungerechtigkeit wäre und nie etwas Unrechtes getan habe. Daraufhin versicherte Muḥammad ihnen, dass Ungerechtigkeit sich hier auf die Beigesellung anderer Götter neben Allah, also um Götzendienst handeln würde. Und dann wurde ihm der Vers eingegeben:

„Und (gedenke,) als Luqmān zu seinem Sohn sagte, indem er ihn ermahnte: „O mein lieber Sohn, geselle Allah nicht(s) bei, denn Götzendienst ist fürwahr ein gewaltiges Unrecht" (Luqman 31,13).

(Vgl. Sahīh al-Buchārī, Kapitel 54/Hadithnr. 3429 und Kapitel 2/Hadithnr. 32).

☾ Gerechte und ungerechte Taten

Das arabische Wort *l-Saliha* im Qur'ān bedeutet „gerechte Tat" oder „gute Tat" und wird in der deutschen Übersetzung von F. Bubenheim und Dr. Nadeem Elyas als „rechtschaffene Werke" übersetzt. Ungerechte oder böse Taten werden als *l-sayiāti* bezeichnet.

Die Intension einer Tat wird beim Urteil mit berücksichtigt

Muḥammad sagte laut der Überlieferung von al-Buchārī:

„Die Taten sind entsprechend den Absichten, und jedem Menschen (gebührt), was er beabsichtigt hat " (Sahīh al-Buchārī, Kapitel 1/Hadithnr. 1).

Allāh vergilt sowie gute als auch schlechte Taten

„Allah gehört (alles), was in den Himmeln und was auf der Erde ist, auf daß Er denjenigen, die Böses tun, das vergelte, was sie tun, und daß Er denjenigen, die Gutes tun, mit dem (Aller)besten vergelte" (Sure 53,31).

📖 *Unter der Überschrift „Gute und schlechte Taten werden in Waagschalen gemessen" in Kap. 38 werden weitere Beispiele aufgeführt.*

☾ Das Gesetz Allāhs

Sündige oder böse Taten werden nicht anhand des mosaischen Gesetzes definiert, sondern mittels Allāhs Grenzen und Verbote. Sure 17,2 besagt, dass Gott den Juden das mosaische Gesetz als Rechtleitung gab. In Bezug auf das erste der zehn Gebote: „Ich bin der HERR, dein Gott! […] Du sollst keine anderen Götter neben mir haben" (Ex 20,2-3) gibt es ein dem Sinn nach ähnliches Verbot Allāhs:

„[48] Allah vergibt gewiß nicht, daß man Ihm (etwas) beigesellt. Doch was außer diesem ist, vergibt Er, wem Er will. Wer Allah (etwas) beigesellt, der hat fürwahr eine gewaltige Sünde [*ith'man*] ersonnen" (Sure 4,48).

Beim 5. Gebot: „Du sollst nicht morden" (Ex 20,13) ist im Qur'ān nur das Töten von eigenen Kindern und das absichtliche Töten von anderen Muslimen verboten (vgl. Sure 17,31). Ein versehentliches Töten eines Gläubigen kann jedoch durch das Befreien eines gläubigen Sklaven und ein Blutgeld an die Angehörigen gesühnt werden (vgl. Sure 4,92). Das Töten von Ungläubigen wird unter bestimmten Voraussetzungen sogar gefordert:

> „[190] Und kämpft auf Allahs Weg gegen diejenigen, die gegen euch kämpfen, doch übertretet nicht! Allah liebt nicht die Übertreter. [191] Und tötet sie, wo immer ihr auf sie trefft, [...]" (Sure 2, 120-191).

Zu Sünden, die die Höllenstrafe nach sich ziehen, zählen in erster Linie Unglaube oder Abfall vom Glauben. Ebenso droht diese Strafe denjenigen, die sich Allāh oder seinem Gesandten widersetzen, ihnen Leid zuzufügen oder Allāh einen Partner beigesellen.

☾ Begnadigung im Qur'ān

Im Islam wird zwischen großen und kleinen Sünden unterschieden. Allāh übersieht kleine Verfehlungen, wenn Er will:

> „[31] Allah gehört (alles), was in den Himmeln und was auf der Erde ist, auf daß Er denjenigen, die Böses tun, das vergelte, was sie tun, und daß Er denjenigen, die Gutes tun, mit dem (Aller)besten vergelte. [32] Diejenigen, die schwerwiegende Sünden und Abscheulichkeiten meiden, außer leichten Verfehlungen. Gewiß, dein Herr ist Allumfassend in (Seiner) Vergebung" (an-Nagm 53,31-32).

Zusätzlich können gute Taten auch schlechte Taten aufheben. Wie die schlechten Taten, haben auch gute Taten eine Größenordnung. Zu den besten „guten Taten" zählen laut der Überlieferung von Sahīh Muslim der Glaube an Allāh, der Dschihad bzw. der Einsatz für die Sache Allāhs und die Pilgerfahrt, das Gebet zur rechten Zeit und Güte zu den Eltern (vgl. Sahīh al-Buchārī, Kapitel 73/ Hadith Nr. 6403).

📖 Siehe dazu Kapitel 36. „Gute Taten werden in Waagschalen gemessen".

Somit gibt es, allein aufgrund von Allāhs Erbarmen und in Übereinstimmung mit Seinem Willen, Vergebung für manche:

„[40] Gewiß, der Tag der Entscheidung ist ihrer aller festgesetzte Zeit, [41] der Tag, an dem kein Schutzherr seinem Schützling etwas nützen kann und ihnen keine Hilfe zuteil wird, [42] außer demjenigen, dessen Allah sich erbarmt. Er ist ja der Allmächtige und Barmherzige" (Sure 44,40-42).

☾ Opfergaben im Islam

Das Schlachtopfer im Islam hat eine grundsätzlich andere Bedeutung als das in der Bibel.

Es gibt keine zuverlässige Quelle für eine Annahme, dass in der vorislamischen Zeit von den Polytheisten im Umfeld von Mekka oder von der kleinen ersten islamischen Gemeinde in Mekka, Opfer dargebracht wurden. In seiner Biografie über Muḥammad schreibt William Muir, dass Muḥammad das erste Schlachtopfer bei Juden gesehen habe:

„Zwei oder drei Jahre nach der Ankunft Mahomet in Medina beobachtete er, wie die Juden am zehnten Tag des fünften Monats das grosse Versöhnungsfest abhielten und nahm es bereitwillig für seine eigenen Leute an" (Muir, 1861, S. 47: Übers. d. Verf.).

Es ist wahrscheinlich, dass das jüdische Opfer die Grundlage für das Einführen des islamischen Schlachtopfers war, ähnlich wie laut at-Tabari der islamische Fastenmonat seinen Ursprung im jüdischen Fasten hat.

Das Opferfest der Muslime

Das jährliche Opferfest oder *Id al-Adha* (Türkisch: *‚Kurban Bayrami')* gestaltet den Höhepunkt der Hadsch (arab. *Ḥaǧǧ*). Im Tal von Mina bei Mekka werden an diesem Tag hunderttausende Tiere rituell geschlachtet. Gleichzeitig feiern Muslime in aller Welt das Opferfest und folgen somit der *Sunnah* Muḥammads (Vgl. Saḥīh al-Buchārī, Kapitel 13/Hadithnr. 951].

Die Bedeutung des Schlachtopfers steht in geradezu konträrer Bedeutung zu den Opfern der Bibel. Die alttestamentlichen Opfergaben verdeutlichten dem Darbringer des Opfers, dass Sünde die Todesstrafe mit sich bringt (Bibel-Lexikon, 2004-2017), aber auch, dass durch den stellvertretenden Tod eines vollkommenen Opfers, Schuld gesühnt werden konnte. Im Qur'ān dient die Opfergabe als Zeichen Allāhs, das Gottesfurcht bewirken soll. Es hat auch einen sofortigen Nutzen, denn das Fleisch der Tiere soll gegessen und mit den Armen geteilt werden:

„[27] Und rufe unter den Menschen die Pilgerfahrt aus [...], [28] damit sie (allerlei) Nutzen für sich erfahren und den Namen Allahs an wohlbekannten Tagen über den aussprechen, womit Er sie an den Vierfüßlern unter dem Vieh versorgt hat. – Eßt (selbst) davon und gebt dem Elenden, dem Armen zu essen [...] [32] So ist es. Und wenn einer die Kulthandlungen [*arab. sha'āira: Riten, Symbole*] Allahs hoch ehrt, so ist es (ein Ausdruck, der) von der Gottesfurcht der Herzen (herrührt) [...] [36] Und die Opferkamele haben Wir euch zu Kultzeichen [*sha'āir*] Allahs gemacht. An ihnen habt ihr (etwas) Gutes. So sprecht den Namen Allahs über sie aus, wenn sie mit gebundenen Beinen dastehen. Wenn sie nun auf die Seite umgefallen sind, dann eßt davon und gebt dem bescheidenen und dem fordernden (Armen) zu essen. So haben Wir sie euch dienstbar gemacht, auf daß ihr dankbar sein möget. [37] Weder ihr Fleisch noch ihr Blut werden Allah erreichen, aber Ihn erreicht die Gottesfurcht von euch. So hat Er sie euch dienstbar gemacht, damit ihr Allah als den Größten preist, daß Er euch rechtgeleitet hat" (Sure 22, 27-36).

AUSWERTUNG DER GEGENÜBERSTELLUNG

Liebe Leserinnen und Leser,

Sie haben über den Tellerrand Ihrer eigenen Glaubensvorstellung ge-schaut. Vielleicht haben Sie die vielfältigen Texte der Bibel und des Qur'ān mit dem Herzen gelesen und Wesentliches entdeckt. Vielleicht haben Sie Ent-deckungen gemacht, die Ihre bisherigen Glaubensüberzeugungen bestätigen oder auch hinterfragen.

Möge die Sehnsucht nach dem wahren Gott Sie auf der ehrlichen Suche nach seiner Wahrheit und seinem ewigen Weg antreiben.

„[23] Erforsche mich, Gott, und erkenne, was in meinem Herzen vor sich geht; prüfe mich und erkenne meine Gedanken! [24] Sieh, ob ich einen Weg eingeschlagen habe, der mich von dir wegführen würde, und leite mich auf dem Weg, der ewig Bestand hat!" (König David/Dāwūd nach Psalm 139,23-24).

HINWEISE FÜR EINE OFFENHERZIGE EVALUIERUNG

Berücksichtige das unterschiedliche Verständnis der Glaubensbegriffe

Beim Lesen des Buches ist Ihnen sicherlich nicht entgangen, dass Glaubens-begriffe wie Glaube, Gebet, gute und schlechte Taten oder Sünde in Bibel und Qur'ān völlig anders verstanden und definiert werden. Eine Analyse der Bot-schaften der Bücher erfordert daher die Berücksichtigung der jeweiligen Sichtweisen, damit keine falschen Rückschlüsse gezogen werden.

Berücksichtige die unterschiedlichen kulturellen Gegebenheiten der Bücher

Offenbarungen Gottes/Allāhs wenden sich zunächst an Menschen innerhalb einer vorgegebenen Kulturgruppe und Zeitepoche. Die Sprache und das derzeitige Weltbild werden von Gott mitbenutzt, um Seine Botschaft maximal verständlich zu machen.

Die Zielgruppe im AT war das Volk Israel. Gott richtete Seine Worte und Offenbarungen an die Israeliten in ihrer hebräischen Sprache. Das NT wendet sich universell an die derzeit bekannte Welt und wurde in Griechisch verfasst, die damalige *Linga Franka*. Der Qur'ān wandte sich offensichtlich und deutlich an die Araber.

Es benötigt ein gewisses Einfühlungsvermögens, um solche Botschaften zwei oder dreitausend Jahre später im Kontext unseres heutigen Wissens und unserer zeitgemäßen Weltanschauung zu erfassen.

Berücksichtige die unterschiedlichen historischen und kontextuellen Gegebenheiten

Der Qur'ān erschien etwa 600 Jahre, nachdem die Bibel schon auf drei Kontinenten im Umlauf und somit schon relativ weit verbreitet war. Persönliche Begegnungen mit Christen und der persönliche Kontakt Muḥammads zu mindestens fünf jüdischen Sippen bzw. Banu (DMG **banū**) in Medina erklärt sicherlich, warum der Qur'ān an biblische Geschichten angelehnt ist, auch wenn die quranische Wiedergaben vieler Geschichten für Christen kaum zu erkennen sind und eine Anzahl der quranischen Quellen rabbinische Legenden aus dem Talmud und der Mischna wiedergeben.

Berücksichtige die unterschiedlichen thematischen Schwerpunkte der zwei Bücher

Obwohl sich viele übereinstimmende Themen durch beide Offenbarungsbüchern ziehen, liegen sie schwerpunktmäßig doch weit auseinander. Liebe ist beispielsweise das Kernthema, das sich durch die gesamte Bibel zieht. Im Qur'ān ist das thematische Gegenüber die Furcht vor Allāh.

Berücksichtige die Unterschiede im Aufbau und in der Struktur der Bücher

In der Bibel begegnet uns eine chronologische Ordnung. Sie beginnt mit der Schöpfungsgeschichte und endet mit dem Ende dieser Welt, dem großen Weltgericht und der Neuschöpfung einer Welt ohne Satan, Sünde und Tod mit Gott als Zentrum. Biblische Inhalte werden weitgehend in schlüssigen Kontexten präsentiert, die weitgehend ohne ein breites Vorwissen verständlich sind. Einzelne Geschichten und Aussagen formen Teil eines Ganzen und ergänzen das Gesamtbild und die Kernaussagen der Bibel.

Anders ist es beim Qur'ān, der keine thematische oder chronologische Ordnung aufweist. Texte sind ohne eine Ergänzung der Prophetenbiografie und der Überlieferungen oft kaum verständlich. Der Qur'ān wendet sich, vor allem während der letzten zehn Lebensjahre Muḥammads in Medina, sporadisch und pragmatisch auftauchenden Angelegenheiten und Problemen seiner Zeit zu.

LEITFRAGEN ZUR PERSÖNLICHEN AUSWERTUNG

Als Denkanstöße greifen wir einige Fragen wieder auf, die am Anfang des Buches gestellt wurden und erweitern diese:

- Was ist das Herzstück der Bibel und des Qur'ān?
- Zu welchem Zweck und Ziel haben Gott bzw. Allāh uns geschaffen?
- Wie zeigt sich die Barmherzigkeit Gottes bzw. Allāhs?
- Was erwartet Gott bzw. Allāh von uns?
- Was zählt vor Gott bzw. Allāh wirklich?
- In wie weit stimmen die Kernaussagen der Bücher miteinander überein?
- Können weit auseinandergehende Aussagen beide von derselben Quelle entspringen?
- Wie reflektieren die Botschaften der zwei Bücher jeweils die Eigenschaften Gottes bzw. Allāhs?
- Welche Offenbarung trägt die Handschrift des ewigen Schöpfergottes?

Habe den Mut, den Weg zur Wahrheitsfindung anzutreten

Bei der Wahrheitsfindung ist Ihre - oder darf ich sagen *Deine?* - Ehrlichkeit und Wahrhaftigkeit vor Gott ausschlaggebend. Lies die Bibel und den Qur'ān offen und aufrichtig nebeneinander. Bitte Gott bzw. Allāh Dir für Seine Offenbarung die geistlichen Augen zu öffnen,

„Denn wenn ihr mich von ganzem Herzen sucht, werde ich mich von euch finden lassen. Das sage ich, der HERR" (Jer 29,13-14).

ANHÄNGE

Historische und kontextuelle Hintergrundinformationen zum tieferen Verständnis der Bücher

I. GEWICHTUNG DER THEMEN IM NT UND IM QUR'ĀN

Bei dieser Gegenüberstellung der Schlüsselwörter (siehe Tabelle am Ende des Kapitels) ist zu beachten, dass das NT doppelt so umfangreich ist wie der Qur'ān. Das AT wurde aufgrund des Volumens bei dieser Studie nicht betrachtet.

Da Sprache dynamisch ist und Wörter oft mehr als eine Bedeutung tragen und oftmals mehrere Wörter für einen Begriff verwendet werden können, kann eine hundert prozentige Genauigkeit der Wortfrequenzen nicht gewährleistet werden. Dennoch geben die Angaben einen deutlichen Hinweis über die thematischen Schwerpunkte der zwei Bücher.

Bei der Analyse der in der aufgeführten Themen wird schnell erkennbar, dass Gott bzw. Allāh im Zentrum beider Bücher stehen. Andere Kernthemen beider Bücher sind Glaube, Himmel und Erde, Sünde und das Böse, Werke und Taten, das menschliche Herz und die Ewigkeit.

Schnell zeigt sich jedoch, dass die Gemeinsamkeiten der thematischen Schwerpunkte dann doch weit auseinander gehen.

Im NT steht Jesus Christus, der Sohn Gottes, der Herr, Meister und Lehrer eindeutig im Mittelpunkt. Abgesehen von Pronomen, die sich auf Jesus beziehen, verweisen knapp 2500 auf Jesus bezogene Wörter auf Ihn.

Auch dem Menschen wird eine zentrale Rolle zugewiesen. Er ist das Objekt der göttlichen Kommunikation, der Liebe und der Gnade Gottes und der Rettung durch Jesus. Der Mensch wird in Bezug auf seine Stellung vor Gott und sein Verhältnis zu Gott betrachtet. Dabei geht es um Glauben, Sünde, Tod, Leben, Rettung, Rechtfertigung vor Gott, Nachfolge und Heiligung.

Ein weiteres Stichwort, das das gesamte NT durchleuchtet, ist Liebe. Die Liebe umfasst Gottes Liebe zu den Menschen, die erwiderte Liebe des Menschen zu Gott und die zwischenmenschliche Liebe.

Interessant ist, dass im NT Hölle und Strafe insgesamt nur 20 Mal erwähnt werden im Vergleich zu den 246 Angaben im Qur'ān.

Betrachten wir die thematischen Schwerpunkte im Qur'ān, so treten im Zusammenhang mit Allāh die Stichworte Erbarmen, Barmherzigkeit und Vergebung in den Vordergrund, aber auch Seine *āyāt* (Zeichen und Verse), die die Existenz Allāhs beteuern.

Muḥammad, der Gesandte und Prophet Allāhs für den arabischen Sprachraum, erhält auch einen wesentlichen Stellenwert, obgleich bei weitem nicht in dem Umfang wie Jesus im NT. Er wird als Prophet Allāhs und als der Gesandte betitelt und nur vier Mal mit Namen erwähnt.

Der Qur'ān definiert den Menschen anhand seines Glaubens bzw. Unglaubens und seiner Taten. Glaube und Unglaube stehen auf der Frequenzliste an zweiter Stelle, direkt hinter Allāh. Bemerkenswert ist, dass Strafe und strafen fast drei Mal so häufig vorkommt wie Lohn, Verdienst oder belohnen. Strafe und Lohn stehen oft im Zusammenhang mit der ewigen Höllenstrafe und dem Lohn der ewigen Gärten, die auch eine hervorstechende Rolle im Qur'ān einnehmen.

Im Vergleich zur Bibel wird die Liebe zu Allāh und den Mitmenschen nicht thematisiert, dafür aber die Furcht vor Allāh.

Diese Gegenüberstellung verdeutlicht, dass die Glaubensdifferenzen der beiden monotheistischen Glaubensrichtungen deutlich größer sind als ihre Gemeinsamkeiten.

Quellenangabe der Wortfrequenzen

Die Wortfrequenzen der biblischen Themen wurde mithilfe von Bible Hub (2004-2017), bibelkommentare.de (2004-2018) und Bible Study Tools (2018) ermittelt und basieren weitgehend auf dem Text der griechischen Originalsprache. Wortfrequenz-Angaben aus dem Qur'ān wurden mithilfe von The

Quranic Arabic Corpus (2009-2017) erstellt und basieren auf dem arabischen Text.

Neutestamentliche Themen geordnet nach ihrer Gewichtung	Gewichtung vergleichbarer Themen im Qur'ān	Die quranische Themen geordnet nach ihrer Gewichtung
Gott (1327 Mal)	Allāh (3156 Mal)	Allāh (3156 x)
„Vater" mit Bezug auf Gott (ca. 300 x)	Allāh mit der Bezeichnung ‚Allerbarmer' oder dem ‚Barmherzigen' (177 x)	
Jesus (923 x)	ʿĪsā (25 x)	Glaube, glauben, vertrauen und gläubig (879 x)
Christus als der Gesalbte und Messias als Bezeichnungen für Jesus (538 Mal)		
Sohn (359 x, davon 259 x mit Bezug auf Jesus)		
die Anrede „Herr" oder „Meister", in den meisten Fällen auf Jesus bezogen (722 x)		
die Anrede „Lehrer" für Jesus (46 x)		
Mensch (554 x)	Mensch, Menschheit (89 x)	Unglaube, Ungläubige und ungläubig (525 x)
Glaube, Vertrauen und glauben (487 x)	Glaube, glauben, vertrauen und gläubig (879 x)	die Erde das Land, (461 x)
Erde, Land [griech. gēs] (252 xl)	die Erde, das Land (461 x)	Strafe und strafen (385 x)
Welt [griech. Kosmos] (186 x)		

Wind, Atem oder Geist (383 x), 290 Mal in Bezug auf den Geist Gottes)	Geist (17 x)	Zeichen oder Verse [arab. āyāt] (382 x)
Bruder auch im übertragenen Sinn als Glaubensbruder, brüderlich (343 x)	Bruder (51 x)	Gesandte/r [arab. rasūl] (332 x)
Liebe und lieben (327 x)	Liebe, lieben (53 x)	Furcht, sich fürchten (283 x)
Gebet, beten, bitten, anbeten (279 x)	Gebet oder beten (100 x)	Buch [kitāb] als Offenbarung Allahs (260 x)
der Himmel als Schöpfung und auch der geistliche Himmel, wo Gott thront (278 x)	der Himmel als Schöpfung (44 Mal) Paradies oder Gärten (ca. 260 x)	Paradies oder Gärten (ca. 260 x)
Gesetz und Gebot (271 Mal)	Gesetz, Rechtleitung, Verpflichtungen, Grenzen und Verbote (108 x)	Wahrheit und wahr [ḥaqq] (247 x)
Heiligung, heilig (271 x)	heilig (8 x)	Hölle oder Feuer (ca. 246 x)
Sünde, Sünder, sündigen (267 x)	verschiedene Begriffe für Sünde, das Böse, böses tun und sündigen (ca. 200 Mal)	Vergebung, Vergeben, vergebend (234 x)
Jünger (263 x)	keine Vorkommisse	Allerbarmer und dem Barmherzigen (bezogen auf Allāh), Barmherzigkeit, sich erbarmen (209 x)
physischer oder geistlicher Tod, tot, sterben (241 x)	physischer Tod, sterben, Tote (165 x)	Begriffe für Sünde, das Böse, böses tun und sündigen (ca. 200 x)

Gerechtigkeit, rechtfertigen und gerecht (212 x)	Gerechtigkeit, gerecht (43 x)	gute oder böse Taten (168 x)
Richterstuhl, Richter, Gericht, richten (195 x)	Gericht und richten (89 x)	offenbaren oder herabsenden (168 x)
Rettung, retten und Retter (178 x)	retten, schützen, erlösen (80 x)	physischer Tod, sterben, Tote (165 x)
Engel oder Bote (176 x)	Engel (88 x)	Das menschliche Herz (148 x)
Werke, Taten (174 x)	Taten (168 x)	Lohn oder Verdienst (136 x)
Leben, lebendig, leben (174 x)	Leben und Leben geben (127 x)	Leben und Leben geben (127 x)
Gnade, Gunst, Erbarmen, Barmherzigkeit (171 x)	der „Allerbarmer" und „Barmherzige" mit Bezug auf Allāh, Barmherzigkeit, sich erbarmen (209 x)	Gesetz, Rechtleitung, Verpflichtungen, Grenzen und Verbote (108 x)
Herrlichkeit (167 x)	keine Vorkommisse	Gebet. beten (100 x)
das menschliche Herz (158 x)	das menschliche Herz (148 x)	Satan, Iblīs (99 x) Dschinn bzw. Dämonen (32 x)
Wahrheit, wahrhaftig, wahr (153 x)	Wahrheit und wahr (247 x)	Religion (93 x)
Himmelreich/Reich Gottes (151 x)	*keine Vorkommnisse*	Gericht, richten (89 x)
die sündige Natur, der Körper (147 x)	Körper (5 x)	Mensch/heit (89 x)

Prophet (143 x)	Prophet (75 x)	Engel (88 x)
Furcht, sich fürchten, erschrecken (142 x)	Furcht, sich fürchten (283 x)	Auferstehung (etwa 85 x)
Evangelium, das Evangelium verkündigen (131 x)	Evangelium als Buch, das Jesus von Allāh empfangen hat (12 x)	Gehorsam, gehorchen, ergeben sein, Ergebung (84 x)
Wundertaten, Zeichen (103 x)	āyāt als Zeichen oder Verse (382 x)	Ewigkeit, ewig, ewig verweilen (81 x)
Offenbarung, offenbart werden, offenbart gemacht werden (93 x)	Offenbaren oder herabsenden (168 x) Offenbarungsbuch [kitāb] Allāhs (260 x)	retten, schützen, erlösen (80 x)
Freude, sich freuen (91 x)	Sich freuen (6 x)	Prophet [arab. nabī] (75 x)
Hoffnung mit Erwartung und Vertrauen, hoffen und erwarten (84 x)	Begehren, erhoffen, nicht verzweifeln (24 x)	dankbar, Dankbarkeit (75 x)
Apostel, Botschafter [griech. apostolos] (80 x)	Gesandte/r [arab. rasūl] (332 x)	Reue, bereuen (72 x)
Ewigkeit, ewig (72 x)	Ewigkeit, ewig, ewig verweilen (81 x)	Krieg oder kämpfen auf Allāhs Weg (57 x)
Teufel oder Satan (65 x) Dämonen (58 x)	Satan oder Iblīs (99 x) Ğinn bzw. Dämonen (32 x)	Bund (54 x)
Kreuz und kreuzigen mit Bezug auf Jesus (63 x)	kreuzigen (6 x, davon 1 x mit Bezug auf Jesus)	Liebe, lieben (53 x)
Vergebung, vergeben (59 x)	vergeben, vergeben,	Vater - ohne Bezug auf

	Vergebung (234 x)	Allah (53 x)
danken, danksagen, Danksagung (54 x)	dankbar, Dankbarkeit (75 x)	Bruder (51 x)
glückselig, gesegnet (50 x)	gesegnet (30 x)	der Himmel als Schöpfung (44 x)
Auferstehung, auferstehen (42 x)	Auferstehung (etwa 85 x)	Gerechtigkeit, gerecht (43 x)
Gehorsam, gehorchen (34 x)	Gehorsam, gehorchen, ergeben sein, Ergebung (84 x);	gesegnet (30 x)
Unglaube, ungläubig (33 x)	Unglaube, Ungläubige und ungläubig (525 x)	Īsā/Jesus (25 x)
Bund oder Testament (33 x)	Bund (54 x)	Begehren, erhoffen, nicht verzweifeln (24 x)
Buße als Sinneswandel, Buße tun (32 x)	Reue, bereuen (72 x)	Geist (17 x)
Lohn (29 x)	Lohn, belohnen oder Verdienst (136 x)	Evangelium als Buch, das Jesus von Allāh empfangen haben soll (12 x)
Hölle oder Gehenna (12 x)	Hölle bzw. Feuer (ca. 246 x)	heilig (8 x)
Strafe und strafen (8 x)	Strafe und strafen (385 x)	kreuzigen (6 x, davon 1 x mit Bezug auf Jesus)
keine Vorkommnisse	Religion (93 x)	Muḥammad (4 x)

1Siebzehn unterschiedliche NT Wörter stehen in Verbindung mit Kampf, Wettkampf, kämpfen, Streit usw. Dabei geht es nie um einen religiösen Waffenkrieg.	Krieg und kämpfen auf Allāhs Weg (57 x)	

II. DAS ISLAMISCHE KONZEPT DER VORHERBESTIMMUNG ALLES GESCHEHENS

Allāhs Souveränität äußert sich darin, dass er alles bestimmt. Die arabischen Wörter *taqdir* und *qadar* können mit Prädestination oder Bestimmung übersetzt werden. Sie können aber auch Vorsehung, Bestimmung oder Schicksal bedeuten. *Taqdir* bedeutet das Festlegen eines Maßes für alle Dinge.

Der Qur'ān lehrt, dass „uns nur das treffen wird, was Allah für uns bestimmt hat" (Sure 9,51), und dass Allāh „der Bezwinger über Seinen Dienern" (Sure 6,61) ist.

Der bekannte Theologe Al-Barqawi (1122 n. Chr.), Autor der *Mischkatu'l-Masabih*, beschrieb das folgendermaßen:

> „*Iradah oder Wille.* Er ist frei zu tun, was Er will, und was immer Er will geschieht. Er ist nicht verpflichtet zu handeln. Alles in dieser Welt, sei es gut oder böse, beruht auf Seinem Willen. Er will den Glauben der Gläubigen und die Frömmigkeit der Religiösen. Sollte Er Seinen Willen ändern, gäbe es weder einen wahren Gläubigen noch einen frommen Menschen. Er will auch den Unglauben der Ungläubigen und den Irrglauben der Bösen. Ohne diesen Willen gäbe es weder Unglaube noch Irreligiosität. Was immer wir tun geschieht durch Seinen Willen, und alles was Er nicht will, geschieht nicht [...] ‚Wir haben kein Recht zu erfragen, was Gott will, und was Er nicht will. Er hat die absolute Freiheit zu tun, was Ihm gefällt'. Durch das Erschaffen von Ungläubigen und dem Wollen, dass sie in diesem Zustand bleiben [...] im Wollen von allem, was Böse ist" (Dictionary of Islam, Hughes, S. 146-147: Übers d. Verf.).

Allāh bestimmt, wer für das Paradies und wer für die Hölle vorgesehen ist

Nach der Überlieferung von al-Buchārī soll Muḥammad folgende Worte geäußert haben:

> „'Es gibt keinen von euch bzw. keine lebendige Seele, ohne dass Allah seinen oder ihren Platz entweder im Paradies oder in der Hölle schon bestimmt hat, und ohne dass ihr Glück oder Unglück nicht vorgeschrieben wäre.'" (Sahīh al-Buchārī, Kapitel 46/Hadithnr. 4786).

Dies wird auch im Qur'ān bestätigt:

> „[13] Und wenn Wir gewollt hätten, hätten Wir jeder Seele ihre Rechtleitung gegeben. Aber (nun) ist das Wort von Mir unvermeidlich fällig geworden: „Ganz gewiß werde Ich die Hölle mit den Ǧinn und den Menschen allesamt füllen" (as-Sagda 32,13).

📖 *Siehe auch Surne 7,179; 11,119.*

Allāh ist der Absolute, der Souveräne, dem alles unterstellt ist. Wäre das nicht so, wäre er nicht Gott. Obige Aussagen werfen die Frage auf, bei wem die Verantwortung liegt. Sind die Menschen für ihr Tun verantwortlich, selbst wenn sie keinen Einfluss darauf haben, wie der sufistische Gelehrte Abu Bakr al-Wasiti äußerte:

> „Nicht Glaube oder Unglaube, Gehorsam oder Sünde entscheiden über das ewige Schicksal des Menschen. Gott allein entscheidet" (Gramlich, 1998, S.57).

📖 *Siehe dazu auch Kap. 39: „Wer ins Paradies" kommt und „Wer zum Höllenfeuer verdammt wird".*

Es fällt den für das Paradies erschaffene leichter, Gutes zu tun

Die Überlieferung von Saḥīḥ Muslim berichtet über ein Gespräch mit Muḥammad über die Bewohner des Paradieses und die Bewohner der Hölle. Die Frage kaum auf, was für einen Nutzen gute Taten für Menschen hätten, die schon ohne ihr Zutun für die Hölle oder das Paradies vorgesehen sind. Muḥammad antwortete darauf:

„„Jedem ist der Weg erleichtert, das zu tun, wozu er erschaffen wurde'" (Saḥīḥ Muslim, Hadithnr. 4789/Kapitel 46).

☾ Allāh bestimmt die Lebensdauer des Menschen

„Er [Allah] ist es, Der euch aus Lehm erschaffen und hierauf eine Frist bestimmt hat. Und (es gibt) eine (andere) festgesetzte Frist bei Ihm; dennoch zweifelt ihr" (al-Anam 6,2).

„O ihr Menschen, [...] Wir [haben] euch aus Erde erschaffen, hierauf aus einem Samentropfen, hierauf aus einem Anhängsel, hierauf aus einem kleinen Klumpen, gestaltet und ungestaltet, um (es) euch klarzumachen. Und Wir lassen, was Wir wollen, im Mutterleib auf eine festgesetzte Frist untergebracht. Danach lassen Wir euch als kleine Kinder hervorkommen. Hierauf (lassen Wir euch heranwachsen), damit ihr eure Vollreife erlangt. Und mancher von euch wird (frühzeitig) abberufen, und manch einer von euch wird in das niedrigste (Greisen)alter gebracht, so daß er nach (dem vorherigen) Wissen nichts (mehr) weiß..." (al-Hagg 22,5)

📖 *Siehe dazu auch Sure 16,70; 17,99; 30,8; 35,11;40,67.*

☾ Allāh bestimmt das Schicksal des Menschen

Nach der Überlieferung von Saḥīḥ al-Buchārī erläuterte Muḥammad den Prozess der Entstehung des Menschen im Mutterleib. Während der Schwangerschaft würde Allah einen Engel dazu beauftragen, den Lebensunterhalt und die Lebensdauer, das Glück bzw. Unglück des ungeborenen Kindes zu bestimmen und dem Kind die Seele einzuhauchen. Muḥammad setzte fort, dass unter seinen Zuhörern Menschen wären, die zwar bis kurz vor Ende ihrer Lebens Werke der Höllenbewohner vollbringen würden, aber sich am Ende aufgrund ihrer Vorherbestimmung komplett ändern würden und schlussendlich ins Paradies gelangen. Ebenso gäbe es Menschen, die den Großteil ihres Lebens „Werke der Bewohner des Paradieses" ausüben würden. Danach würde ihre Vorherbestimmung für die Hölle sie „ereilen" und ihre Taten verwandeln sich in die „Werke der Bewohner der Hölle" (vgl. Sahīh al-Buchārī, Kapitel 75/Hadithnr. 6594).

III. DAS KONZEPT DER ABROGATION NACH ISLAMISCHER THEOLOGIE

Es kam immer wieder vor, dass Muḥammad *āyāt* offenbart wurden, die später durch andere ausgetauscht oder gar gelöscht wurden.

„[39] Allah löscht aus, was Er will, und läßt bestehen; und bei Ihm ist der Kern des Buches" (Sure 13,39).

„[101] [...] wenn Wir einen Vers anstelle eines (anderen) Verses austauschen – und Allah weiß sehr wohl, was Er offenbart –, sagen sie: ‚Du ersinnst nur Lügen'" (Sure 16,101).

„[106] Was Wir an Versen aufheben oder in Vergessenheit geraten lassen – Wir bringen bessere oder gleichwertige dafür. Weißt du denn nicht, daß Allah zu allem die Macht hat?" (Sure 2,106).

Weitere Stellen besagen jedoch, dass offenbarte Worte Allahs nicht verändert werden können:

„[115] Es gibt nichts, was Allahs Worte abändern könnte" (Sure 6,34.115).

„[64] Keine Abänderung gibt es für die Worte Allahs" (10,64).

„[27] Es gibt niemanden, der Seine Worte abändern könnte" (18,27).

Verse, die aus dem Qur'ān entfernt oder durch andere ersetzt wurden, werden in den Qur'ān-Wissenschaften *mansūch (DMG mansūḫ)* genannt. Die an deren Stelle eingefügten Verse werden als *nāsich (DMG nāsiḫ)* bezeichnet. Dieses Konzept der Abrogation (DMG *nasḫ*) wurde aus einigen Überlieferungen entnommen, die aussagen, dass bestimmte Verse aus dem Qur'ān durch später offenbarte Verse aufgehoben wurden. Deshalb ist es bei der Qur'ān-Exegese wichtig zu wissen, ob es sich um eine frühere Sure aus der Zeit von Mekka oder einer späteren nach der Hidschra handelt. Die Meinungen der Theologen über die Art und Anzahl der Abrogationen gehen weit auseinander, aber es gibt Einigkeit darüber, dass ein später offenbarter Vers, der im Widerspruch zu einem früher offenbarten steht, mehr Gewicht trägt und somit die ältere Offenbarung ersetzt.

Der bekannte Historiker, Theologe und Ausleger des Qur'ān, Dschalāl ad-Dīn al-Chudairī as-Suyūtī (1445-1505), erwähnte in seiner Enzyklopädie *al-Itqān fī ʿulūm al-qur'ān* zwanzig Verse, die abrogiert worden waren, deutete aber auf die Möglichkeit von bis zu weiteren 500 weiteren Fällen, bei denen man sich unsicher war.

Anstoß zum Nachdenken in Bezug auf die islamische Theologie der Abrogation gibt Sure 4,82:

„[4] Denken sie denn nicht sorgfältig über den Qur'ān nach? Wenn er von jemand anderem wäre als von Allah, würden sie in ihm wahrlich viel Widerspruch finden."

Beispiele von Änderungen

Alkoholische Getränke werden von Allāh gegeben

„[67] Und (Wir geben euch) von den Früchten der Palmen und der Rebstöcke (zu trinken), woraus ihr euch Rauschgetränk und eine schöne Versorgung nehmt. Darin ist wahrlich ein Zeichen für Leute, die begreifen" (an-Nahl 16,67).

Gebet im betrunkenen Zustand wird untersagt (mansūch)

„[43] O die ihr glaubt, nähert euch nicht dem Gebet, während ihr trunken seid, bis ihr wißt, was ihr sagt, noch im Zustand der Unreinheit – es sei denn, ihr geht bloß vorbei –, bis ihr den ganzen (Körper) gewaschen habt" (an-Nisa 4,43).

Alkoholische Getränke sind ein Greuel und ein Werk Satans (nāsich)

„[90] O die ihr glaubt, berauschender Trank, Glücksspiel, Opfersteine und Lospfeile sind nur ein Greuel vom Werk des Satans. So meidet ihn, auf daß es euch wohl ergehen möge!" (al-Maida 5,90).

Die anfängliche Gebetsrichtung war der Tempel in Jerusalem (mansūch)

Von der Zeit der Anfänge des Islam in Mekka bis zum 17. Monat nach der Hidschra in Medina war, beteten die Muslime, wie auch die Juden, in Richtung Jerusalem.

„[115] Die Toren unter den Menschen werden sagen: ‚Was hat sie von der Gebetsrichtung, die sie (bisher) einhielten, abgebracht?' Sag: Allah gehört der Osten und der Westen. Er leitet, wen Er will, auf einen geraden Weg" (al-Baqara 2,115).

Die neue Gebetsrichung (qibla) ist die Ka'ba in Mekka (nāsich)

Als sich in Medina die Beziehung Muḥammads zu den Juden verschlechterte, änderte sich die *qibla* zur Ka'ba.

„[149] Und woher du immer heraustrittst, da wende dein Gesicht in Richtung der geschützten Gebetsstätte [Ka'ba]. Es ist wirklich die Wahrheit von deinem Herrn. Und Allah ist nicht unachtsam dessen, was ihr tut" (al-Baqara 2,149).

Das Gesetz über das Fasten (mansūch)

„[184] (Vorgeschrieben ist es euch) an bestimmten Tagen. Wer von euch jedoch krank ist oder sich auf einer Reise befindet, der soll eine (gleiche) Anzahl von anderen Tagen (fasten). Und *denjenigen, die es (sich finanziell) zu leisten vermögen, ist als Ersatz die Speisung eines Armen auferlegt.* Wer aber freiwillig Gutes tut, für den ist es besser. Und daß ihr fastet, ist besser für euch, wenn ihr (es) nur wißt!" (al-Baqara 2,184).

Die Modifizierung des Fastengesetzes (nāsich)

In diesem Beispiel steht der *nāsich*-Text direkt hinter dem *mansūch*. Vers 185 erwähnt nicht mehr, dass eine Armenspeisung als Alternative zum Festen ermöglicht wird:

> „185 Wer also von euch während dieses Monats (Ramadan) anwesend ist, der soll ihn fasten, wer jedoch krank ist oder sich auf einer Reise befindet, (der soll) eine (gleiche) Anzahl von anderen Tagen (fasten). Allah will für euch Erleichterung; Er will für euch nicht Erschwernis, – damit ihr die Anzahl vollendet und Allah als den Größten preist, dafür, daß Er euch rechtgeleitet hat, auf daß ihr dankbar sein möget" (al-Baqara 2,185).

Sahīh Muslim erläutert dazu im Buch des Fastens:

> „Als der Koranvers Und denen, die es mit großer Mühe ertragen können, ist als Ersatz die Speisung eines Armen auferlegt... (Qur'ān 2:184) offenbart wurde, durfte jeder, der nicht fasten wollte, das Fasten brechen und die Speisung eines Armen als Ersatz dafür auferlegen. Als aber der nächste Koranvers offenbart wurde, abrogierte er diesen" (Sahīh Muslim, Hadithnr. 1931/Kapitel 14).

Allen Kindern steht ein gleiches Erbe zu (mansūch)

> „7 Den Männern steht ein Anteil von dem zu, was die Eltern und nächsten Verwandten hinterlassen, und den Frauen steht ein Anteil von dem zu, was die Eltern und nächsten Verwandten hinterlassen, sei es wenig oder viel – ein festgesetzter Anteil" (an-Nisa 4,7).

Söhne sollen ein doppeltes Erbe erhalten (nāsich)

> „11 Allah empfiehlt euch hinsichtlich eurer Kinder: Einem männlichen Geschlechts kommt ebensoviel zu wie der Anteil von zwei weiblichen Geschlechts [...]" (an-Nisa 4,11).

Hausarrest und Züchtigung für Ehebrecherinnen (mansūch)

„¹⁵ Und diejenigen von euren Frauen, die das Abscheuliche begehen, – bringt vier Zeugen von euch gegen sie. Wenn sie (es) bezeugen, dann haltet sie im Haus fest, bis der Tod sie abberuft oder Allah ihnen einen (Aus)weg schafft. ¹⁶ Und die beiden von euch, die es begehen, – züchtigt sie. Wenn sie dann bereuen und sich bessern, so laßt von ihnen ab. Gewiß, Allah ist Reue-Annehmend und Barmherzig" (an-Nisa 4,15-16).

Ehebrecher/innen müssen mit hundert Hieben bestraft werden (nāsich)

„² Eine Frau und ein Mann, die Unzucht begehen, geißelt jeden von ihnen mit hundert Hieben. Laßt euch nicht von Mitleid mit ihnen beiden angesichts (der Rechtsbestimmungen) der Religion Allahs ergreifen, wenn ihr an Allah und den Jüngsten Tag glaubt. Und es soll bei (der Vollstreckung) der Strafe an ihnen ein Teil von den Gläubigen zugegen sein" (an-Nur 24,2).

Eine dritte Verordnung für Ehebrecher/innen ist die Steinigung (nāsich)

„`Umar sagte: ,Ich befürchte, dass eine lange Zeit über die Menschen vergeht, bis jemand sagt: ›Wir finden nichts über die Steinigung im Buche Allahs.‹ Und dann gehen sie mit der Unterlassung einer Bestimmung, die Allah herabgesandt hat, in die Irre. Wahrlich, die Steinigung ist eine gerechte Strafe für denjenigen, der Unzucht begeht und verheiratet ist, solange der Beweis oder die Schwangerschaft oder das Geständnis vorliegen.' *Sufyan fügte hinzu: ,Ich behielt noch den Satz: ›Wahrlich, der Gesandte Allahs, Allahs Segen und Heil auf ihm, bestrafte mit der Steinigung und nach ihm haben wir auch die Steinigung (als Strafe) angewendet‹" (Sahīh al-Buchārī, Kapitel 79/Hadithnr. 6829).

📖 *Weitere mutmaßliche Abrogationen: Sure 2,59 wurde ersetzt durch Sure 3,79; 2,77 durch 9,5; 2,103 durch 9,29; 2,109 durch 2,139; 2,133 durch 9,5; 2,153 durch 2,124; 2,154 durch 2,155; Sure 2,168a durch 2,168b; 2,173 durch 17,35; 2,176 durch 4,12; 2,179 durch 2,183; 2,180 durch 2,181; 2,186 durch 2,36; 2,187 durch 9,5; 2,188 durch 9,5; 3,19 durch 9,5; 3,97 durch 64,16; 3,107 durch 9,29; 3,139 durch 17,19; 3,183 durch 9,28; 4,8-9 durch 4,12; 4,10 durch 2,178; 4,94 durch 9,1; 9,80-82 durch 3,87; 13,8 durch 4,51; 16,69 durch 5,92-93; 18,18 durch 76,30; 20,113 durch 87,6-7; 13,8 durch 4,51; 25,68-69 mit 25,70; 42,22 mit 34,46; 47,38-39 mit 47,40; 73,5 mit 4,32.*

GLOSSAR

Abrogation - das Konzept, dass bestimmte Verse aus dem Qur'ān durch später offenbarte Verse aufgehoben werden.

āya, pl. āyāt - ein Vers in einer Sure oder ein Zeichen.

Evangelium (pl. Evangelien) - die ersten vier neutestamentlichen Bücher werden als die vier Evangelien bezeichnet. Sie berichten über das Leben und Wirken Jesu auf Erden bis hin zu seinem Tod, seiner Auferstehung und seiner Himmelfahrt. Das Evangelium selbst ist die frohe Botschaft, die Jesus durch Wort und Tat verkündigte und nicht ein Offenbarungsbuch. Jesus selbst hat kein Buch verfasst.

Indschīl oder Injil (DMG Umschrift *inǧīl*) - die Bezeichnung für das Evangelium im Qur'ān, das dem Qur'ān nach als Offenbarungsbuch Allahs an al-Masīḥ ʿĪsā gegeben wurde.

Hadithe (DMG Umschrift *ḥadīṯ*) - Sammlungen von ursprünglich mündlich überlieferten Geschichten oder Anekdoten über Muhammad und zum Teil auch einiger seiner engen Gefährten. Sie wurden erst etwa 250 bis 300 Jahre nach Muhammads Tod gesammelt und schriftlich fixiert.

Hidschra oder Hedschra (DMG Umschrift *hiǧra*) bezeichnet die Flucht Muḥammads von Mekka nach Medina im Jahre 622 n. Chr.)

mansūch ist ein Begriff in den Qur'ān-Wissenschaften für *āyāt* oder Verse, die aus dem Qur'ān entfernt oder durch an deren Stelle eingefügten **nāsich**-Verse ersetzt werden.

Qibla - die für Muslime vorgeschriebene Gebetsrichtung nach Mekka.

Sahāba (DMG Umschrift *ṣaḥāba*) - waren die Weggefährten Muḥammads.

Schahāda - (DMG Umschrift *aš-šahāda*) ist das muslimische Glaubensbekenntnis. Es beinhaltet die Worte: „Es gibt keinen Gott außer Allāh und Muhammed ist der Gesandte Allāhs".

Sira ist die Abkürzung für *as-sîra an-nabawiyya*, de r Biografie Muḥammads. Sie wurde ursprünglich von Muhammad ibn Ishāq verfasst und 1864 von Gustav Weil ins Deutsche übertragen.

Sure (DMG Umschrift *sūra*, pl. *suwar*) - eine Sure oder Kapitel im Qur'ān.

Tafsīr - Exegese bzw. Auslegung des Qur'ān

Tanach - die hebräische Bibel der Juden, sowie das AT der Bibel.

Thora oder Tora bzw. Torah (DMG Umschrift *taurāh*)- die fünf Bücher Mose bzw. die Pentateuch.

Tauḥīd ist der islamische Begriff für den Glauben an einen einzigen Gott, der in sich eine Einheit ist. Diese Einheit wird dem islamischen Verständnis des biblischen dreieinen Gottes gegenübergestellt.

Zabūr - das Offenbarungsbuch, das Dāwūd nach Aussagen des Qur'ān von Allah eingegeben wurde. Die Zabūr bezieht sich somit auf die Psalmen in der Bibel.

BÜCHER DER BIBEL

BÜCHER DES ALTEN TESTAMENTS

Genesis (Gen)

Exodus (Ex)

Levitikus (Lev)

Numeri (Num)

Deuteronomium (Dtn)

Josua (Jos)

Richter (Ri)

Rut (Rut)

1. Samuel (1Sam)

2. Samuel (2Sam)

1. Könige (1Kön)

2. Könige (2Kön)

1. Chronik (1Chr)

2. Chronik (2Chr)

Esra (Es)

Nehemia (Neh)

Ester (Est)

Ijob (Ijob)

Psalmen (Ps)

Prediger (Pred)

Hohelied (Hld)

Jesaja (Jes)

Jeremiah (Jer)

Hesekiel (Hes)

Daniel (Dan)

Hosea (Hos)

Joel (Joel)

Amos (Am)

Obadja (Obd)

Jona (Jona)

Micha (Mi)

Nahum (Nah)

Habakuk (Hab)

Zefanja (Zef)

Haggai (Hag)

Sacharja (Sach)

Maleachi (Mal)

BÜCHER DES NEUEN TESTAMENTS

Matthäusevangelium (Mt)

Markusevangelium (Mk)

Lukasevangelium (Lk)

Johannesevangelium (Joh)

Apostelgeschichte (Apg)

Römerbrief (Röm)

1. Korintherbrief (1Kor)

2. Korintherbrief (2Kor)

Galaterbrief (Gal)

Epheserbrief (Eph)

Philipperbrief (Phil)

Kolosserbrief (Kol)

1. Thessalonicherbrief (1Thess)

2. Thessalonicherbrief (2Thess)

1. Timotheusbrief (1Tim)

2. Timotheusbrief (2Tim)

Titusbrief (Tit)

Philemonbrief (Phlm)

Hebräerbrief (Hebr)

Jakobusbrief (Jak)

1. Petrusbrief (1Petr)

2. Petrusbrief (2Petr)

1. Johannesbrief (1Joh)

2. Johannesbrief (2Joh)

3. Johannesbrief (3Joh)

Judasbrief (Jud)

Offenbarung (Offb)

ENTSPRECHENDE NAMEN IN DER BIBEL UND IM QUR'ĀN

Aaron	-	Hārūn
Abraham	-	Ibrāhīm
David	-	Dāwūd
Gabriel	-	Ǧibrīl
Hjob/Hiob	-	Ayyūb
Isaak	-	Isḥāq
Ismael	-	Ismāʿīl
Jakob	-	Yaʿqūb
Jesus	-	ʿĪsā
Johannes	-	Yaḥyā
Jona	-	Yūnus
Josef	-	Yūsuf
Maria	-	Maryam
der Messias	-	al-Masīḥ
Mirjam	-	Maryam
Mose	-	Mūsā
Noach/Noah	-	Nūḥ
Pharao	-	Firʿaun
Sulaimān	-	Salomo
Zacharias	-	Zakariyyā

LITERATURVERZEICHNIS

adh-Dhahabi (663-748): Die großen Sünden des Islam. Khattab A. (Übers) Zugriff am 31.07.2017. Verfügbar unter: http://www.way-to-allah.com/dokument/Die_grossen_Suenden.pdf

al-Baydawi (Autor); Dr. Gibril Fouad Haddad (Übers.): (06.17.2016): Anwar al-Tanzil wa-Asrar al-Ta'wil (The Lights of Revelation and the Secrets of Interpretation). Manchester, UK: Beacon Books.

al-Buchārī, Muḥammad ibn Ismāʿīl (gest. 870): Sahīh al-Buchārī. Abgerufen am 19.06.2018 von http://islamische-datenbank.de/Sahīh -al-buchari

Al-kalbi, Ibn, Faris (1952); Nabih Amin (Übers.): The Book of Idols: Being a Translation of the Arabic of the Kitab Al-asnam (Volume 14 of Princeton Oriental studies), New Jersey, USA: Princeton University Press (2015).

al-Khui, Ayatullah S.; Sachedina, Abdulaziz (Übers.) (2000): Al-Bayan fi Tafsir al-Qur'an (The Prolegomena to the Qur'an) Ch. 4. Insight about the Readers of the Qur'an. Ansariyan Publications.

al-Shia.de.(Anbieter)(2018): Hadith Thaqalayn „Ich hinterlasse euch zwei schwerwiegende Dinge…" Abgerufen am 11.10.2017 von http://www.al-shia.de: http://www.al-shia.de/hadith-thaqalayn-ich-hinterlasse-euch-zwei-schwerwiegende-dinge/

al-Tabari.(2015): History of al-Tabari Vol. 6, Watt, M. V. (Übers.) The: Muhammad at Mecca SUNY series in Near Eastern Studies NY: SUNY Press.

an-Nawawī (1233–1278): Riyadhu s-Salihin. Abgerufen am 21.07.2017. Verfügbar unter: http://Islamische-datenbank.de/riyadhu-s-salihin

At-Tirmidhi (1071), Deen-ul-Haqq: Munkar und Nakir. Abgerufen am 19.07.2017. Verfügbar unter: https://arrayyana.wordpress.com/2010/11/03/munkar-und-nakir/#more-581

Awa, Salwa M.S.: „Zaqqūm" in: Encyclopaedia of the Qurʾān, General Editor: Jane Dammen McAuliffe, Georgetown University, Washington DC. Zugriff am 21.01.2017. Verfügbar unter: http://www.dx.doi.org/10.1163/1875-3922_q3_EQSIM_00469

Baljon, J. M. S. (1958): The reforms and religious ideas of Sir Sayyid Ahmad Khan, 2nd Edition, Lahore Orientalia Abgerufen am 06.07.2017. Verfügbar unter: https://archive.org/details/TheReforms

Baschir, Hadhrat Mirza (2012): Muhammad - Das Leben des Propheten (2. Auflage Ausgab.). (K. A. Koopman, Übers.) Frankfurt, Deutschland: Verlag des Islam.

Behling, Marcel: Die Besten Bücher aller Zeiten. (2017). Abgerufen am 27. 01.2017. Verfügbar unter: htpp://www.die-beste-aller-zeiten.de/die-besten-buecher/meistverkauft

Bibelkommentare.de. (2004-2017): Unrevidierte Elberfelder Übersetzung von 1905 mit Strongs. Abgerufen am 14. 10 2017 von https://www.bibelkommentare.de/index.php?page=dict&article_id=4388

Bibelkommentare.de. (2004-2018): Bibel-Lexikon. Abgerufen am 26. 10 2017 von www.bibelkommentare.de: https://www.bibelkommentare.de/?page=dict&article_id=3050

Bible Hub Online Bible Study Suite (2014-2017): Interlinear Bible: Greek, Hebrew, Strongs. Abgerufen am 15.02.2017. Verfügbar unter: http:/www.biblehub.com/interlinear

BibleJew.com (o.J.). Project Saadia Gaon Jewish Bible in Arabic Abgerufen am 19.06.2018 von www.biblejew.com

Bible Study Tools (2018): Abgerufen 18.03.2018 von https://www.biblestudytools.com: https://www.biblestudytools.com/interlinear-bible/

Deutsche Bibelgesellschaft (o.J.). Die Entstehung der Bibel. Abgerufen am 08.02.2017. Verfügbar unter: https://www.die-bibel.de/bibeln/bibelkenntnis/die-entstehung-der-bibel/

Deutsche Bibelgesellschaft (o.J.): NGÜ Schon wieder eine neue Bibelübersetzung? Abgerufen am 19. 06. 2018 von https://www.ngue.info: https://www.ngue.info/uebersetzung/vorgeschichte

Deutsche Bibel Gesellschaft (März 2018): Weltbibelhilfe Zahlen und Fakten. Abgerufen am März 2018 von www.die-bibel.de: https://www.die-bibel.de/spenden/weltbibelhilfe/zahlen-und-fakten/

The Editors of Encyclopaedia Britannica, ©2017 Encyclopaedia Britannic inc.: Tawhid, Abgerufen am 05.05.2017. Verfügbar unter: www.britannica.com/topic/tawhid

The Editors of Encylopaedia of Islam: Encyclopaedia of Islam, New Edition (1986-2004) Leiden, E.J.Brill

Encyclopedia.com (1997): „Tawhid" The Concise Oxford Dictionary of World Religions. Zugriff am 05.05.2017. Verfügbar unter Encyclopedia.com 02.08.2017:

http://www.encyclopedia.com/religion/dictionaries-thesauruses-pictures-and-press-releases/tawhid

Esposita, J. L. (2018): „ Dar al-Harb" The Oxford Dictionary of Islam Abgerufen am 20.06.2018. Verfügbar unter: http//www.oxfordIslamicstudies.com/article/opr/t125/e490

Firestone, R. (1990): Journeys in Holy Lands The Evolution of the Abraham-Ishmael Legends in Islamic Exegesis. Suny Press.

Focus online.(Februar 2017): Abgerufen 20.03.2018 von Fundort uralter Bibel-Manuskripte: Forscher stoßen auf zwölfte Qumran-Höhle: https://www.focus.de/wissen/videos/jahrtausendealte-schriftrollen-einer-der-bedeutendsten-funde-archaeologen-stossen-auf-neue-qumran-hoehle_id_6634912.html

Gramlich, R. (1998): Der eine Gott: Grundzüge der Mystik des islamischen Momotheismus. Wiesbaden, Germany: Otto Harrassowitz Verlag.

Genfer Bibelgesellschaft: (o.J.). Übersetzung ngue.info. Genfer Bibelgesellschaft. Abgerufen am 31.07.2017. Verfügbar unter: http:/www.ngue.info/übersetzung/vorgeschichte

Glo. Die Bibel. (2014): Vollversion von Glo - GDE-5-1.4.10. Bibel (Artikel 364). Witten, Deutschland: SCM R.Brockhaus im SCM-Verlag GmbH & Co KG.

Guillaume, Alfred (1954): Islam. UK: Penguin Books Ltd, Reprint Edition December 7, 1990

Gutzitiert. (1996 - 2017): Imannuel Kant Firmament Zitat, Abgerufen am 03.02.2017. Verfügbar unter: http://www.gutzitiert_autor_immanuel_kant_thema_firmament_zitat_7812.html

Hampton Keathley III, J., (2007): Das Mosaische Gesetz: Seine Funktion und sein Zweck im Neuen Testament. Copyright ©1996-2016 Bible.org, Abgerufen am 3.11.2016. Verfügbar unter: https://bible.org/article/das-mosaische-gesetz-seine-funktion-und-sein-zweck-im-neuen-testament

Hughes, T. P. (1885): Dictionary of Islam. London, UK: W. H. Allen & co.

Ibn Abi Dawud (817/8-889): Al Kitab Al Masahif (Ahadith Against Quran). Compiled by Rana Ammar Mezhar. Abgerufen am 31.07.2017. Verfügbar unter: http://ebooks.rahnuma.org/religion/Quran/Abu.Daud.Asjastani_Kitab-al-msahaf.pdf

Ibn al-Hadschadsch, Muslim (um 820-875): Das Sahīh Muslim. IslaDa - Die Islamische Wissensdatenbank, 2017. Abgerufen am 10.02.2017. Verfügbar unter: http://www.Islamische-datenbank.de/Sahīh -muslim

Ibn Ishak (gest. 761-770): Das Leben Mohammed´s (orig. Sīratu Rasūli l-Lāh) bearbeitet von Ibn Hischam (gest. 833) und aus dem arabischen übersetzt von Weil, Gustav, Stuttgart, Verlag der J.B. Metzlerschen Buchhandlung, 1864.

Ibn Kathir: Tafseer Ibn Kathir Volume 3 (21.05.2015) CreateSpace Independent Publishing Platform.

Ibn Sa'd, Muhammad (704-845 n.Chr.); Haq, Moninul (Übers.) (1969): Kitab al-Tabaqat al-Kabir. New Delhi, India: Kitab Bhavan (2009).

Islamische Datenbank (Hrg.) (2018). Das Sahīh Muslim (um 820 - 875): http://islamische-datenbank.de/Sahīh -muslim

Islam im Herzen (2017): „Das Gebet im Islam" Islamimherzen.de. Abgerufen am 13.10.2017 von http://Islamimherzen.de/das-gebet-im-Islam-ist-fard-pflicht/: http://Islamimherzen.de/wp-content/uploads/2015/05/Wudhu_und_Gebet_fuer_Mann_und_Frau_Schriit_fu er_Schritt.pdf

Islam Wissen (2014-2018): Begriffsbestimmung von Al-'adl العدل/und At-ta'diil التعديل. Abgerufen am 19.03.2018 von www.islam-wissen.com: http://www.islam-wissen.com/publikationen/islamologische-enzyklopaedie/einfuehrung-in-die-hadiith-wissenschaft-islamologische-enzyklopaedie/begriffsbestimmung-von-al-adl-%D8%A7%D9%84%D8%B9%D8%AF%D9%84-und-at-tadiil-%D8%A7%D9%84%D8%AA%D8%B9%D8%AF%D9%8A%D9%84/

Israelnetz (2015): Inschrift aus König Davids Zeit gefunden. Abgerufen am März 2018 von www.israelnetz.com: https://www.israelnetz.com/gesellschaft-kultur/wissenschaft/2015/06/16/inschrift-aus-koenig-davids-zeit-gefunden/

Jamaat, A. M.: Prophezeiungen des Islam (o.J.).Abgerufen am 3.11.2016. Verfügbar unter: http://www.ahmadiya.de/Islam/prophezeiungen-des-Islam&prophezeiunge-des-heiligen-koren/

Jeffrey, Arthur (Editor) (1937): Materials for the History of the Text of the Qur'ān: The Old Codices. Leiden E. J. Brill

Jessen, N. (11. 01. 2010): „Der älteste Text in hebräischer Sprache ist 3000 Jahre alt" WELT Print. Abgerufen am März 2018 von www.welt.de: https://www.welt.de/welt_print/kultur/article5803678/Der-aelteste-Text-in-hebraeischer-Sprache-ist-3000-Jahre-alt.html

Josephus, Flavius (93 oder 94 n.Chr.); Clementz, Heinrich (Übers.)(1899): Jüdische Altentümer (orig. Antiquitates Iudaicae) Band II. Köln 1959 (Nachdruck der Ausgabe von 1899), S. 515f.

kalifat.com. (2012): Das Islamische Gesetz (Hukm Schar'i) Abgerufen am 04 2018 von http://kalifat.com/artikel/202-das-islamische-gesetz-hukm-schari/

Lester, T. (1999): „What is the Koran?" The Atantic, January 1991, Issue. Abgerufen am 10. 06. 2018 von https://www.theatlantic.com/magazine/archive/1999/01/what-is-the-koran/304024/

Litke, Syd (März 2008): „How we got the Bible" Bible.org. Abgerufen im März 2018 von https://bible.org/seriespage/transmission

Madany, S. W. (o.J.): „The Treasures of St. Catherine's Monastery" Middle East Recourses. Abgerufen im März 2018 von http://www.unashamedofthegospel.org/treasures-st-catherines-monastery.cfm

Manning, Scott (17.03.2007): Historians on the Warpath: Process of copying the Old Testament by Jewish Scribes Abgerufen im März 2018 von http://www.scottmanning.com/content/process-of-copying-the-old-testament-by-jewish-scribes/

m-haditec GmbH (2006): Enzylopädie des Islam „99 schönste Namen" Von www.eslam.de: http://www.eslam.de/begriffe/n/neunundneunzig_schoenste_namen.htm

Mucauliffe, Jane Dummen (Editor) (2006): The Cambridge Companion to the Qur'an. Cambridge, England: Cambridge University Press.

Muhammad ibn 'Abd Allāh (um 1337): al-Khatīb al-Tibrīzī Mishkāt al-Masābīh. Lahore, Pakistan: Sh. Muhammad Ashraf, 1960-1964.

Muir, William (1861): The Life of Mahomet (Bd. 3). London: Smith, Elder and Co.

Muslim, Abdul H. S. (1972): Sahīh Muslim: being traditions of the sayings and doings of the prophet Muhammad as narrated by his companions. Sh. Muhammad Ashraf Verlag, Lahore.

Nehls, Gerhard (2016): Your Book and My Book: A Topical Comparison oft he Qur'ān with the Bible. CreateSpace Independent Publishing Platform; 1 edition (April 1, 2016)

New Muslim Guide (o.J.): Dein Gebet Die Säulen und Pflichten des Gebets (kein Datum). Abgerufen am April 2018 von newmuslimguide.com: http://newmuslimguide.com/de/your-prayer/536

ORF (2014) Lexikon der Religionen: Id al-Adha. religion.ORF.at. Abgerufen am 26. 10. 2017 von religion.orf.at: http://religion.orf.at/lexikon/stories/2535803/

Ouweneel (Prof. Dr.), W., & Glashouwer, W. (2006): faszination-bibel.de. Abgerufen am 08.02.2017. Verfügbar unter www.fbibel.de: http://www.fbibel.de/artikelasp?id=78

Pannenberg, W. (1988): Systematische Theologie (Bd. 1). Göttingen: Vandenhoeck u. Ruprecht.

Pfander, C. G. (1886): The Mizan Ul Haqq or Balance of Truth. Translated into English by Weakley, R. H. London: Church Missionary House, Salisbury Square.

Philipp, P. (09. 09 2009): Koran-uebersetzungen-akkurat-oder-poetisch. (D. Welle, Produzent) Abgerufen am 28.11.2016. Verfügbar unter quantara.de: http://www.quantara.de/inhalt/koran-uebersetzungen-akkurat-oder-poetisch

Rahman, Ismael (1992): Sayyid Ahmad Khan's Attitudes towards Biblical Scriptures as reflected in his work Tabyin al-Kalam Fi Tafsir al-Taurat wa al-Injil 'ala millat al-Islam, Auzug aus Islammiyat The International Journal of Islamic Studies Ausgabe 13. Abgerufen am 06.07.2017. Verfügbar unter: http://journalarticle.ukm.my/7624/1/2524-5164-1-SM.pdf

Rankings.com (2016): Abgerufen am 31.07.2016. Verfügbar unter Rankings: http://www.rankings.com/books-sales-worldwide/

Reynolds, G. S. (2008): The Qur'an in its Historical Context. London, England.

Rienecker, Fritz (2003): Lexikon zur Bibel neubearbeitete Ausgabe herausgegeben von Maier, Gerhard, F. Brockhaus Verlag GmbH

Saeed, Abdullah (2002): „The Charge of Distortion of Jewish and Christian Scriptures" The Muslim World (Volume 92). Abgerufen am 07.07.2017. Verfügbar unter: http://www.blackwellpublishing.com/content/BPL_Images/Journal_Samples/M UWO0027-4909~92~3/009.PDF

Slick, M. (Oktober 2008): Manuscript evidence for superior New Testament reliability CARM Christian Aplogetics & Research Ministry Abgerufen am März 2018 von https://carm.org/manuscript-evidence

St. Clair Tisdall, William (1905): The Original Sources of the Qur'ān, Reprint of 1905 edition, London 1911

Stern, D. (1988): Messianic Jewish Manifesto. Messianic Jewish Resources International (first edition)

Stern, D. H. (1988): Complete Jewish Bible. Clarksville, Maryland, USA: Jewish New Testament Publications, Inc.

Sulaiman, Abu Dawud ibn Abbas (1984): Sunan Abu Dawud. English translation by Prof. Ahmad Hasan, Lahore, India: published by Sh. Muhammad Ashraf.

Tacitus, P. Cornelius (1873): Annalen. Lateinisch-Deutsch. Hg. von Erich Heller. Mit einer Einführung von Manfred Fuhrmann (Sammlung Tusculum). Düsseldorf und Zürich 3. Aufl. 1997.

The Quranic Arabic Corpus (Version 0.4) (2011): Abgerufen am 19. 06. 2018 von http://corpus.quran.com/

Krohn, Birgit (206-2018): Leonardo da Vinci 1452-1519. Abgerufen am 20. 06.2018 von https://www.bk-luebeck.eu/zitate-vinci.html

Voorhoove, Hermanus C (2017): Die Wiederkunft unseres Herrn Jesus Christus. Zugriff am 16.02.2018. bibelkommentare.de. Verfügbar unter : www.bibelkommentare.de/get/cmt.353.pdf

Wagishauser, Abdullah Uwe (o.J.): Prophezeiungen des Heiligen Koran (Ahmadiyya Muslim Jamaat Deutschland) Abgerufen am 3.11.2016 von http://www.ahmadiyya.de/Islam/prophezeiungen-des-Islam/prophezeiungen-des-heiligen-koran/

Weil, G. (1843): Mohammed, sein Leben und seine Lehre. Stuttgart, Deutschland: Verlag der J. B. Mezler´schen Buchhandlung.

Quellen für verwendete Qur'ān-Übersetzungen

Der edle Qur'ān und die Übersetzung seiner Bedeutungen in die deutsche Sprache. Bubenheim, F., & Elyas, N. (Übers.) und Siegel der Propheten e.V. (Hrsg), 2015.

Quran.com (Noble Quran, Al Quran, Holy Quran, Koran). Arabisch-Englisch. 2016. Zugriff am 31.07.2017. Verfügbar unter: https://quran.com/

Deutsch-Englisch-Arabischer Qur'ān:

The Holy Quran (Arabisch, Englisch, Deutsch), Al Islam 2017 Ahmadiyya Muslim Community. Abgerufen am 31.07.2017. Verfügbar unter: https://www.alIslam.org/quran/

Quellen für zitierte Bibelübersetzungen:

BasisBibel Das Neue Testament und die Psalmen. © 2012 Deutsche Bibelgesellschaft, Stuttgart: www.basisbibel.de.

Die Bibel nach Martin Luthers Übersetzung - Lutherbibel, revidiert 2017, © 2016 Deutsche Bibelgesellschaft, Stuttgart.

Die Bibel: Neue evangelische Übersetzung (NeÜ bibel.heute). Vanheiden, Karl-Heinz (Übers.). Abgerufen am 31.07.2017. Verfügbar unter: https://www.derbibelvertrauen.de/neue-bibel-heute/den-bibeltext-lesen.html, Juni 2017.

Elberfelder Bibel (ELB). SCM R. Brockhaus Verlag, Wuppertal 2006.

Gute Nachricht Bibel (GNB), durchgesehene Neuausgabe © 2018 Deutsche Bibelgesellschaft, Stuttgart.

Hoffnung für alle. Die Bibel (Hfa) inc biblica. (1983, 1996, 2002, 2009, 2015). Basel, Schweiz: Fontis Brunnen Verlag.

Neue Genfer Übersetzung (NGÜ): *Neues Testament und Psalmen.* Sumank, A; Just, C.; Loy W.; Findeisen-MacKenzie, A. (Übers.). Kooperationsprojekt von der Genfer Bibelgesellschaft, der Deutschen Bibelgesellschaft und dem Brunnen Verlag. Copyright © 2011 Genfer Bibelgesellschaft

Die Heilige Schrift. Übersetzung Franz Eugen Schlachter Version 2000 (SCHL). Copyright © Genfer Bibelgesellschaft.